연속관과 습관론으로 본 주자학과 양명학

주자와 양명의 철학

국립중앙도서관 출판시도서목록(CIP)

(연속관과 습관으로 본 주자학과 양명학)
주자와 양명의 철학/
야스다 지로 지음; 이원석 옮김.
-- 서울 : 논형, 2012
p. ; cm. -- (논형학술; 69)

원저자명: 安田二郎
일본어 원작을 한국어로 번역
ISBN 978-89-6357-131-7 94150 : ₩18000

성리학[性理學]
양명학[陽明學]

152.416-KDC5
181.11-DDC21 CIP2012004932

연속관과 습관론으로 본 주자학과 양명학

주자와 양명의 철학

야스다 지로 지음
이원석 옮김

논형

中國近世思想研究 安田二郎 著, 筑摩書房

연속관과 습관론으로 본 주자학과 양명학
주자와 양명의 철학

초판 1쇄 발행 2012년 10월 20일
초판 2쇄 발행 2017년 9월 5일
초판 3쇄 발행 2021년 5월 25일

지은이 야스다 지로
옮긴이 이원석
펴낸곳 논형
펴낸이 소재두
등록번호 제2003-000019호
등록일자 2003년 3월 5일
주소 서울시 영등포구 당산로 29길 5-1 삼일빌딩 502호
전화 02-887-3561
팩스 02-887-6690
ISBN 978-89-6357-131-7 94150
값 18,000원

서문

중국사상사를 연구하는 사람들이 항상 고민거리로 삼는 것은, 『논어』를 필두로 한 중국 사상가들의 말이 단편적(斷片的)이라는 점이다. 그 때문에 서로 모순되는 말이 양립하거나 병기되는 경우도 드물지 않다.

사상가 중 어떤 이들, 혹은 수많은 이들이 이 문제에 대해 취하는 태도는, 단편적인 말들 배후에 어느 정도 논리를 갖춘 사상체계가 있다고 여기는 것이다. 단편적인 말들은 그 체계가 노출된 부분이므로, 노출되지 않은 부분, 곧 노출과 노출 사이를 잇는 끈을 재발견해야 한다고 이들은 말한다.

이 방법은 사상사의 방법으로서 상식에 가장 잘 들어맞는 방법이자 기본에 속하는 방법일 것이다. 그러나 모순된 단어의 병립에 봉착하면 이 방법으로도 어려움을 느낄 수밖에 없다. 그래서 어려움을 극복하기 위해 다음과 같은 방법이 취해졌다. 먼저 과거로부터 전래된 것으로서 다소간 애매함을 갖고 있는 옛 문헌에 대해서는, 모순되는 말들 중 어느 한 쪽이 후대에 타인에 의해 삽입되었다고 여기고 그것을 배제해 버린다. 그리고 저자가 분명한 근대의 문헌에 대해서는, 사상의 성장을 고려하여 모순되는 말들 중 어느 한 쪽을 다른 시간대의 말로 여기는 방법이 채택되었다. 그러나 문제가 그런 방법들로만 해결될 지 여부는 또 다른 문제이다.

다른 사상가들이 취하는 방법은 이렇다. 이들은 모순된 말들이 논리로써 연결되는 것이 아니라 초논리(超論理)로써, 다시 말하여 신비하게 연결된다고 여기는데, 이것은 서양사상사에서 출발한 사람들이 즐겨 사용하는 방법이다. 그러나 이 방법은 불학(佛學) 혹은 불학의 사상에 대해서는 적합할지 몰라도 중국의 지배적 사상에 대해서는 그 적합성이 의심된다. 중국의 지배적 사상이 언제나 존중한 것은 상식이었으며 혐오한 것은 신비였기 때문이다. 게다가 신비적 통일의식이 강하게 유지되고 있는 데도 모순된 말들이 병립한다는 것은 생각하기 어렵다.

그래서 어떤 사상가들은 제3의 태도를 취한다. 중국사상의 논리성이 약하다는 점을 강조하면서, 모순된 말들은 논리성의 결여로부터 나온 무책임한 말이라고 한다. 이 태도는 중국사상에 대해 지나치게 냉정할 뿐 아니라 인간성에 대한 불신을 포함한다고 나는 생각한다. 과거 중국에서 논리학이 하나의 학문분야로 성립하기 어려웠다는 점은 숨길 수 없는 사실이다. 그러나 인간성은 마치 물과 같아서 어떠한 민족도 그것을 공통으로 갖고 있다. 만일 그렇다면 인간으로서 가진 논리성도 결국 강하고 약함의 차이에 불과할 것이다.

위의 세 가지 태도는 모두, 중국인 정신의 기저에 가로 놓여있는 하나의 사실을 간과하고 있다고 나는 생각한다. 이 민족 정신의 기저에는 세계가 '질서 있게 통일되어 있다'[齊一]는 감각이 있음과 아울러, 그 감각을 덮고 있는 것으로서 '질서 있게 통일되어 있지 않다'[不齊一]는 예민한 감각이 또한 항상 있다. 물론 이 감각은 '질서 있게 통일되어 있다'는 감각에서 파생한 것이다. 이런 예민한 감각으로부터 '천도(天道)가 옳은가 그른가'하는 도가(道家)의 절망적 회의가 생기기 쉽다는 사실은 그나마 주목받기 쉽지만, 바로 그 '질서 있게 통일되지 않은 상태'에 대한 예민한 감각으로 인해 '질서 있게 통일되지 않은' 모든 것을 '질서 있게 통일된 것'의 부분 혹은 다면적 현시로서 생각하고, '질서 있게 통일되어 있지 않은 상태'를 그대로 인정하려 하는 관대한 마음이 중국인의 지배적 심성으로서 흐르고 있다는 사실은 오히려 간과되고 있다. 『역 · 계사전』(易 · 繫辭傳)의 "공자께서 말씀하시기를 천하 사람들은 무엇을 생각하고 무엇을 걱정하는가? 천하는 돌아가는 귀착점이 같되 길을 달리 하며, 마음은 하나이되 생각과 걱정은 백여 가지 갈래이다. 천하 사람은 무엇을 생각하고 무엇을 걱정하는가?"라는 말은 그런 마음의 표현이다. 서로 다른 길은 반드시 귀착점이 동일하고 수백 가지 생각과 걱정은 결국 하나의 마음으로부터 비롯한다. 아니, 귀착점이 동일하기 때문에 길이 달라지며 마음이 하나이기 때문에 수백 가지 생각과 걱정이 나온다. 천하 사람이 생각하는 것, 걱정하는 것 모두 '하나인 것'[一物]의 현현이며, 여러 가지 생각과 걱정은 저절로 통일로 향한다. 통일의 원리로 여겨지는 것은 자연의 선한 의지이며, 궁극적으로 그것은 자연의 선한 의지의 상징인 인간의 선의지라고 나는 생각한다. 하지만 지금은 그 문제를 다룰 게재가 아니다. 단, 경전이 절대의 고전으로서 존중받는 중국 사회에서, 특수한 정치적 이유로부터 나온 책을 제외하고는 철저하게 출판 금지되어야 할 책이 원칙상 존재하지 않았다는 사실은 다양성을 포용하는 중국인의 심리를 잘 상징할 것이다.

이런 관대함은 자신의 언어를 향해서도 작용한다. 중국인들이 논리적 배치를 고려하지 않았던 것은 아니다. 그러니 그들에게 논리성이 아예 결여되었다고 말하는 것은 언어도단이다. 다만 그들의 사유는 느슨하다. 이 때문에 모순되는 말들이 나란히 있기 쉽다. 그렇다고 해서 중국인들이 그 모순되는 말들을 일부러 나란히 세웠던 것도 아니다. 따라서 모순된 말들을 초논리로써 통일하려는 노력이 중국인에게 있었으리라고 생각하는 것은 또 다른 억지이다. 말하는 사람 자신이 자기 말의 모순을 자각할 경우 그렇게 할 때도 있었을 것이다. 하지만 그런 때에도 모순을 신비롭게 통일시키려는 노력보다, 인간 선의(善意)의 불멸성에 대한 신뢰가 자연스럽게 문제를 해결했던 것이 아닐까? 모든 것은 똑같이 인간의 언어이며 똑같이 자신의 언어이다. 설사 '다른 길'이라고 할지라도 '하나의 마음'으로 돌아가기 마련이라는 믿음은, 모순된 말들이 결국 인간의 언어이자 마찬가지로 선의지의 발현이라는 생각에 의해서 보증된다. 중국인들은 그렇게 안심했기 때문에 그들의 말은 단편적인 경우가 많았으며, 체계적 논증이 필수로 여겨지지 않았을 것이다.

이상과 같은 현상이 중국사상사의 모든 문제를 다 포괄한다고 감히 말하지는 않겠다. 그러나 그런 현상이 있다는 것은 틀림없는 사실이다. 그렇다면 사상사의 방법으로서 종래의 방법 외에 다음과 같은 방법이 추가되어야 한다고 생각한다. 단편적인 말들의 깊은 곳에 있으면서 그것들의 공통분모가 되는 것, 혹은 서로 모순된 말들의 공통분모가 되는 것은 사상이라기보다 마음이라고 해야 할 텐데, 그 마음이 어느 쪽으로 기우는지를 보여주는 탐구야말로 진정 필요한 방법일 것이다. 언어와 언어를 같은 평면에서 연결하는 논리의 끈을 찾는 것도 쓸모없는 일은 아니다. 또한 서로 모순된 말들은 신비의 끈에 의해 높은 차원으로부터 아래로 드리워져 있는 것들이라고 미리 생각하고, 높은 차원에 있는 연결지점을 찾는 것도 때로는 필요하다. 그러나 수면에 떠 있는 수련(睡蓮)이 물밑으로 드리운 상징의 끈을 더듬어 찾는 것이야말로 가장 필요한 방법이라고 나는 생각한다. 이런 방법은 사상사의 방법이라기보다 문학사의 방법이라고 어떤 사람은 생각할 것이다. 하지만 옛 중국은 문학적 심미주의가 상당히 발달했던 국가였다는 점을 우리는 떠올려야 한다. 의식상에서 심미주의에 반대했던 사상가들도 무의식 상에서는 심미주의에 의해 지배되었다는 점은 반드시 지적되어야 한다.

이 책의 저자인 고(故) 야스다 지로(安田二郞)가 취한 방법은 내가 위에서 말한 방법과 극히 가깝다고 생각한다. 다케우치 요시노리(武內義範)가 발문(跋文)에서 말한 대로, 야스다는 처음부터 중국사상사를 전문으로 공부했던 사람이 아니라 서양사상으로부터 출발했던 사람이었다. 그런 그의 인식이 나의 인식과 합치한다는 것은 우리 길이 외롭지 않다는 것을 입증하는 것이어서 나는 남몰래 매우 기뻐했다. 이후 그가 죽음에 이를 때까지 동방문화연구소에서 재직했던 6년간, 나는 연구실 주임으로서 그의 학문에 조언해야 할 위치에 있었지만, 야스다는 이미 이 책의 핵심인 남송(南宋)의 주희(朱熹, 1130-1200)에 관한 연구 구상을 다 마련해 놓고 있었다. 또한 나는 그의 연구를 비판할 만한 주자학의 지식도 충분히 갖고 있지 않았고, 명나라의 진백사(陳白沙, 1428-1500), 왕양명(王陽明, 1472-1528)에 대해서는 더욱 그러했다. 그러나 나는 그의 방법을 신뢰하기 때문에, 이들 여러 논문에는 종래의 연구에서 볼 수 없는 새롭고 본질적인 발견이 있으며, 또한 후대의 연구자들이 반드시 참고해야 할 내용을 담았으리라고 믿는다. 돌아볼수록 그의 요절이 안타깝다. 그가 계획했던 것 중 일부분만 완성되었다는 사실은 재론할 여지가 없지만, 그렇다고 해서 이 책의 가치가 낮아지지는 않을 것이다.

1947년 여름
요시카와 고지로(吉川幸次郎)

주자와 양명의 철학

연속관과 습관론으로 본 주자학과 양명학

차례

일러두기

1. 이 책은 야스다 지로(安田二郎)의 『中國近世思想硏究』(東京: 筑摩書房, 1976, 초판)를 번역한 것이다. 본래 『中國近世思想硏究』는 1948년 2월 일본의 홍문당(弘文堂) 출판사에서 간행되었으나, 1976년 판이 더욱 완비된 체제를 갖추고 있어 이것을 번역의 대본으로 삼았다.

2. 원서의 본문 중 장절이 나뉘지 않은 곳은 번역자가 임의로 나누었고, 필요에 따라 소제목을 달았다.

3. 원서에는 저자 주가 각 장 뒤의 미주로 처리되어 있으나, 이 번역본은 본문과 주석을 대조해 나가며 읽는 편의를 위해 저자 주를 각주로 처리하였다. 또한 저자의 논지를 더욱 명료하게 할 필요가 있는 부분이나 해설이 필요한 부분은 역자 주를 첨가했고, 말미에 "(역자 주)"의 형식으로 표기했다.

4. 한자어를 우리말로 표기할 때, 단순히 그 음만을 우리말로 표기할 경우에는 먼저 우리말 음을 적고 그 다음의 ( )안에 그에 해당하는 한자를 넣었으며, 한자어를 우리말로 번역한 경우에는 번역한 문구를 적고 그 다음의 [ ] 안에 그에 해당하는 한자를 넣었다.
예) 기(氣)의 모이고 흩어짐[聚散].

5. 본문 중 [ ] 안에 있는 문장은 번역자가 저자의 논지를 뚜렷하게 하기 위해 직접 가필하여 보완한 것이다. [ ] 뒤에 "역자 협주"로 표기하였다.

6. 색인은 이 책의 본문만을 대상으로 하였으며, 저자 주와 역자 주의 내용은 포함하지 않았다.

7. 일본인의 인명과 지명은 현대 일본어 발음으로 표기했고, 중국인의 인명과 지명은 우리 한자음으로 표기했다.

1장
주자의 '기'에 대하여
존재론의 측면에서 해명함

1. 일기(一氣): 우주와 만물의 설명 원리

주자는 세계생성을 논할 때, 먼저 유물론의 관점에서 기(氣)의 모이고 흩어짐[聚散]을 설명원리로 삼았다. 주자에 따르면 만물의 생성은 천지에서 시작하지만 천지생성의 시초에는 오직 하나의 전체적인 기[一氣]만 있었다. 하나의 기는 마찰을 수반하는 끊임없는 회전 운동을 한다. 회전이 빨리 이루어지게 되면 수많은 찌꺼기[渣滓]를 만들어 낸다. 그런데 그 찌꺼기는 회전하는 내부에서 생겨나서 바깥으로 흩어져 나갈 수 없기 때문에, 이윽고 굳어져서 중앙에 땅을 형성한다. 이에 반하여 기의 미세한[精] 부분은 바깥에서 여전히 회전을 계속한다. 이것이 하늘이 되고 해・달・별・별자리가 된다. 따라서 하늘과 땅은 위 아래로 있지 않으며 안과 밖으로 있다(이른바 渾天說 계통).[1] 하늘은 바깥에서 회전을 지속하며, 땅은 천구 가운데에서 "유순하게

1) 『朱子語類』 卷1, 제23조, "天地初間, 只是陰陽之氣. 這一箇氣運行, 磨來磨去. 磨得急了, 便拶許多渣滓裏面, 無處出. 便結成箇地在中央. 氣之淸者, 便爲天爲日月星辰, 只在外常周環運轉. 地便只在中央不動. 不是在下."[천지의 시초는 오직 음양의 기만 있었다. 이 하나의 기가 운동하여 (맷돌처럼) 빙글빙글 갈아 간다. 가는 것이 빠르면 수많은 찌꺼기가 안쪽에 쌓여서 출구가 없어진다. 그러자 곧이어 중앙에서 땅이 완성되었다. 기 중 맑은 것은 하늘이 되고 해와 달이 되며 별이 되어, 언제나 바깥쪽을 빙글빙글 회전한다. 땅은 움직이지 않고 중앙에 자리를 잡고 있다. 그러나 아래에 있는 것은 아니다.] (陳淳의 기록)

움직이지 않는다"[隤然不動]. 땅이 천구 안에만 있을 수 있는 까닭은 하늘의 회전이 한 순간도 정지하지 않기 때문이다. 만약 회전이 정지된다면 땅은 아래로 떨어지지 않을 수 없을 것이다.[2] 비유하자면, 그릇 두 개를 합쳐서 그 안에 물을 담고, 손으로 그 합쳐진 그릇을 끊임없이 흔들어 회전시키면 물이 그릇 밖으로 새어 나오지 않지만, 만약 잠시라도 손의 동작을 멈춘다면 물이 새어 나오는 것과 똑같다.[3]

또한 땅은 사각형의 모습을 취하고 물에 떠 있으면서 하늘과 접한다.[4] 하늘은 마치 구형의 상자 같고, 적도(赤道)는 상자의 이음매에 해당하며 하늘의 중앙에 있다. 황도(黃道)는 한 쪽 반은 적도 안에 있고 다른 한 쪽 반은 적도 밖에 있어서 동과 서 두 지점에서 적도와 서로 교차한다.[5] 북극은 땅 위로 36도 만큼 올라간 곳에 있고 남극은 땅 아래로 36도만큼 들어간 곳에 있으며,[6] 그것들은 하늘에서 움직이지 않는 두 지점이다.[7] 하늘은 왼쪽으로 돌

---

2) 『朱子語類』 卷1, 제26조, "天以氣而依地之形, 地以形而附天之氣. 地特天中之一物爾. 天以氣而運乎外, 故地搉在中間, 隤然不動. 使天之運有一息停, 則地須陷下."[하늘은 기로서 땅의 형체에 바짝 붙어 있고, 땅은 형체로서 하늘의 기에 바싹 붙어 있다. 땅은 다만 하늘 속의 한 사물에 불과하다. 하늘은 기로서 바깥쪽을 회전하기 때문에 땅은 그 가운데에 매달려 있으며, 유순하게 움직이지 않는다. 하늘의 회전이 조금이라도 멈춘다면 땅은 반드시 떨어져 버릴 것이다.] (楊道夫의 기록)

3) 『朱子語類』 卷1, 제42조, ""天地之形, 如人以兩盌相合, 貯水於內. 以手常常掉開, 則水在內不出, 稍住手, 則水漏矣."[천지의 형체는 예를 들면 그릇 두 개를 합쳐서 속에 물을 집어넣은 것과 같다. 손으로 끊임없이 흔들면 물이 밖으로 나가지 않지만, 조금이라도 손을 멈추면 흘러버린다.] (王過의 기록)

4) 『朱子語類』 卷2, 제74조, "地之下與地之四邊, 皆海水周流. 地浮水上與天接. 天包水與地.…" [땅 아래 및 땅의 네 변은 모두 바닷물이 두루 흐르고 있다. 땅은 물 위에 떠서 위로는 하늘과 접한다. 하늘은 물과 땅을 감싸 안고 있다.](沈僩의 기록)

5) 『朱子語類』 卷2, 제5조, "天有黃道, 有赤道. 天正如一圓匣相似. 赤道是那匣子相合縫處, 在天之中. 黃道一半在赤道之內, 一半在赤道之外. 東西兩處與赤道相交.…"[하늘에는 황도가 있고 적도가 있다. 하늘은 둥근 상자와 꼭 같다. 적도는 이 상자의 [위아래 부분이] 붙어 있는 곳에 해당되며 하늘의 중앙에 있다. 황도는 그 반이 적도의 안쪽에 있고 나머지 반이 적도의 바깥쪽에 있다. 동서의 두 지점에서 적도와 만난다.]

6) 『朱子語類』 卷2, 제23조, "南極低, 入地三十六度, 北極高, 出地三十六度."[남극은 낮고, 땅 아래로 들어간 것이 36도 만큼이며, 북극은 높고 땅 위로 나온 것이 36도 만큼이다.]

7) 『朱子語類』 卷2, 제22조, "南極北極, 天之樞紐, 只有此處不動. 如磨臍然."[남극과 북극은 하늘의 지도리이며 이곳만은 움직이지 않는다. 마치 맷돌의 배꼽과 같은 것이다.] (董銖의 기록)

며 해와 달 역시 그러하다.[8] 그리고 하늘은 하루 낮 하루 밤 동안 365와 1/4도를 돌고 1도만큼 앞으로 더 나아간다. 이것이 『주역』의 "하늘의 운행은 꾸준하다"[天行健]라는 말의 뜻이다. 해는 하늘 뒤에 자리 잡고서 운행하는데 하루 낮 하루 밤 동안 꼭 365와 1/4도만큼만 돈다. 하늘을 중심으로 말한다면 하루 낮 하루 밤 동안 딱 1도만큼 뒤로 물러선다고 볼 수 있다. 이틀 낮 이틀 밤 동안 하늘은 2도만큼 앞으로 나아가지만 해는 2도만큼 물러난다. 그리하여 365와 1/4일이 되면 하늘은 한 바퀴를 돌게 되고 해는 한 바퀴 만큼 물러서기 때문에 하늘과 해는 다시 서로 만나게 된다. 이것이 1년이다.

다음, 달의 속도는 해보다 훨씬 느려서 하루 낮 하루 밤 동안 하늘보다 13도와 7/19만큼이나 느리다. 따라서 해와 달은 29와 499/940일(곧 한 달)마다 만나며,[9] 또한 한 달의 반에 해당하는 15~6일에는 해와 달이 서로 마주보게 된다. 달이 하늘 한 가운데 있을 때 해는 땅의 바로 아래 있기 때문에, 햇빛은 땅의 네 모서리 주위로 흘러 나가 달을 비춘다. 땅이 그 중간에 있다 하더라도 햇빛을 막을 수 없다. 더욱이 달 속에는 계수나무라고 불리는 그림자가

---

8) 『朱子語類』 卷2, 제15조, "天道左旋, 日月星並左旋. 星不是貼天. 天是陰陽之氣在上面, 下人看, 見星隨天去耳."[천도는 왼쪽으로 회전하고, 해, 달, 별도 모두 왼쪽으로 회전한다. 별이 하늘에 붙어 있는 것은 아니다. 하늘은 음양의 기가 위에 있는 것으로서, 아래로부터 보면 별이 하늘에 붙어서 가는 것처럼 보일 뿐이다.] (徐寓의 기록)

9) 『朱子語類』 卷2, 제10조, "蓋天行甚健, 一日一夜周三百六十五度四分度之一, 又進過一度. 日行速, 健次於天, 一日一夜周三百六十五度四分度之一, 正恰好. 比天進一度, 則日爲退一度. 二日天進二度, 則日爲退二度. 積至三百六十五日四分日之一, 則天所進過之度, 又恰周得本數, 而日所退之度, 亦恰退盡本數. 遂與天會而成一年. 月行遲, 一日一夜三百六十五度四分度之一行不盡, 比天爲退了十三度有奇."[결국 '하늘의 운행은 매우 강건한' 것으로, 하루 낮 하루 밤에 365도와 4분의 1을 돌고, 더욱이 1도만큼 더 나아간다. 해의 운행은 빠르고 하늘 다음으로 강건하여, 하루 낮 하루 밤에 365도와 4분의 1을 돈다. 결국 하늘이 1도 만큼 나아가는 것과 비교하면 해는 1도 만큼 후퇴하는 것이다. 이틀 동안 하늘이 2도 만큼 나아가면, 해는 2도 만큼 후퇴한다. 그것이 축적되어 365와 4분의 1일이 되면, 하늘이 앞으로 나아간 도수는 기본수를 한 번 돈 것이 되며, 해가 물러난 도수는 바로 기본수만큼 물러난 것이 된다. 마침내 하늘과 만나서 1년이 된다. 달의 운행은 느려서 하루 낮 하루 밤에 365도와 4분의 1을 나아가지 못하고, 하늘과 비교해 보면 13도 정도 물러서는 것이 된다.] (陳淳의 기록)
『朱子語類』 卷2, 제14조, "月麗天而尤遲. 一日常不及天十三度十九分度之七. 積二十九日九百四十分日之四百九十九而與日會."[달은 하늘에 붙어 있지만 매우 느리다. 언제나 하루마다 13도와 19분의 7만큼 하늘에 못 미친다. 그것이 축적되어 29일 940분의 496이 되면, 해와 만난다.] (黃義剛의 기록)

있는데 어떤 이는 그것이 땅의 그림자일지도 모른다고 말한다.[10] 달에는 원래 빛이 없고 햇빛을 받고 나서야 빛을 되비친다.

해와 달이 만나는 때 해는 달 위에 있기 때문에, 달이 하늘로 향하는 쪽에는 빛이 있지만 땅으로 향하는 쪽에는 빛이 없으므로 사람들은 하늘로 향하는 쪽을 볼 수 없다. 해와 달이 점점 멀어져 감에 따라 서로 어긋나게 되므로 달빛도 점차 땅으로 향하는 쪽이 생겨난다. 이리하여 보름 때에 이르면 앞에서 서술한 것처럼 달빛은 완전히 아래쪽으로 향하게 되고, 보름을 넘기면 다시 위쪽으로 옮겨간다.[11] 해와 달 그 밖의 여러 별들도 역시 하늘과 같이 왼쪽으로 돈다. 옛날부터 "하늘은 왼쪽으로 돌고 해와 달은 오른쪽으로 돈다"

---

10) 『朱子語類』 卷2, 제13조, "到十五日, 月與日正相望. 到得月中天時節, 日光在地下, 迸從四邊出, 與月相照. 地在中間, 自遮不過. 今月中有影, 云是莎羅樹, 乃是地形, 未可知."[15일에 이르면 달은 해와 더불어 정확히 서로를 바라보게 된다. 달이 하늘 가운데 있을 때 햇빛은 땅 속에 있고, 네 변으로부터 내뿜어져 나와 달을 비춘다. 땅은 중간에 있고 그 빛을 차단할 수가 없다. 이제 달 속에 그림자가 있어 사라수고 하는데, 그것은 땅의 형체인지도 모른다.] (葉賀孫의 기록) - 사라수(莎羅樹)가 땅의 그림자라고 분명히 말하는 곳도 있다. 예를 들면, "地在天中, 不甚大. 四邊空. 有時月在天中央, 日在地中央, 則光從四旁上受於月. 其中昏暗, 便是地影."[땅은 하늘 속에 있어 그다지 크지 않다. 그 네 변 밖에는 아무 것도 없다. 달이 하늘의 중앙에 있고 해가 땅의 중앙에 있을 때에는, 빛이 네 변의 끄트머리로부터 새어 나와 달을 비춘다. 그 속의 어두운 부분이 결국 땅의 그림자이다.] (『朱子語類』 卷2, 제19조. 陳淳의 기록)

11) 『朱子語類』 卷2, 제29조, "問, 月本無光, 受日而有光. 季通云, 日在地中, 月行天上, 所以光者, 以日氣從地四旁周圍空處迸出, 故月受其光. 先生曰, 若不如此, 月何緣受得日光. 方合朔時, 日在上, 月在下, 則月面向天者有光, 向地者無光. 故人不見. 及至望時, 月面向人者有光, 向天者無光. 故見其圓滿. 若至弦時, 所謂近一遠三, 只合有許多光."[물었다. "달은 원래 빛이 없고 햇빛을 받아서 빛이 있습니다. 채계통은, 해가 땅 속에 있고 달이 하늘 위를 갈 때 달에 빛이 나는 까닭은, 해의 기운이 땅의 네 변 주위의 빈 곳을 뚫고 나와서 달이 그 빛을 받았기 때문이라고 합니다." 선생이 말했다. "만약 그렇지 않다면 달이 어떻게 해의 빛을 받을 수 있겠는가? 바로 합삭의 때에는 해가 위에 있고 달이 아래에 있으니, 하늘을 향하는 쪽의 월면에는 빛이 있고 땅을 향하는 쪽에는 빛이 없다. 때문에 사람들이 보지 못한다. 망월(望月)의 때에 이르면, 사람을 향하는 쪽의 월면에는 빛이 있고 하늘을 향하는 쪽에는 빛이 없다. 그래서 그 둥근 모습을 보게 된다. 상현이나 하현의 때에 이르면, 이른바 '가까운 것은 하늘 둘레의 4분의 1, 먼 것은 하늘 둘레의 4분의 3이다'(『後漢書』, 「律曆志」)라는 것으로, 오직 그 만큼의 부분에만 빛이 있다고 한다."] (廖德明의 기록)

『朱子語類』 卷2, 제30조, "日月相會時, 日在月上. 不是無光, 光都載在上面一邊, 故地上無光. 到得日月漸漸相遠時, 漸擦挫, 月光漸漸見於下. 到得望時, 月光渾在下面一邊. 望後又漸漸光向上去."[해와 달이 서로 만날 때, 해는 달의 위에 있다. 달은 빛이 없는 것이 아니라, 빛나고 있는 것이 모두 위쪽에만 있기 때문에 지상에서 보면 빛이 없는 것으로 보인다. 해와 달이 점차 멀어질 때에 이르러, 조금씩 어긋남이 생기고, 달의 빛은 점차 아래쪽에서만 보이게 된다. 망월(望月)의 때가 되면, 달빛은 전부 아래쪽에만 있다. 망월을 지나면 빛은 또다시 점차 위쪽으로 옮겨 간다.] (胡泳의 기록)

고 설명하는 사람이 있었지만, 그런 견해는 해와 달의 운행이 하늘의 운행에 비해 늦는 것으로부터 생겨난 오해이다.[12] 또한 여러 별들이 하늘과 함께 왼쪽으로 돈다고 말 할 지라도 그것들이 하늘에 붙어 있다는 뜻은 아니다. 하늘이건 해와 달, 별들이건 간에 그것들은 형체를 갖고 있는 것이 아니라 다만 미세한 기(氣)에 불과할 따름이다.[13]

그 밖의 만물의 생성도 기로 설명된다. 사람도 예외가 아니어서 사람은 기가 모이면 태어나고 흩어지면 죽는다고 한다. 「계사전」(繫辭傳)의 "미세한 기는 만물이 되고 떠다니는 혼(魂)은 변화한다[精氣爲物, 遊魂爲變]"가 그 말이다. 더 나아가, 사람이 죽으면 기가 흩어진다고는 하지만 곧바로 흩어져 버리는 것은 아니다. 제사를 지낼 때 감응(感應) 현상이 일어나는 것이 바로 그 때문이다. 하지만 이미 흩어진 기는 다시 모일 수 없다. 불교는 인간이 죽으면 귀신이 되며 귀신은 다시 사람이 된다고 설명하는데, 만약 그렇다면 천지 사이에는 태어났다가 죽는 것을 되풀이하는 수많은 동일한 인간이 존재하게 되므로, 유교의 신조 중 하나인 '끊임없이 새로운 사물이 생성된다'는 이론이 성립하지 않을 것이다. 그래서 그런 일이 있을 리 없다고 주자는 말한다. 또 예를 들면, 『좌전』(左傳)에 "백유(伯有)가 귀신[厲]이 되었다"고 하는데, 이런 현상이 반드시 불가능한 것만은 아니라고 한다. 왜냐하면 백유의 기가 아직 다 소진될 만한 때가 아닌데도 그가 억지로 죽음을 당하였기 때문이다(불교 쪽에서 말하면 非業의 죽음). 자산(子産)이 백유를 위해 그 후사

12) 『朱子語類』 卷2, 제9조, "天最健, 一日一周而過一度. 日之健次於天, 一日恰好行三百六十五度四分度之一, 但比天爲退一度. 月比日大故緩, 比天爲退十三度有奇. 但曆家只算所退之度, 卻云日行一度, 月行十三度有奇. 此乃截法. 故有日月五星右行之說, 其實非右行也." [하늘은 가장 강건하여 하루에 한 바퀴 돌면서 1도만큼 앞으로 나아간다. 태양은 하늘 다음으로 강건하여 하루에 딱 365도와 1/4만큼 가지만, 하늘에 비해 1도만큼 물러난다. 달은 태양에 비해 대체로 느리며, 하늘에 비해 13도 정도 물러선다. 그러나 역가들은 다만 물러서는 도수만 계산하면서 오히려 해는 1도만큼 앞으로 가고 달은 13도 정도 앞으로 간다고 말한다. 이것이야말로 부분만을 끊어서 논하는 방식이다. 그러므로, 태양, 달, 다섯 행성이 오른 쪽으로 운행한다는 설이 있지만, 실제로는 오른 쪽으로 도는 것이 아니다.](李閎祖의 기록)

13) 주) 8을 볼 것.

를 세워준 결과 백유의 앙갚음이 그쳤는데, 자산은 귀신의 실상에 통달했던 사람이라고 『좌전』은 말한다.[14]

또한 주자는 만물의 생성을 설명할 때 "기화(氣化)"와 "형화(形化)"의 두 가지를 구별한다. 전자는 인간과 만물이 처음으로 생겨나는 방식이며, 후자는 이렇게 생겨난 인간으로부터 동류의 인간이 태어나는 것을 말한다. 그러나 그 두 가지가 서로 다르지 않은 것은 물론이며, 이른바 형화란 "두 형체가 교접하여 그 두 쪽의 기(氣)가 감응한다"는 것이다.[15] 요컨대, 이것은 특히 고등한 동물에서 보이는 생식(生殖)의 사실을 설명하기 위해 생각해 내었던

---

14) 『朱子語類』 卷3, 제19조, "…人所以生, 精氣聚也. 人只有許多氣, 須有箇盡時. 盡則魂氣歸於天, 形魄歸于地而死矣. (中略) 然人死雖終歸於散, 然亦未便散盡. 故祭祀有感格之理. 先祖世次遠者, 氣之有無不可知. 然奉祭祀者既是他子孫, 必竟只是一氣. 所以有感通之理. 然已散者不復聚. 釋氏卻謂人死爲鬼, 鬼復爲人. 如此, 則天地間常只是許多人來來去去, 更不由造化生生. 必無是理. 至如伯有爲厲, 伊川謂別是一般道理. 蓋其人氣未當盡而强死, 自是能爲厲. 子産爲之立後, 使有所歸, 遂不爲厲. 亦可謂知鬼神之情狀矣."[사람이 태어나는 까닭은 정기가 모이기 때문이다. 사람에게는 많은 기가 있는데 반드시 그것이 다할 때가 있다. 다하게 되면 혼기는 하늘로 되돌아가고 형백은 땅으로 되돌아가서 죽는다. (중략) 사람이 죽는다는 것은 그의 기가 다 흩어져 버리는 것이라고 말할 수 있지만, 그렇다고 해서 그의 기가 곧바로 다 흩어져 버리는 것은 아니다. 그것이 제사를 지내면 감응이 있는 이유이다. 세대가 멀리 떨어진 조상의 경우, 기가 남아 있는지 어떤지는 알 수 없다. 그러나 제사를 지내는 사람이 그 자손인 이상 필경 기는 하나일 수밖에 없다. 바로 그렇기 때문에 감응이라는 것이 성립한다. 하지만 이미 흩어져 버린 기는 다시 모이지 않는다. 그런데 불교는, 사람이 죽으면 귀신이 되고 귀신이 다시 사람이 된다고 말한다. 만약 그러하다면, 천지 사이에는 태어났다가 죽는 것을 되풀이하는 동일한 사람이 굉장히 많다고 말하는 셈이 되며, 새로운 것의 끊임없는 창조는 있을 수 없게 된다. 이러한 일은 있을 수 없다. 예를 든다면 "백유(伯有)가 악귀[厲]가 되었다"(『左傳』 昭公 7년)는 구절이 있는데 이에 대해 정이천은 "또 하나의 다른 도리이다"(『河南程氏遺書』 卷3)라고 말했다. 그것은 결국, 그 사람이 아직 기가 다하지 않을 때 였음에도 불구하고 비명횡사했기 때문에 당연히 악귀가 될 수 있었다는 것이다. 자산이 그를 위해 후사를 세워 그 영혼이 안주할 수 있도록 하자, 드디어 악귀가 되지 않았다. 이것도 역시 "귀신의 실정을 아는"(『易』, 「繫辭傳上」) 것이라 할 수 있다.](李閎祖의 기록)

上同, "明作錄云, 問, 鬼神生死, 雖知得是一理, 然未見得端的. 曰, 精氣爲物, 遊魂爲變, 便是生死底道理."[주명작(周明作)의 기록은 말한다. 물었다. "귀신과 생사는 하나의 이치라는 것은 알 수 있지만, 아직 핵심을 잘 모르겠습니다." 답한다. "정기는 사물이고 유혼은 변화를 이룬다"(『易』, 「繫辭傳上」)고 말하는 것이 결국 생사의 도리이다."

15) 『太極圖說解』, "陽而健者成男, 則父之道也, 陰而順者成女, 則母之道也. 是人物之始, 以氣化而生者也. 氣聚成形, 則形交氣感, 遂以形化. 而人物生生, 變化無窮."[양으로서 강건한 것은 남자를 이루니 곧 아비의 도가 되고, 음으로서 유순한 것은 여자를 이루니 곧 어미의 도가 된다. 이것이 사람과 사물의 시작이고 기화로서 생겨나는 것이다. 기가 모여서 형체를 이루면, 형체가 교류하고 기가 감응하여 마침내 그로 인해 형화한다. 그렇게 사람과 사물이 끊임없이 생겨나면서 무궁하게 변화한다.](『太極圖說解』)

것에 다름 아닐 것이다. 하지만 여기에서 문제는, 기화와 형화가 위와 같은 것이라고 한다면, 전자는 태고의 만물생성의 시대에만 나타났던 현상이었고 현재에는 이미 볼 수 없는 것이 아닌가 하는 점이다. 이는 후세의 주자학자들도 주목했던 문제였다. 설선(薛瑄, 1389-1464)은 현재에도 기화가 있을 수 있다고 주장한다.

> 천지의 시초에는 사람과 사물에 종자가 없었고 순전히 기화(氣化)였다. 사람과 사물에 종자가 생긴 이후 형화(形化)가 많이 일어나기는 했지만 기화도 그친 적이 없다. 현재의 관점에서 보자면, 사람, 금수(禽獸), 오곡(五穀)의 종류 가운데에서 종자를 갖고 있는 것은 모두 형화하지만, 곤충이나 초목의 종류 가운데에는 종자가 없이 생겨나는 것도 많다. 볕이 쬐는 땅 한 조각을 갖고 시험해 보자면, 비록 깊은 샘물이 나올 때까지 파더라도 뜨거운 햇빛이 그 속에 있는 흙을 말리면 초목의 씨앗과 뿌리가 다 사라져 버린다. 그러나 일단 비와 이슬을 맞아서 적셔지며 바람이 불고 해가 말려 주면 초목이 그 곳에서 다시 자라나는데, 이것이 기화가 아니고 무엇이겠는가? 또한, 썩은 풀은 개똥벌레가 되고 썩은 나무는 좀벌레가 되며, 습기가 곤충을 낳고 사람의 기가 이[蝨]를 낳는 것 등은 모두 기화이다. 어떤 이는 형화가 많이 일어나고 기화는 소멸한다고 말하지만, 나는 그렇게 생각하지 않는다.[16]

주자도 이 학자처럼 생각했었다는 것은 다음의 사실로부터 상상할 수 있다. 곧, 최초의 인간을 낳았을 때 상황이 어떠했는가라는 질문에 답하면서 "기화에 의해 음양오행의 정수가 숙성되어 형체를 이루었다. 불교는 이것을 화생(化生)이라고 말한다. 지금도 화생하는 것은 아직 많다. 이[蝨] 같은 것

---

16) 薛瑄, 『讀書錄』 卷4, "天地之初, 人物無種, 純是氣化. 自人物有種之後, 則形化雖盛, 而氣化亦未嘗息. 自今觀之, 人與禽獸五穀之類, 凡有種子皆形化, 至若昆蟲草木之類, 無種而生者尙多. 試以一片白地驗之, 雖掘至泉壤, 暴晒焚燒其土, 備草木之遺種根蘖皆盡. 然一得雨露滋澤, 風日吹晅, 則草木復生其處, 此非氣化而何. 又若腐草爲螢, 朽木爲蝨, 濕氣生虫, 人氣生蝨之類, 無非氣化也. 或謂形化盛而氣化消者, 竊以爲不然."

이 그렇다."[17]라고 말한 구절이 바로 그것이다. 이런 사상이 당시 자연과학 지식의 유치함을 반영한다는 점은 다시 말할 필요도 없을 것이다. 그러나 다른 한편으로, 이것은 기(氣)의 이론이 공중에 뜬 추상적 사변이 아니라 일상 경험과 긴밀하게 결합되어 있었던 증거라고 나는 생각한다.

위에서 서술했던 것처럼, 주자는 천지에서부터 시작하여 만물의 생성에 이르기까지 일기(一氣)를 설명의 원리로 삼는다. 그러나 너무나도 변화무쌍하고 다양한 현상을 설명할 때 단지 일기의 운행만을 설명의 원리로 삼는다면, 도저히 이성을 만족시킬 수 없다는 것은 재론의 여지가 없다. 그래서 주자는 예부터 있었던 음양오행 개념을 취한다. 그렇다면 일기, 음양, 오행, 만물이라는 네 가지 존재 개념은 어떠한 방식으로 결합되어 있을까?

네 가지의 존재개념 사이에 어떤 단계적 차원의 상이함이 있으리라는 것이 아마도 우리들이 가질 수 있는 가장 자연스러운 기대일 것이다. 그 차이가 시간적 · 생성론적 차원의 차이일지, 아니면 논리적 · 형이상학적 차원의 차이일지 여부를 따지는 것은 잠시 보류하고, 일기에 한정이 가해져서 이기(二氣)가 생겨나고, 더 나아가 이기(二氣)에 한정이 가해짐으로써 오행(五行)이 생겨난다는 그런 관계를 상정해 보자. 사실 이런 해석은 종래의 학계에서 지배적이었다. 그러나 과연 우리는 이런 해석에 만족해도 괜찮을까?

2. 일기(一氣)와 이기(二氣; 陰陽)의 관계

먼저 일기(一氣)와 이기(二氣)의 관계를 말해 보자면, 이 둘 사이에는 위와 같은 차원의 차이가 있을 수 없다는 것이 우리의 결론이다.

17) 『朱子語類』 卷1, "問, 生第一箇人時如何. 曰, 以氣化, 二五之精合而成形. 釋家謂之化生. 如今物之化生甚多, 如蝨然."(包揚의 기록)

이런 결론의 소극적 논거는, 주자의 존재론을 단적으로 보여주는 「태극도설해」(太極圖說解)가 일기를 거론하지 않았다는 점에 의해 주어질 수 있다. 주돈이의 「태극도설」(太極圖說)은 그 저자가 과연 주돈이 자신이었는지, 또 태극도가 어떻게 주돈이에게 전수되었는지를 따지는 사학의 측면으로부터, 또한 무극(無極)과 태극(太極)이 어떤 관계에 있는가 하는 철학의 측면으로부터 수많은 의론이 제기되어 왔다. 하지만, 음양의 상위개념으로서 태극이 상정되었다는 점만은 의문의 여지가 없다.[18] 따라서, 만일 주자가 일기에 어떤 한정이 가해져서 생겨난 존재로서 음양을 생각했다고 가정한다면, 태극을 일기로 해석하는 것이 가장 자연스러울 것이다. 그런데 주자는 태극을 "일기"로 해석하지 않고 "리"(理)로 해석한다.[19] 이는 일기와 음양 사이에 차원의 차이가 있다고 주자가 생각하지 않았음을 보여주는 소극적 증

---

18) 「太極圖說」의 일부를 인용하면 다음과 같다. "無極而太極. 太極動而生陽, 動極而靜, 靜而生陰. 靜極復動. 一動一靜, 互爲其根, 分陰分陽, 兩儀立焉. 陽變陰合, 而生水火木金土, 五氣順布, 四時行焉. 五行一陰陽也, 陰陽一太極也, 太極本無極也. 五行之生也, 各一其性. 無極之眞, 二五之精, 妙合而凝, 乾道成男, 坤道成女, 二氣交感, 化生萬物. 萬物生生, 而變化無窮焉."[무극이면서 태극이다. 태극은 운동하여 양을 낳고 운동이 극에 달하면 고요에 이르고 고요함으로써 음을 낳는다. 고요가 극에 달하면 다시 운동한다. 한번 운동하고 한번 고요하니 서로 각각의 근원이 되며, 음으로 갈리고 양으로 갈리니 음양의 양의(兩儀)가 수립된다. 양과 음이 변하고 합하여 수, 화, 목, 금, 토[오행]를 낳고, 이 5기(氣)가 순리롭게 펼쳐지면서 사계절이 운행된다. 오행은 하나의 음양이고, 음양은 하나의 태극이며, 태극은 본래 무극이다. 오행은 생길 때 각기 하나의 성(性)을 가진다. 무극의 참됨과 음양오행의 정수가 오묘하게 합하여 응축되면, 건도(乾道)는 남성(남성적인 원리)이 되고 곤도(坤道)는 여성(여성적인 원리)이 되어, 이 두 기운이 서로 감응하여 만물을 변화생성시킨다. 이리하여 만물은 끊임없이 생겨나고 변화가 끝이 없다.]

19) 그렇지만 우리는 단 한 군데에서, 태극을 기로써 설명하는 경우를 발견한다. 곧 "태극은 일기(一氣)일뿐이다. 그것이 점차 이기(二氣)로 나뉜다. 그 속에서 운동하는 것은 양이고 고요한 것은 음이다. 또다시 다섯 가지 기로 나누어지며, 또다시 만물로 흩어진다."(太極只是一箇氣. 迤邐分做兩箇氣. 裏面動底是陽, 靜底是陰. 又分做五氣, 又散爲萬物.)(『朱子語類』 卷3, 潘植의 기록)는 것이 그 것이다. 그러나 필시 기록자의 주관에 의한 왜곡이 있는 것처럼 보인다. 왜냐하면, 우리들은 같은 기록자에 의한 글로써, "기 가운데 정수는 신(神)이 된다. 금, 목, 수, 화, 토는 신이 아니며, 금, 목, 수, 화, 토가 되게끔 하는 것이 신이다. 사람에게서는 리(理)가 된다. 인, 의, 예, 지, 신이 되게끔 하는 것이 그것이다."(氣之精英者爲神. 金木水火土非神, 所以爲金木水火土者是神. 在人則爲理. 所以爲仁義禮智信者是也.)(『朱子語類』 卷1)라는 조목을 보게 된다. 이 두 조목을 비교해 본다면, 어떤 공통된 사상이 나타나고 있음을 알 수 있을 것이다. 곧 리와 기를 무차별하게 동일시하는 사상이다. 그런데 리와 기의 절대적 차이를 주장하는 것이 주자의 입장이라고 한다면, 위와 같은 사상은 필시 기록자의 주관적 왜곡이라고 보아야 할 것이다. 이를 합리적으로 해석하는 것은 불가능하다.

거이다.

그렇지만, 태극을 '일기'가 아니라 '리'로 풀이하는 주자의 이런 해석은 기 바깥에 리가 있다는 것을 주장하기 위해서 제시된 것일 뿐, 반드시 일기와 음양[二氣]의 관계 이론에 바탕을 둔 것은 아니라는 논박이 제기될 수도 있다. 그러나 이런 논박은 무력할 수밖에 없다. 왜냐하면, 설사 논박하는 측의 주장대로 태극을 일기로 간주한다고 하더라도, 「태극도설」에는 태극을 리(理)로 읽어낼 수 있는 여지가 아직 남아 있기 때문이다. 일본의 주자학자 이토 진사이(伊藤東涯, 1670-1736)의 다음과 같은 해석으로부터 우리는 그 점을 역으로 확인할 수 있다.

> 유가(儒家)가 무극(無極)을 말하는 것은 「태극도설」에서 시작한다. 주돈이의 의도는 오행을 음양으로, 음양을 태극으로, 태극을 무극으로 환원시키려고 했던 것이다. 태극은 원기(元氣)이다. 원기는 움직임의 한정을 얻어 양이 되고, 고요함의 한정을 얻어 음이 된다. 무극이라는 것은 리(理)이다. 그것은 움직임의 한정을 얻으면 양이 생기고 고요함의 한정을 얻으면 음이 생기는 일의 원인이 된다. 리로부터 기가 되기 때문에 "무극이면서 태극이다"라고 말하고, 또 "태극은 원래 무극이다"라고 한다. 『송사』(宋史)의 구전(舊傳)에는 "무극으로부터 태극이 된다"(自無極而爲太極)라고 되어 있어서 주돈이의 진의를 볼 수 있다.[20]

[이토 진사이는 무극과 태극을 분리하여, 무극을 리로 간주하고, 태극을 원기, 곧 일기로 여기고 있다.]역자 협주 그러나 주자가 무극과 태극을 동일시함으로써 이렇게 해석할 길을 막아버렸다는 것은 주지의 사실이다.[21] 더구

---

20) 伊藤東涯, 『古今學變』 卷下, "儒家之言無極, 始於此矣. 周子之意, 蓋推五行而一之陰陽, 推陰陽而一之太極, 推太極而一之無極. 太極者元氣也. 動者爲陽, 靜者爲陰. 無極者理也. 所以動而陽靜而陰之故也. 自理而爲氣, 故曰, 無極而太極, 又曰, 太極本無極也. 宋史舊傳作自無極而爲太極, 其意眞可見矣."

21) 이하의 논의에 대해서는, 본서 제2장인 「주자의 존재론에서 '리'의 성질에 대하여」를 참조하기 바란다.

나 주자의 생각이 미숙했기 때문에 그가 무극과 태극을 동일시했던 것은 분명히 아니었다. 왜냐하면 주자 이후 사상의 발전을 굳이 보지 않더라도, 이미 주자 당대에 무극과 태극의 동일성을 부정하는 해석이 상당히 유력한 견해였다는 사실을 우리는 주자 자신의 기록으로부터 확인할 수 있기 때문이다. [따라서 주자는 상당히 의식적으로 무극과 태극을 동일시했던 것이라 할 수 있다.]역자 협주 이렇게 볼 때 당시 주자가 무극과 태극의 동일성을 굳건히 주장했다는 사실로부터 「태극도설」에서 일기(一氣)를 읽어낼 필요가 없다는 것을 충분히 추론해 낼 수 있다.

다른 한편, 무극과 태극의 동일성을 부정하는 것은 무(無)로부터 유(有)가 생겨난다는 노장(老莊)의 이론으로 빠져들기 쉽다는 것을 부정할 수 없었기 때문에,[22] 주자는 그런 귀결을 피하기 위해서 어쩔 수 없이 무극과 태극을 동시했던 것이며 실은 그 역시 태극을 일기(一氣)로 여겼을 것이라고 우리에게 반론을 제기할 수도 있을 것이다. 그러나 주자 쪽에서는 무극을 노자적(老子的)인 절대적 무(無)로써 해석하지 못하도록 하기만 한다면 그런 귀결은 쉽게 피할 수 있었을 것이며, 또한 주자의 원래 생각을 보더라도 무극은 결코 절대 무를 뜻할 수 없다. [그러므로 '주자가 어쩔 수 없이 무극과 태극을 동일시했던 것일 뿐 실은 태극을 일기로 봤던 것'이라는 추론은 성립하기 힘들며, 주자는 태극을 리로 간주했던 것이다.]

달리 생각해 봤을 때, 아름다운 논리의 무늬를 짜 넣는 계기가 될 수 있었

---

22) 주자와 유명한 논쟁을 벌였던 육자(陸子) 형제의 해석이 바로 그 일례이다. 예컨대, "주자가 밝혀내서 말하기를, '염계(濂溪)가 목백장(穆伯長)으로부터 태극도(太極圖)를 얻었고, 백장이 전해 받은 것은 진희이(陳希夷)에게서 나왔다'고 하는데 그런 말의 근거가 있음에 틀림없다. 그런데 희이의 학문은 노자의 학문이다. '無極' 두 글자는 『노자』의 '知其雄'장에 나온다. 우리 성인들의 책에는 없는 것이다. 『노자』 제1장은 '아무 명칭 없는 것이 천지의 시작이고 명칭 있는 것이 만물의 어머니이다'라고 말하는데, 결국 이것과 똑같으며 이는 노자의 핵심이다. '無極而太極'은 곧 이 뜻이다."("朱子發謂, 濂溪得太極圖於穆伯長, 伯長之傳, 出於陳希夷, 其必有攷. 希夷之學, 老氏之學也. 無極二字, 出於老子知其雄章. 吾聖人之書所無有也. 老子首章言, 無名天地之始, 有名萬物之母, 而卒同之, 此老氏宗旨也, 無極而太極, 卽是此旨.")(『象山全集』, 卷2, 「與朱元晦書第一」)

기 때문에 주자가 무극과 태극을 동일시했을 가능성도 없는 것은 아니다. 하지만 단지 그런 아름다움을 위해, 주자가 자신의 이론까지 왜곡했다는 것, 다시 말해 태극을 '리(理)'가 아니라 '일기'로 간주했다고 해석하는 것은 타당치 않을 것이다. 그렇다면 주자가 무극을 리로 풀이하면서 그런 무극과 태극을 동일시했다는 사실로부터, '일기(一氣)란 이기(二氣)를 초월해 있는 존재'라는 생각, 다시 말해서 '일기와 이기 사이에 차원의 차이가 있다'는 생각을 적극적으로 이끌어 내기는 힘들 것이다.

그 다음, 일기와 이기가 서로 차원이 다르다는 점을 부정할 만한 적극적 논거는 주자의 다음 말에서 확인할 수 있다.

> 천지의 시초 상태에는 다만 음양의 기가 있을 뿐이다. 이 하나의 기가 운행하여 마찰해 오고 마찰해 간다. 마찰하는 일이 급하게 이루어지면 수많은 찌꺼기를 내부에 채워 넣게 되는데 밖으로 나오는 것이 없기 때문에 중앙에 하나의 땅을 응고시키게 된다. [이에 반하여] 기의 정수가 되는 것은 곧 하늘이 되며 해와 달이 되며 별이 된다.[23]

음양의 기가 최초의 시간적 단계에 존재한다고 하면서, 곧바로 음양의 기를 "이 하나의 기[這一箇氣]"라는 표현으로 치환하고 있음을 위 구절에서 볼 수 있다. 그것은 시간적 · 생성론적 의미에서도 논리적 · 형이상학적 의미에서도, 일기와 이기의 사이에서 차원의 차이가 인정되지 않았다는 사실을 얘기한다. 그렇지만 우리가 여기에서 "이 하나의 기"라고 번역했던 "這一箇氣"는 '이 기(氣)'라는 정도의 의미를 갖는 막연한 표현이라고 여겨질 수 있을지도 모른다. 하지만, 주자가 다른 곳에서 "음양을 하나로 보는 것이 가능하다면 둘로 보는 것도 가능하다"[24]라고 말했다시피, 음양은 한편으로 '이기(二

---

23) 주 1) 참조.

24) 『朱子語類』 卷65, "陰陽, 做一箇看亦得, 做兩箇看亦得."(陳文蔚의 기록)

氣)'로 여겨지면서도 다른 한편으로는 '일기(一氣)'로서 여겨졌음이 분명하다.

우리는 "…로 보는 것이 가능하다면, …로 보는 것도 가능하다"는 표현으로부터, 일기와 이기의 구별이 단지 인식의 입장 차이에서 유래하는 것이 아닌가하는 생각을 떠올릴 수 있다. 이 점에 주의하면서 일기와 이기의 관계를 설명하는 말을 다른 곳에서 찾아본다면, "천지 사이에는 원래 일기가 운행하면서 움직임과 고요함의 현상이 있을 뿐이다. 움직임과 고요함의 관점에서 일기를 나누어 보고 나서 비로소 음·양, 굳셈·부드러움의 구별이 있게 된다."[25]라는 말을 볼 수 있다. 여기서 "움직임과 고요함의 관점에서 일기를 나누어 보고"라고 번역했던 곳의 "以其動靜分之"라는 표현은 인식자의 주체적 작용에 중점을 둔 것으로 보인다. 따라서 이 말 전체는, 일기와 이기가 원래 대립하는 두 가지 존재가 아니라, 동일한 존재를 서로 다른 입장으로부터 인식한 결과 생겨나는 두 가지 명칭에 불과하다는 것을 보여준다고 말할 수 있다. 곧, 원래 움직임·고요함의 한정을 모두 갖춘 단 하나의 존재를, 기본적 측면에 입각해서는 그것을 일기라고 부르고, 한정된 면에 입각해서는 음양[二氣]이라고 부른다는 것이다. 또한 주자는 음양에 "연이어서 일어나는 면"과 "병존하는 면"이 있다고 지적한다.

음양에는 연이어서 일어나는 면과 병존하는 면이 있다. "한 번 움직이고 한 번 고요하면서 서로 뿌리가 된다"는 말은 연이어서 일어나는 면을 가리키며, 추위와 더위가 오고가는 것이 그런 경우이다. "음과 양으로 나뉘어 양의(兩儀)가 성립한다"는 말은 병존하는 면을 가리키며 천지(天地), 상하(上下), 사방(四方)과 같은 것이 그 경우이다. 『역』에는 두 가지 의미가 있다. 하나는 변역(變易)으로서 곧 연이어서 일어나는 것이다. 다른 하나는 교역(交易)으로서 곧 대립하는 것이다. 혼백(魂魄)을 이기(二氣)의 관점에서 말한다면, 양은 혼, 음은 백이다. 일기(一氣)의 관점에서 말한다면, 펼쳐지는 것을 혼이라고 말하고 굽혀지는 것을

25) 『周易本義』, "天地之間, 本一氣流行, 而有動靜爾. 以其動靜分之, 然後有陰陽剛柔之別."

백이라고 말한다.[26]

음양은, 연속하는 측면을 논한다면 다만 하나이기도 하고, 대립하는 측면을 논한다면 둘이기도 하다.[27]

일기라는 명칭은 음양의 연속적 측면에 입각하여 붙은 명칭이며, 이기의 명칭은 비연속적 측면에 입각하여 붙은 명칭이라고 주자는 여기서 말하고 있다. 주자의 이런 말은 일기가 기본적인 면, 이기가 한정적인 면에 입각하여 붙여진 이름이라는 점을 보여준다. 이렇게 보면 일기와 이기가 서로 다른 차원의 존재로 있지 않다는 점이 분명하다.

그러나 위와 같이 기본성과 한정성의 면에서 일기 · 이기라는 명칭의 성립근거를 찾을 수 있다면, 일기와 이기 사이에는 설령 시간적 · 생성론적 의미에서 차원의 차이가 인정되지 않는다 하더라도, 논리적 · 형이상학적 의미에서는 그 차이가 인정되어야 한다고 말할 수 있지 않을까? 바꿔 말하면, 현실에 존재하는 것은 이기(二氣)이며, 일기(一氣)는 양자 모두에 공통된 것으로서 어떤 [초월적] 관념으로 상정되었던 것이 아닐까? 얼핏 보면 이런 논박이 타당해 보이지만, 사실을 따져보면 그렇지 않다. 왜냐하면, 앞서 서술한 바와 같이 주자는 음양을 설명할 때 비(非)연속적으로 여겨지는 면과 연속적으로 여겨지는 면을 구별하고 있는데, 그는 전자를 '체'[體; 실체], 후자를 '용'[用; 작용, 현상]으로 규정하기 때문이다. 이로부터, 주자는 오히려 '연속이 비연속을 전제로 삼는다'고 여겼을 것이라고 우리는 충분히 추론할 수 있다. [이를 일기와 이기의 용어로 바꿔서 말하면, 이기가 '체'이고 일기가 '용'이며 일기가 이기를 전제로 삼는다는 것이다. 그래서 논박하는 측이 생각하

26) 『朱子語類』 卷65, "陰陽, 有箇流行底, 有箇定位底. 一動一靜, 互爲其根, 便是流行底, 寒暑往來者是也. 分陰分陽, 兩儀立焉, 便是定位底, 天地上下四方是也. 易有兩儀. 一是變易, 便是流行底. 一是交易, 便是對待底. 魂魄, 以二氣言, 陽是魂, 陰是魄. 以一氣言, 則伸爲魂, 屈爲魄." (黃義剛의 기록)

27) 上同, "方子錄云, 陰陽, 論推行底, 只是一箇, 對峙底, 則是兩箇."

듯이 이기를 초월하는 관념적인 것이 일기라고 간주할 여지는 없다고 해야 할 것이다.]역자 협주 그리고 주자는 연속이 비연속에 비해 '형이상학적'으로 앞서는 것이 아니라 '시간적'으로 앞선다는 점을 말하기도 한다.[28] 또한 논리로는 어떻게 말하더라도, "음양은 다만 일기(一氣)에 지나지 않는다. 양이 물러나는 것은 곧 음이 생겨나는 것이지, 양이 물러나고 나서 또 다시 따로 음이 생겨나는 것은 아니다."[29]라는 주자의 말에서 알 수 있듯이, 음양의 연속은 결코 비연속자들의 연속이 아니다. [곧, 음과 양이 각각 개별적으로 독립하여 존재하면서, 그 둘 사이에 공통적인 어떤 것이 존재한다는 식으로 주자는 생각하지 않았다.]역자 협주

이들 논거를 본다면, '비연속적으로 대립하는 음양의 두 존재가 어떤 방식으로든 연속하는 현상 이면에서 관념적으로 상정되는 기본적 동일자가 바로 일기이다'라는 입론은 성립 불가능하다. 이른바 '음양의 배당' 속에서 볼 수 있는 주자의 사고방식은 우리의 주장을 더욱 명확하게 뒷받침한다. 음양의 배당에 대한 상세한 설명은 뒤로 미루고 그 핵심만 미리 말해 본다면, 음과 양이라는 존재는 결코 고정된 음이나 양이 아니라, 그것들은 우리 인식의 관점이 달라짐에 따라 음, 양의 한정을 바꾸는 것이라 할 수 있다. 더 적절하게 말한다면, 음양이라는 존재자가 따로 있는 것이 아니라, 음양이라는 것은 그 존재자가 특정한 상황(Situation)에서 어떤 한정을 받을 때 그 존재자에게 주어지는 명칭에 불과하다. 그렇다고 해서 음양을 단순한 사유 범주로 생각할 수는 없다. 왜냐하면 그것은 어디까지나 기이기 때문이다. 게다가 하나는 움직이는 기이고 다른 것은 고요한 기이다. 단지 그 움직임과 고요함의 한정이 고정되어 있지 않고 인식의 입장에 따라 상대적인 것이다.

---

28) 上同, "體在天地後, 用起天地先, 對待底是體, 流行底是用."[실체는 천지보다 이후에 있는 것이며 작용은 천지보다 앞서 일어나는 것이다. 대립하는 것이 실체이며 연이어 일어나는 것이 작용이다.](程端蒙의 기록)

29) 上同, "陰陽只是一氣. 陽之退便是陰之生, 不是陽退了又別有箇陰生."(陳淳의 기록)

음양이 이런 것인 이상, 비연속은 진정한 의미에서 비연속일 수 없고, 오직 연속 위의 비연속, 다시 말하여 일기(一氣)의 표면적 변화에 다름 아니다.

이 경우 주의해야 할 점은, 음양이 위와 같은 것이라고 한다면 일기와 음양 사이의 시간적 계기는 설명할 수 있더라도, 일기와 음양의 공간적 병존은 설명할 수 없지 않은가 하는 의문이다. 만일 일기를 단순한 존재로 여기지 않고 어떤 복합적 존재로 해석한다면 그런 의문을 피해갈 수 있을 것이다. [왜냐하면 다양한 요소들이 모여 일기를 복합적으로 구성한다고 간주한다면, 일기는 구체적 존재가 아니라 추상적 개념이 되어 일기와 음양의 공간적 병존에 대해 설명할 필요가 없었지기 때문이다.]역자 협주 하지만 이 경우에도, 음양을 두 가지 대립적·비연속적 존재자로 보는 해석으로 되돌아가지는 말아야 한다. 그러려면 이런 복합 형태를 구성하는 부분 각각에 대하여, 고정적으로 '이것은 음이고 저것은 양이다'라고 단정하는 식의 입장을 거부해야 한다. 이런 사유방식을 구체적으로 보여주는 것은 주자의 다음과 같은 말이다.

> "음과 양으로 나뉘어서 양의(兩儀)가 성립한다"에서 "양의"는 하늘과 땅이다. 괘를 그릴 때의 양의와 의미가 다르다. … 서로 섞여서 아직 나뉘지 않았을 때 음양의 기가 혼합하여 어두웠다. 이미 나뉘게 되자 중간의 한없이 넓은 빛이 방출되어 양의(천지)가 비로소 정립했다.[30)]

이 구절은 음양의 기가 혼합의 상태로부터 공간적 질서의 상태로 들어가는 과정에서 천지가 성립한다는 것을 설명한다. 하지만 물과 기름이 혼합된 상태로부터 각각 분리되어 나오는 것을 연상하면서 그 과정을 생각하면 안 된다. 왜냐하면, 하늘과 땅은 양과 음으로 대립하는 것이기는 하지만, 그것

---

30) 『朱子語類』 卷94, "分陰分陽, 兩儀立焉, 兩儀是天地. 與劃卦兩儀, 意思又別·(中略) 方渾淪未判, 陰陽之氣, 混合幽暗. 及其旣分, 中間放得寬濶光郞, 而兩儀始立."(周謨의 기록). - 주) 18을 볼 것.

들이 분열하기 이전에 이미 양과 음이 별도로 존재하였던 것은 아니기 때문이다. 그렇다고 해서 음과 양 어느 쪽도 아니었던 존재, 즉 아무런 성질도 갖지 않는 존재였던 것도 아닐 것이다. 분열하기 이전에도 역시 음양 중 어느 하나이기는 했겠지만, 혼합된 상황에서 음양의 한정과, 분열된 상황에서 음양의 한정은 필시 동일한 것일 리 없다. 반복해서 말한다면, 음양의 한정은 고립된 존재자로서의 성격과 관련된 것이 아니라 다른 존재자와 관련되어 있는 면에서만 볼 수 있으며, 이런 의미에서 그것은 오로지 구체적 상황에 처한 존재자의 성격과 관련된다. 그러므로 일기와 음양의 차원이 서로 다르다는 입장이 내포한 난점을 명확히 알 수 있을 것이다.

3. 음양과 오행의 관계

다음, 우리는 음양과 오행 사이의 관계를 추적해야 한다. 그 관계는 앞에서 설명했던 음양의 성격을 더욱 명확하게 보여줄 것이다. 주자는 "음양이 있다면, 변화하기도 하고 합치하기도 하면서 오행이 갖춰진다"[31]라고 말한다. 얼핏 보기에 이 말은, 음양이 오행과 차원을 달리하는 존재, 곧 생성론적 전존재(前存在) 혹은 형이상학적 실체라는 것을 보여주는 듯하다. 그러나 주자의 다음 말을 보자.

> 음양은 기이다. 이 오행의 질(質)을 만들어 낸다. 만물을 낳는 것은 천지이지만, 오행만은 천지에 앞서 있다. 땅은 곧 토(土)이다. 토가 있기 때문에 수많은 금목(金木)의 부류를 포함한다. 천지 사이에서 오행으로 있지 않은 존재는 없다. 오행・음양이라는 일곱 가지의 혼합이 곧 만물을 낳는 재료가 된다."[32]

---

31)「太極圖說解」, "有陰陽, 則一變一合, 而五行具."

32)『朱子語類』卷94, "陰陽氣也. 生此五行之質. 天地生物, 五行獨先. 地卽是土. 土便包含許多

이 말은, 음양이 오행에 대해서 형이상학적 실체가 아니라 생성론적 전존재임과 아울러, 오행과 함께 운동하는 동시적 존재라는 것을 보여준다. 이 때문에 음양으로부터 오행이 생겨난다고 말하는 것은 음양이라는 하나의 전체가 오행이라는 하나의 전체로 변화한다는 것을 뜻하지 않고, 단지 전자의 일부분이 후자로 변화한다는 것을 뜻함에 불과하다. 원래 '질'(質)은 기(氣)가 응고된 것이라고 한다.[33] 곧, 음양의 일부분이 응고하여 생겨난 것이 바로 오행이다. 음양과 오행이 함께 운동한다고 설명할 수밖에 없는 이유를 주자는 이렇게 설명한다.

> 천도가 운행하여 만물을 길러낸다. 리(理)가 있고 나서 기가 있다. 동시에 그 두 가지가 있다 하더라도 필경 리가 위주가 된다. 사람은 리를 받아서 생명을 얻는다. 기(氣) 중 정밀한 부분은 기가 되고 탁한 부분은 질이 된다. 지각 · 운동은 양의 작용에 의한 것이고, 형체는 음의 작용에 의한 것이다.[34]

만일 음양을 오행의 생성론적 전존재로서만 해석한다면 이 조목의 의미를 전혀 이해할 수 없게 된다. 뒤에서 분명히 밝혀지듯이, 음양은 기와 질에게 동시에 배당되는 것이며 이 조목도 그 일례에 다름 아니다. 그런데 위 인용문에서 주자는 기(氣; 음양)를 인간 정신 · 작용의 원리로 삼고, 질(質; 오행)을 육체적인 것의 원리로 삼고 있다. 생각건대, 이처럼 정신과 육체 두 가지의 결합으로 여겨지는 인간이 전체 존재의 전형이 되었을 터이다. 기[음양]와 질[오행]의 두 원리가 동일 차원에서 존재하며 함께 작용한다는 것을 설명하지 않을 수 없는 이유가 여기에 있다.

金木之類. 天地之間, 何事而非五行. 五行陰陽七者滾合, 便是生物底材料."(周謨의 기록)

33) 『朱子語類』 卷1, "氣積爲質"(游敬仲의 기록)

34) 『朱子語類』 卷3, "天道流行, 發育萬物. 有理而後有氣. 雖是一時都有, 畢竟以理爲主. 人得之以有生. 氣之淸者爲氣, 濁者爲質. 知覺運動陽之爲也, 形體陰之爲也."(李閎祖의 기록)

위와 같이 한편에서 음양은 기, 오행은 질로 이해된다. 그러나 음양과 오행의 관계는 결코 그렇게 단순하지 않다. 먼저, 주자는 다른 곳에서 "음양은 기이며 오행은 질이다. 그것들로써 만물을 만들어 낸다. 오행은 질이라고 할지라도, 그것은 또한 오행의 기를 갖는다. 이 때문에 비로소 만물을 만들어 낼 수 있다. 그러나 그것[오행의 기]은 역시 음양 이기(二氣)가 나뉘어서 다섯으로 된 것이므로, 음양 바깥에 따로 오행[의 기가] 존재하는 것은 아니다"[35]라고도 말한다. 이 구절을 본다면 주자가 오행의 기와 음양을 완전히 동일시했다는 점을 알 수 있다. 따라서 주자의 존재론을 체계화한다면, 만물을 구성하는 원리는 오행의 기와 질이며, 오행의 별명으로서 일기 · 이기라는 두 명칭이 성립했던 것처럼 보인다.

그러나 이런 체계화는 경솔하다는 비판을 면할 수 없다. 그 까닭은 다음 구절을 보면 쉽게 알 수 있다.

> 음양이 있다면 변하기도 하고 합하기도 하면서 오행이 갖추어진다. 그러나 오행이라는 것은, 질(質)은 땅에 갖추어져 있고 기는 하늘에서 운행한다. 질의 관점에서 그 생성의 순서를 말한다면, 수 · 화 · 목 · 금 · 토이며, 수와 목은 양이고 화와 금은 음이다. 기의 관점에서 그 운행하는 순서를 말한다면, 목 · 화 · 토 · 금 · 수가 그것이며, 목과 화는 양이고 금과 수는 음이다. 또한 통일적으로 말하면 [오행의] 기는 양이고 [오행의] 질은 음이다. 또한 서로 섞어놓고 말한다면 움

35) 『朱子語類』 卷1, "陰陽是氣, 五行是質. 所以做物事出來. 五行雖是質, 他又有五行之氣. 做這物事方得. 然却是陰陽二氣截做這五箇, 不是陰陽之外別有五行."(舒高의 기록) 가장 마지막 구절에서 '오행'을 우리처럼 '오행의 기'라고 해석하는 것에 대해 반론이 있을 수도 있다. 자세하게 말한다면, 이 구절은 오행의 기와 질 전체를 가리키는 것으로 해석해야 한다고 반론할 수 있을 것이다. 그러나 이 문장은 음양과 오행(의 질), 혹은 질(質)과 기(氣)를 구별하는 것으로부터 출발하고 있기 때문에, 가장 마지막 구절의 오행에 대해서도 이를 오행의 기와 질 전체를 가리킨다고 여기는 것은 필시 타당하지 않다. 그리고 이렇게 해석하더라도 전체적 관점에서 본다면 주자의 사상을 오해하는 것이 아니다. 왜냐하면, 구별된 기와 질을 더욱 균질화(nivellieren) 해 가는 데에 주자 사유의 특색이 있기 때문이다. 아래에서 우리의 의도는 결국 이 점을 명확하게 하는 것이라고 해도 과언은 아니다. 때문에 여기에서 그에 대한 논증을 제시하는 것은 필요치 않다.

직이는 것은 양이고 고요한 것은 음이다."[36]

앞에서는 "음양은 기이고 오행은 질"이었는데, 바로 이 구절에서는 "[오행의] 기는 양이고 [오행의] 질은 음이다"라고 말하며, 더욱이 오행의 질에 대해서조차 음양의 배당이 이루어지고 있다. 여기에는 부정하기 어려운 모순이 있다고 말하지 않을 수 없다.

하지만, 우리는 이런 모순 상태가 운위되는 바로 이 지점에서 오히려 음양에 관한 특수한 사유방식을 추적할 수 있다고 생각한다. 곧, 우리가 지금 인용했던 구절에 주의해 본다면, 오행의 기와 질이 각각 3중의 음양 배당을 받는다는 사실이 우리의 주목을 끈다. 하지만 그것은 오행의 기와 질이라는 일정한 성질에서 존립하는 것이 아니라 오히려 부단한 생성에서 존립하는 것이다. 때문에 그것은 전혀 모순되는 성격이 한 몸에서 성립할 수 있다는 사유방식에 바탕을 둔 것이 아니다. 3중의 음양 배당은 동시에 일어나되 다만 인식의 입장이 바뀌는 것에 대응할 뿐이다. "질(혹은 기)의 관점으로서", "통일하여 말한다면", "서로 섞어서 말한다면"이라는 표현은 이 점을 보여줄 것이다. 따라서 음양의 한정은 고립된 존재의 성격과 관련되지 않고, 어떤 상황에 처한 존재가 그 상황에 의해 한정되어 있을 때의 성격과 관련된다. 하지만 어떤 학자가 주장하는 것처럼 음양이 단순한 사유범주일 수도 있다는 입장에 우리가 근거하는 것은 아니다.[37] 오행의 기와 질은 일단 서로 다

---

36) 「太極圖說解」, "有陰陽, 則一變一合, 而五行具. 然五行者, 質具於地, 而氣行於天者也. 以質而語其生之序, 則曰水火目金土, 而水木陽也, 火金陰也. 以氣而語其行之序, 則曰 木火土金水, 而木火陽也, 金水陰也. 又統而言之, 則氣陽而質陰也. 又錯而言之, 則動陽而靜陰也."

37) 기(氣)인 음양 외에 단순한 사유범주인 음양을 주자가 생각했다고 보는 것이 정당하다면, 주자 사상의 이해는 매우 쉬워진다. 그러나 주자가 자각적으로 음양을 사유범주로써 사용했던 예는 거의 찾아볼 수 없다. 하지만 인의예지(仁義禮智)라는 이른바 리(理)에 음양 배당이 행해졌던 사실은, 음양을 사유범주로서 생각했었다는 것을 인정할 수밖에 없게끔 만드는 것 같다. 그러나 이 경우에도, 결국 리가 기에 의해 매개된다는 사실에 기반하여 리와 기를 대응시킬 때 개념이 애매하게 사용되었던 것에 불과하다고 여겨져야 하며, 음양이 기라는 생각이 완전히 사상되었다고 여기는 것은 경솔하다고 생각한다. 만약 인의예지에 대한 음양 배당의

른 것이지만 서로 전혀 관계없는 것은 아니어서, 후자는 전자가 응고된 것에 불과하다는 점은 이미 앞에서 설명했던 대로이다. 지금, 이 응고라는 것을 경험적 사실로부터 유추하여 고요한 것[靜]이라고 간주한다면, 오행의 기는 움직이는 것[動]으로 한정되고 오행의 질은 고요한 것[靜]으로 한정되어, 오행의 기와 질 모두가 [움직임과 고요함의] 기'로서' 표상될 수 있다. 마찬가지로 기와 질 각각에 대해서도, 어떤 부분은 더욱 정적이며 다른 부분은 더욱 동적이라고 생각할 수 있을 것이다.

"기는 양이며 질은 음이다"라고 여기면서도, 더 나아가 그 각각에 대하여 음양 배당이 이루어지는 이유가 바로 여기에 있다고 생각한다. 바꿔 말하자면, 음양의 한정이 고립적 존재의 성격이 아니라 각 상황에 처한 존재의 한정적 성격과 관련이 있다는 것은, 음양이 사유범주로써 사용되었다는 것을 뜻하지 않고, 오히려 '모든 존재가 근원적으로는 일기(一氣)이다'라고 하는 연속적 세계관에 근거한다는 것을 뜻한다. 그렇지만 단지 이 말만을 떼어놓고 생각해 본다면, 우리들의 이와 같은 해석은 단지 자의적인 것으로 각인될 위험을 면키 어렵다. 그러나 앞에서 이 말과 관련하여 문제가 되었던 "음양은 기이다"라는 말은 그런 위험을 남김없이 불식시켜 줄 것이다. 우리들은 방금 전, 기는 물론 질이 음양 배당을 받는다는 것은 질이 기로 관념되는 한에서라고 여겼다. "음양은 기이다"라는 말은 바로 이 점을 반영하는 것이 아닐까?[38] 역으로 이 말의 존재는, 질에조차 배당이 되는 음양이 언제나 한정

사실로부터 음양의 사유범주로서의 의미를 이끌어 낸다면, 오행에 대해서도 같은 방식을 취해야 한다. 그것은 "仁木, 義金, 禮火, 地水, 信土."(『朱子語類』 卷6, 程祖道의 기록)라는 말이 보여주는 바와 같다. 따라서 음양에만 사유범주의 성격을 부여하는 것은 철저하지 못하다. 하지만 오행에 대해서, 기로서의 오행과 사유범주로서의 오행이 구별되는 식으로 해석되었던 예를 아직 듣지 못했다.

38) 주 36에 따르면, 오행의 질은 땅에 갖추어져 있고 그 생성 순서는 수·화·목·금·토이며, 수와 목은 양이고 화와 금은 음이다. 이렇듯 질에도 음양이 배당된다. 그런데 주희가 질에다 음양을 배당할 때에는 이미 그가 질을 기(氣)로 의식하고 있었다고 할 수 있다. 다시 말하면 그가 질을 기로 의식했기 때문에 자연스럽게 질에다가 음양을 배당하게 되었을 것이다. 이처럼 주희는 기와 음양을 불가분의 관계로 생각했다. "음양은 기이다"라는 말은 그것의 표현

을 이끌어 내고 있으리라는 점을 생각하게 한다. 그러나, 앞서 서술했다시피 이런 음양 배당과 그 한정 사이에는 얼핏 보기에 부정할 수 없는 모순이 있는 것처럼 보인다. 그럼에도 불구하고, 사실을 놓고 볼 때 음양의 배당 밑에 흐르는 연속적 세계관은 음양의 한정에서 그 단적 표현을 드러낸다고 해도 과언이 아니다.[39]

그렇지만 "음양은 기이다"가 "오행은 질이다"라는 말과 나란히 놓였다는 것은, "음양은 기이다"의 "음양"과 오행에 배당된 음양이 서로 다르다는 것을 의미하는 것은 아닌가 하는 논박이 제기될 수 있다. "음양은 기이다. 이 오행의 질을 낳는다…"와 같이 오행의 질과 음양이 병립한다고 말하는 곳은, 그러한 논박에 매우 유력한 논거를 제시해 주는 것처럼 보인다. 그러나 사실 이러한 논박은 우리가 말했던 '연속관'의 뜻을 충분히 이해하지 못했기 때문에 제기된 것이다. 우리는 지금 어떤 존재가 음양의 배당을 받는다는 것은 그것이 기로 여겨졌음을 뜻한다고 말했다. 얼핏 보기에 이는 기 개념의 확장에 의해 이루어졌던 것처럼 보일 수 있다. 자세히 말한다면, 기는 바로 질에 대립하기 때문에 기인 것인데, 이렇게 기로부터 구별된 질이 다시 기로 여겨졌다는 사실에 의해 기 개념에 어떤 확장이 가해졌다고 볼 수도 있다. 그러나 사실을 따지자면, 어떠한 확장도 가해지지 않았다는 점에서 주자 사유

이라는 것이 저자의 생각이다(역자 주).

39) 만물은 모두 기로 이루어져 있으므로 음양의 배당을 받을 수 있다. 아니, 기로 이루어진 모든 것은 필연적으로 음양의 배당을 받기 마련이다. "음양은 기이다"라는 말은 그런 사고방식의 표현이다. 이런 사고 이면에는 '연속관'이 놓여 있다는 것이 저자의 생각이다. 그런데 각 개체는 음으로 규정되는 동시에 양으로 규정되기도 한다. 이처럼 각 개체가 모순적 규정을 받는다는 것은 바로 '연속관'의 표현이라는 것이 저자의 주장이다. 그 이유는 다음과 같다. 각 개체는 고립적 존재가 아니라 주변 사물과 연속되어 있는 존재이다. 다시 말해서 각 개체에는 명확한 한계(peras)가 없으므로 그것은 '하나'의 독자적인 것으로 여겨지지 못한다. 그러므로 그에 대한 고정적 규정이 있을 수 없고, 그에 대한 규정은 항상 상황에 의존하여 이루어진다. 그러다보니, 동일한 개체가 이 상황에서는 음으로 규정되다가 다른 상황에서는 양으로 규정되기도 한다. 따라서 각 개체는 음의 배당을 받는 동시에 양의 배당을 받기도 하는 일이 벌어진다. 이런 점에서, 각 개체가 모순적 규정을 한 몸에 갖는다는 것은 연속적 세계관의 발로라고 할 수 있다(역자 주).

방식의 특징을 인정할 수 있는 것은 아닐까? 곧, 질은 기에 비하여 아무리 다른 모습을 나타내고자 하더라도 그 진정한 실체는 기(氣)라는 점에서, 이른바 "기로서 관념된다"라는 말의 의미가 있다. 더 환언해 보자면, 음양이 기뿐만 아니라 질에 대해서도 배당된다는 것은, 음양이 기와 질을 포함한다든지 혹은 양자에 공통된 기체(基體)로서 기 · 질과 차원을 달리하는 존재라는 것을 뜻하지 않는다. 어디까지나 음양은 질(質)에 대립하는 기(氣)이면서도 질(質)에 배당되기도 하는 것이다. 여기에 바로 연속관이 진정 연속관인 까닭이 있다. (이른바 연속관이라는 것은 상이한 두 가지 존재가 동일한 실체를 공통으로 갖는다는 사유방식이 결코 아니다. 이렇게 본다면, "음양은 기이다"를 "오행은 질(質)이다"에 대립시킬 수밖에 없었던 것은 연속관의 이런 일면을 반영하는 것으로 볼 수 있다. 이것이 우리의 해석과 모순되지 않는다는 것은 자명하다.)

하지만 바로 그 아래에서 오행에 기 · 질의 구별이 있다는 것을 인정하면서도 "음양은 기이고 오행은 질이다"라고 말했다는 것은, 기 개념이 주로 음양의 개념과 연결되어 있다는 점을 얘기한다. 이것과 관련하여, 음양과 오행(의 질)의 병립이 오행의 기와 질의 병립보다 한층 더 자주 이야기된다는 사실이 떠오른다. 거듭 설명했듯이, 음양을 오행(의 질)에 대해서도 배당한다는 점으로부터 말한다면 이렇게 음양과 오행(의 질)의 병립을 말한다는 것이 자칫하면 오해를 불러일으키는 원인이 될 수 있다는 점을 부정할 수 없다. 게다가 오행에 기와 질의 구별이 있는 이상, 음양과 오행을 나란히 놓고 말하는 것은 피하려고 한다면 피할 수 있는 것이다. 그럼에도 불구하고 주자가 그런 말을 과감하게 했다는 것은, 기와 음양이 개념 구성 상에서 관계가 밀접하다는 것을 보여주기에 충분할 것이다.

이와 동시에 우리들은 주자에 대한 「태극도설」의 영향을 고려하지 않을 수 없다. 곧, 주돈이는 "무극(無極)의 진(眞)과 음양 · 오행[二五]의 정(精)이 오묘하게 합하고 응고하여, 건도(乾道)는 수컷을 이루고 곤도(坤道)는 암컷을 이룬다"[40]라고 말했는데, 여기에서 주돈이가 음양과 오행을 나란히 놓은 것은 주자의 입장과 매우 뚜렷하다 할 수 있다. 게다가 이런 유사점은 단지 외면의 것이 아니라 내면적 관계에 의거한 것임을 알아야 한다.

앞서 설명했던 것으로부터 이미 밝혀졌듯이, 주자가 음양과 오행(의 질)의 병립을 말했던 것은 말하자면 뒤집어진 연속관에 근거한 것이었다. 자세히 말하면, 이기(二氣)와 오행(五行)을 한편으로는 균질화하면서도 다른 한편으로는 구별하는 사유방식에 의거한 것이었다.[41] 그런데 주돈이의 위 구절 근저에서도 우리는 유사한 사유방식을 확인할 수 있다. 왜냐하면 주돈이는 위 구절 바로 아래에서 "이기(二氣)가 교감하여 만물을 생성시키고, 만물이 생성되고 또 생성되어 무한한 변화가 일어난다"[42]라고 말하는데, 이는 일단 구별된 이기와 오행을 '이기'라는 개념 아래로 균질화한 것을 의미하며, 또한 다른 곳에서는 단적으로 "오행(五行)은 음양(陰陽)에 다름 아니다"[43]라고도 말하기 때문이다. 따라서 주자와 마찬가지로 주돈이에게도 연속관이 존재했던 바, "무극(無極)의 진(眞)과 음양 · 오행의[二五]의 정(精)…"이라는

---

40) 주 18을 볼 것.

41) 주자는 한편에서 음양과 오행의 병립을 스스로 부정하는 듯이 말한다. 곧 "오행 중 빼어난 부분을 얻은 것이 사람이 된다. 오직 오행만 말하고 음양을 말하지 않은 까닭은, 사람이 되기 위해서는 오행이 이루어져야 하기 때문이다. 그러나 음양은 곧 오행 가운데 있으므로 주자(周子)는 말하기를 '오행은 하나의 음양이다'(「태극도설」)라고 했다. 오행 바깥에서 따로 음양을 구할 곳이 없다. 예컨대 갑(甲)과 을(乙)은 목(木)에 속하는데, 갑은 양이고 을은 음이다. 또한 병(丙)과 정(丁)은 화(火)에 속하는데, 병은 양이고 정은 음이다. 음양을 말하지 않았더라도 음양은 그 가운데 있는 것이다."(得五行之秀者爲人, 只說五行而不言陰陽者, 蓋做這人, 須是五行方做得成, 然陰陽便在五行中, 所以周子云, 五行一陰陽也, 舍五行無別討陰陽處, 如甲乙屬木, 甲便是陽, 乙便是陰, 丙丁屬火, 丙便是陽, 丁便是陰, 不須更說陰陽, 而陰陽在其中矣. 『朱子語類』 卷3, 沈僩의 기록)라고 말하는 것이 그 예이다. 그러나 우리들은 여기에서 해석하기 어려운 자기모순을 인정할 필요는 없다. 이기와 오행은 균질화 될 수 있는 것이기 때문에, 생성이 이기(二氣)에 의해서도, 오행에 의해서도, 혹은 양자에 의해서도 설명될 수 있는 것이 오히려 당연하다.

42) 주 18을 볼 것.

43) "五行一陰陽也."

말이 이런 연속관의 일면을 반영한다는 점은 분명한 사실이다. 우리들은 이 점에서 주자에 대한 주돈이의 영향이 컸다는 점을 확인할 수 있다. 어떤 학자는 주돈이의 위 구절을 문자 그대로 해석하는 한 주자의 입장과 모순된다고 여기고서 그 해결을 위해 고민하고 있는데,[44] 주돈이의 사상을 주자의 사상과 조화시키고자 하는 이유를 제시하지 못함은 차치하고, 그러한 노력은 전혀 헛될 수밖에 없다.

만물과 오행의 관계에 대해서 말하자면, 그 관계에서 요소론적(要素論的) 사유방식을 볼 수 있다는 점은 앞서 서술한 대로이다. 곧, 만물은 오행의 기와 질이라는 요소의 결합체로 파악된다. 그런데도 이런 결합에 의해 기와 질 어느 쪽에도 아무런 변화가 생기지 않는다. 이는 완전히 기계론적 결합으로 이해될 수 있는 것처럼 보인다. 그러나 우리들은 여기에서도 연속관이 깊이 스며들어 있음을 보게 된다. 곧, 오행의 경우와 완전히 동일한 음양의 배당이 만물에 대해서도 이루어지고 있는 것이다. 그리고 그것은 다음의 인용문으로부터 쉽게 살펴볼 수 있다.

> 개괄하여 말한다면 음양은 두 가지 단서에 불과하다. 그러나 음 속에는 원래 음양의 분열이 있고, 양 속에도 또한 음양이 존재한다. "건도(乾道)는 수컷을 이루고 곤도(坤道)는 암컷을 이루는" 것이어서 수컷은 양에 속한다고 말할지라도, 수컷 속에 음이 없다고 생각할 수는 없다. 암컷은 음에 속한다고 할지라도 암컷 속에 양이 없다고 생각할 수도 없다. 사람의 신체에 대해 말하자면, 기는 양에 속

44) 그런 해석 중 하나는 "二五之精"의 "二"를 사유범주로서의 음양으로 해석하는 것이며, 다른 하나는 오행이 이기에 의해 구성된 것이라고 해석하고서, 구성자로서의 이기를 오행으로부터 추상화하여 "二五之精"으로 표현했던 것이라고 여기는 것이다. 앞의 해석에 대해서는 주 37에서 서술했던 이유 때문에 찬성할 수 없다. 또한 이 해석을 쉽게 풀어서 얘기한다면, "二五之精"을 "음양으로서도 파악될 수 있는 오행"의 뜻으로 해석하는 것에 다름 아닌데, 주돈이가 그렇게까지 돌려서 말할 필요가 있었을지 이해하기 어렵다. 후자의 해석에서도 우리들은 이기를 오행 속에서부터 추상화할 필요가 어디에 있는지 묻고 싶다. 또한 "이기에 의해 구성된 오행"이라는 의미를 표현함에 "二五之精"이라는 말을 사용한다는 것은 너무나 엉뚱한 것은 아닐까?

하지만 기에도 음양이 있다. 피는 음에 속하지만 피에도 음양이 있다. 오행과 같은 것에 이르러서도, '천일(天一)이 수(水)를 낳는' 것이어서 양이 음을 낳는다. 그리고 임계(壬癸)가 수(水)에 속하지만 임(壬)은 양, 계(癸)는 음이다. '지이(地二)가 화(火)를 낳는' 것이어서 음이 양을 낳는다. 그리고 병정(丙丁)이 화(火)에 속하지만 병(丙)은 양, 정(丁)은 음이다.[45)]

우리들이 앞에서 음양의 한정은 어떤 상황에 있는 존재의 한정적 성격과 관련된다고 말했던 것처럼, '존재' 라고 하는 일반 개념을 사용하여 음양관을 설명했던 것은 바로 만물에 대해서도 동일한 방식으로 음양의 배당이 이뤄지고 있었기 때문이다.

이렇게 볼 수 있다면, 주자의 존재론은 두 가지의 이론적 기초를 갖는 것이 분명하다. 곧, 모든 존재는 음양이라는 두 근원[二元]에 의해 생각될 수 있다는 것이 첫 번째 기초이다. 그런데 바로 이 점은, '모든 존재는 다만 하나의 기(氣)'라는 연속관과 표리를 이룬다. 이런 연속관이 주자 존재론의 두 번째 기초인데, 그것의 중요성은 전자에 비해 조금도 뒤떨어지지 않는다.

우리들은 앞에서 일기(一氣)와 이기(二氣)가 서로 다른 두 가지의 원리가 아니라, 다만 동일한 원리이되 인식의 입장차에 근거하는 두 가지의 명칭에

45) 『朱子語類』 卷94, "統言陰陽, 只是兩端. 而陰中自分陰陽, 陽中亦有陰陽. 乾道成男, 坤道成女, 男雖屬陽, 而不可謂其無陰. 女雖屬陰, 亦不可謂其無陽. 人身氣屬陽, 而氣有陰陽. 血屬陰, 而血有陰陽. 至如五行, 天一生水, 陽生陰也. 而壬癸屬水, 壬是陽, 癸是陰. 地二生火, 陰生陽也. 而丙丁屬火, 丙是陽, 丁是陰."(周謨의 기록) 이런 음양배당의 중층성은 단지 육체적인 것에 입각한 것만 아니라 정신적인 것에서도 확인할 수 있다. 앞서 서술했다시피, 주자에서 정신적 원리는 기(氣)이며 육체적 원리는 질(質)이지만, 음양배당의 하나의 경우로서 전자는 양, 후자는 음이 된다. 그러나 주자는 다른 한편으로 인의예지(仁義禮智)에 음양을 배당하고 있었다. 우리들은 이 점에 대해 주 37에서, 이 경우에도 음양의 기(氣)로서의 의미가 사상되지 않았음을 지적했다. 인의예지는 측은(惻隱) · 수오(羞惡) · 사손(辭遜) · 시비(是非)의 감정의 기저라고 여겨지는 본성(性; 理; 의미)이며, 후자는 전자로 표현된다고 말할 수 있다(예를 들면, 『孟子 · 公孫丑上』, 四端章集註). 그런데 한편 이 네 가지 감정은 목금수화(木金水火)라는 기의 작용에 다름 아니다(『朱子語類』 卷4, 李閎祖의 기록). 정신적인 것이 기(氣)로 여기는 것과 네 가지 감정을 목금수화(木金水火)라는 기의 작용으로 여긴다는 두 가지 생각 때문에, 주자는 인의예지(仁義禮智)에까지 음양배당을 했던 것이 아니었을까? 이렇게 생각해도 틀리지 않는다면, 우리들은 여기에서도 일단 양으로서 한정된 정신적인 것에 음양을 배당해 가는 사유방식을 발견할 수 있을 것이다.

불과하다는 점을 지적했다. 이러한 해석은 지금 한층 더 밝은 빛 아래에 놓여 있다고 말할 수 있다. 위에서 서술했다시피, 주희에게서 이원론은 동시에 일원론이며, 일원론은 동시에 이원론이다. 동일한 원리이면서도 두 가지 명칭을 준비해야 하는 이유가 바로 여기에 있다.

4. 장재(張載)의 태허(太虛)와 기(氣)

주희는 어찌해서 그런 입장에 이르렀던 것일까? 우리들은 여기서 장재(張載)의 일신양화설(一神兩化說)의 영향을 확인할 수 있다.

> 하나의 존재이면서 두 가지 몸을 갖는 것이 기의 성격이다. 하나라면 신(神)이며(두 가지에 걸쳐 존재하기 때문에 헤아릴 수 없다), 두 가지라면 화(化)가 일어난다(하나로부터 일어나는 것이다). 이것이 천지가 셋인 까닭이다.[46]

이것이 바로 장재의 일신양화설인데, 한 눈에 봐도 이 설과 주자의 설 사이의 유사점을 알 수 있을 것이다. 또, 주자 스스로도 이 설을 극찬하면서 "횡거는 아주 잘 설명했다", "횡거의 이 말은 매우 정확하다"[47]라고 말하며, 더 나아가 횡거의 설을 상세히 풀이한다.

> "하나이기 때문에 신묘하다"라는 구절에 대해 횡거는 "두 가지에 걸쳐 존재하기 때문에 헤아릴 수 없다"라고 스스로 주석을 달았다. 다만 하나일 뿐이지만 만물

46) 『正蒙』, 「參兩篇」, "一物兩體氣也. 一故神(兩在故不測). 兩故化(推行于一). 此天地所以參也."

47) 『朱子語類』 卷98, "橫渠說得極好".(楊道夫의 기록) 상동, "橫渠此語極精".(闕名의 기록) 그럼에도 불구하고 이 조목이 원래의 형태 그대로 『근사록』(近思錄)에 수록되지 않은 점은 이상하다. 그러나 그 점에 대해서 주자는 여조겸의 의견에 이유를 돌리고 있다.

> 사이에서 두루 작용한다. 예컨대, 음과 양, 굽히고 펴짐, 가고 옴, 올라감과 내려옴에서부터 수많은 만물들 사이에서 작용하는 것에 이르기까지 결국은 그 하나의 존재 아님이 없다. 그래서 "두 가지에 걸쳐 존재하기 때문에 헤아릴 수 없다"라고 주석을 달았던 것이다. "두 가지이기 때문에 화(化)가 일어난다"에 대해서는 "하나에서 일어난다"라고 주석을 달았다. 천하 모든 사물은 하나라면 생성될 수 없고, 오직 둘이라야지 비로소 생성될 수 있다. 곧, "한 번 음이고 한 번 양"이어야지 비로소 화(化)가 일어나는 일이 가능하다. 그러나 비록 두 가지라고 할지라도 결국 이 하나로부터 일어나는 것에 불과하다".[48]

이런 주자의 풀이를 보면, 장재가 주자에 영향을 끼쳤다는 사실을 전혀 부인할 수 없을 것이다.

그러나 주자의 견해를 일신양화설로 결론지을 경우 범할 지도 모를 오류를 우리는 경계해야 한다. 그 오류란, 장재의 일신양화설과 그것에 관한 주자의 위의 해석만 볼 경우, 장재와 주자의 사상이 극히 개념적인 성격을 갖는 것으로 이해되기 쉽다는 것이다. 더욱이 주자가 한 말을 보자면, 존재의 이원론은 이른바 "화생"(化生) 개념과 결부되어 있는 것 같고 그런 한에서 "화생" 개념은 양성(兩性) 생식과 결부되어 있는 것처럼 보인다. 이런 인상을 갖고서 존재의 일원론(연속관)을 바라보면, 그것은 전적으로 개념적 사변의 산물인 것처럼 여겨질 것이다. 그러나 사실을 따져 보면 반드시 그런 것은 아니다. 주자의 연속관은 개념적이기보다는 오히려 직관적이고, 추상적이기보다는 오히려 구상적이라고 보지 않을 수 없다.

그렇다면 이런 연속관을 지탱하고 있던 이미지는 과연 어떠한 것이었을까? 이 질문에 답하려면 먼저 모든 존재를 구성하는 기(氣)라는 것이 어떠한

48) 『朱子語類』, 卷98, 제33조, "一故神, 橫渠親注云, 兩在故不測. 只是這一物, 卻周行乎事物之間. 如所謂陰陽 · 屈伸 · 往來 · 上下, 以至於行乎什伯千萬之中, 無非這一箇物事. 所以謂'兩在故不測. 兩故化, 注云, 推行乎一. 凡天下之事, 一不能化, 惟兩而後能化. 且如一陰一陽, 始能化生萬物. 雖是兩箇, 要之亦是推行乎此一爾. 此說得極精, 須當與他子細看." (楊道夫의 기록)

것이었는지부터 알아야 한다. 일단 기가 물질의 일종이라는 것은 앞에서 설명했던 내용으로부터 쉽게 생각해 볼 수 있을 것이다.[49] 이 때문에 이제 남아 있는 문제는 그것이 어떤 종류의 물질인가 하는 것뿐이다. 기존의 연구에 따르면, 기에는 "생명을 부여하는 원리 혹은 증기"(자일스), "에테르, 공기의 유동체, 생명력 혹은 살아있는 유동체, 원초적 증기"(윌리엄스), "공기"(마크라치), "원초적 에테르"(브루스),[50] "가스상태 · 공기상태의 물질"(르 갈),[51] "오늘날 우리가 보통 경험계 사물의 구성 요소로 막연히 생각하는 미세한 물질"(고토 도시미즈; 後藤俊瑞)[52]이라는 다양한 번역이나 설명이 있다. 하지만 이것들 가운데 가장 마지막 설명을 빼놓으면 나머지 것들은 내용이 대동소이하여, 그런 설명들은 결국 르 갈처럼 기를 "가스상태 · 공기상태의 물질"이라고 말한다. 그래서 기에 대한 해석은 르 갈의 해석과 고토 도시미즈의 해석 두 가지로 나뉜다. 이 중 어느 쪽이 올바른지 묻는다면 앞의 것이 올바르다고 하지 않을 수 없다. 이런 필자의 생각을 확인하기 위한 단서로서 주

49) 어떤 학자들에 따르면, 주자의 질은 물질이지만, 기는 물질이 아니라 물질을 작용케 하는 어떤 무형의 것이라고 한다. 이 때문에 리(理)는 형체를 넘어선 것임에 비해 기는 형체를 갖고 있는 것이라고 여기는 주자의 견해는 기를 질로 혼동했기 때문에 생겨난 견해라고 본다. 그리고 그러한 혼동이 옳지 않은 것으로서 자각되지 못했던 까닭은 중국인의 사색 속에 들어있는 숙명적 결함 때문이라고 그 학자들은 주장한다. 하지만 이런 주장이 옳지 못하다는 점은 "氣積爲質"이라는 주자의 말만 봐도 분명할 것이다. 기는 원래 형체가 없는 것이지만 형체를 가질 수도 있으며 형체를 가짐으로써 질이 된다. 곧, 기는 형체가 없는 물질이다. 이렇게 형체를 가질 가능성이 있는 것, 곧 물질이 이른바 "形而下"라는 말의 뜻이었다. 물론, 리가 형체가 없음에 반해 기는 형체를 가진 것이라고 여겨지는 경우도 있지만, 이 경우 "형체를 가진"이라는 말도 마찬가지 뜻, 곧 '형체를 가질 수 있는'의 뜻으로 이해되어야 한다.

그래서 "형이상"과 "형이하", "무형"과 "유형"의 차이는 비(非)물질과 물질의 차이로 간주될 수 있을 것이다. 하지만 비물질이라고 말하더라도 그것은 결코 정신과 같은 것이 아니다. 정신도 주자 사상에서는 결국 기, 곧 물질의 작용으로 이해된다. 이에 반해, 리는 유(有)의 범주를 갖고서 파악될 수 없는 것, 곧 "의미"이다. 필자의 연구에 따르면, 리는 단지 "생각될 수 있는 것"의 의미가 아니라 존재로서의 의미 혹은 의미로서의 존재이다. 따라서 형이상과 형이하, 무형과 유형 사이의 구별은 의미적 존재와 물질적 존재 사이의 구별이라고 볼 수 있다. 이런 말들을 이렇게 사용하는 것이 타당하지 않을는지도 모른다. 하지만 우리는 주자의 진정한 의도가 바로 그것이라고 생각한다.

50) 이상은 J. Percy Bruce, *Chu Hsi and his Masters*, 1923, pp.101f. 에 따름.

51) Stanislas Le Gall, *Le philosophe Tchou Hi, sa doctrine, son influence*, 1894. p.29.

52) 『朱子の實踐哲學』, 1937년, 88면.

자의 태허 해석을 들 수 있다. 그렇다면 그 해석은 어떤 것이었을까?

주자의 태허 해석을 살펴보기 전에 먼저 장재가 태허를 어떤 것으로 생각했는지 살펴보는 것이 타당하다. 우선 태허가 형체 없는 기라는 점에는 어떤 의문도 없을 것이다. 왜냐하면 "태허는 형체가 없다. 그리고 기의 본래 모습이다. 기의 모이고 흩어짐은 변화의 일시적 모습에 불과하다"[53]라고 장재는 말하기 때문이다. 그렇다면 그러한 태허와 만물은 어떤 관계를 맺을까? "태허에는 기가 없을 수 없다. 기는 모여서 만물이 되지 않을 수 없고, 만물은 흩어져서 태허가 되지 않을 수 없다."[54]는 장재의 말을 살펴보자. 이 구절은 두 가지로 해석될 수 있는 듯하다. 첫 번째는 호거인(胡居仁, 1434~1484)의 해석이다.

> 태허가 모여서 만물이 된다고 말하는 것은 옳지만, 만물이 흩어져서 태허가 된다고 말하는 것은 옳지 않다. 모이면 태어나고 흩어지면 없어진다는 것은 자연의 도리이다. 어떻게 흩어져서 다시 태허가 되는 까닭이 있을 터인가? 태허는 만물이 흩어지고 나서 있게 되는 것은 아니다.[55]

이 해석에 따른다면, 장재의 "태허가 모여서 만물이 된다"는 구절은 태허라는 하나의 전체가 만물이 되는 것을 뜻하고, "만물이 흩어져 태허가 된다"는 것은 태허라는 것은 만물이 흩어지고 나야 비로소 있게 되는 존재라는 것을 뜻한다. 따라서 장재에게서 태허와 만물 사이에는 윤회전생 식(式)으로 존재 하나와 존재 하나 사이의 관계가 성립한다고 호거인은 보고 있

---

53) 『正蒙』, 「太和」, "太虛無形. 氣之本體. 其聚其散, 變化之客形爾."

54) 上同, "太虛不能無氣. 氣不能不聚而爲萬物. 萬物不能不散而爲太虛." 첫 번째 구절은 태허와 기를 다른 것으로 보는 듯하지만, 장재의 다른 말을 보면 결국 태허와 기를 동일시했다는 점을 알 수 있다.

55) 『居業錄』 卷三, "言太虛不能不聚而爲萬物則可, 言萬物不能不散而爲太虛則不可. 聚則生, 散則盡, 物理之自然. 豈又散去爲太虛者. 太虛亦不待萬物散而爲."

는 것이다.

이에 반해 고염무(顧炎武)는 장재의 이 말이, 『역 · 계사전』의 "미세한 기는 만물이 되고 떠다니는 혼은 변화한다"는 구절과, 『예기 · 제의』(禮記 · 祭義)의 "골육이 아래로 썩어 들어가고, 음(陰)은 흙이 된다"는 구절과 같은 사상을 품고 있음을 논한 후, 「계사전」의 그 구절은 윤회설에 다름 아니라고 주장했던 진사도(陳師道, 1053-1102)의 말을 전하면서, 소보(邵寶, 1460-1527)의 다음 설을 인용하여 진사도의 설을 논박한다.

> 모여서 몸을 갖게 되는 것을 물(物)이라고 말하며, 흩어져서 형체가 없는 것을 변(變)이라고 한다. 물(物)이 흩어지는 곳은 바로 현재의 기(氣)가 모여 있는 그 곳이어야 하지만, 변(變)이 다시 모이는 곳은 꼭 이전에 흩어졌던 그 장소일 필요는 없다. 그래서 모인다는 것은 기가 모인다는 것이요 흩어진다는 것은 기가 흩어진다는 말이다. 흩어짐에 대해 잘 모르는 자는 불교 이론을 말하고, 모임에 대해 잘 모르는 자는 도교의 천화(遷化)를 말한다.[56]

이 해석에 따르면 "태허가 모여서 만물이 된다"는 것은 태허의 일부분이 사물이 되는 것을 뜻하며, "만물이 흩어져 태허가 된다"는 것은 사물이 흩어진 후에도 존재하면서 무(無)로 돌아가지 않고, 다만 무형(無形)의 상태로 있으면서 다시는 형체를 가질 수 없는 것으로서 존속한다는 것을 뜻한다. 따라서 태허와 만물은 윤회전생적 존재의 두 단계를 뜻하는 것이 아니라, 동시에 존재하면서 공간 속에서 병존하는 존재의 두 가지 양태를 뜻한다. 그래서 호거인의 해석이 개념적이었음에 비해, 이 해석은 직관적이라고 말할 수 있다.

그렇다면 호거인과 소보 중 누가 장재를 올바르게 해석했는지 묻는다면 우리는 소보의 해석이 올바르다고 꼽는 데 주저하지 않을 것이다. 왜냐하면

---

56) 『日知錄』 卷一, "聚而有體, 謂之物, 散而無形, 謂之變. 唯物也, 故散必於其所聚, 唯變也, 故聚不必於其所散. 是故聚以氣聚, 散以氣散. 昧於散者, 其說也佛, 荒於聚者, 其說也遷."

우리는 다음과 같은 장재의 말로부터 소보의 해석이 올바르다는 것을 확인할 수 있기 때문이다.

> 기가 태허에서 모이고 흩어지는 것은 마치 얼음이 물속에서 얼고 녹는 것과 같다.[57]
>
> 기는 마치 공기 중에 먼지가 뿌옇게 퍼진 것과 같은 태허이다. 올라가고 내려오며 날아가고 퍼지면서 잠시도 쉬지 않는다. 『역』의 '인온'(絪縕), 장자의 '살아있는 존재가 숨으로 서로 내뿜어 준다'는 것, '야마'(野馬) 같은 것이 그와 같을까? 그것은 허실동정(虛實動靜)의 기틀이고 음양강유(陰陽剛柔)의 시작이다. 떠서 올라가는 것은 맑은 양기이고 밑으로 가라앉는 것은 탁한 음기이다. 양기와 음기가 감응하고 만나고 모이고 흩어져서, 바람과 비가 되고 눈과 서리가 된다. 온갖 종류의 일시적 형체와 산천의 응결, 그리고 찌꺼기와 재 속에 그런 원리가 관철되고 있다."[58]

장재의 이 두 구절 모두 태허와 만물에 대한 개념적 파악보다 오히려 직관적 파악을 보여주고 있다. 바로 물로부터 응결된 얼음이 물에 떠 있다가 다시 물로 녹아들어가는 것처럼, 만물은 태허로부터 이루어져서 태허 속에 포함되어 있다가 다시 태허 속으로 흩어져 간다.[59] 또한 만물은 끝없는 무형의 기인 태허 속에서 살아가는 사소한 찌꺼기에 불과하다.

다만 여기서 문제되는 점은 장재의 다음 말이다.

---

57) 『正蒙』, 「太和」, "氣之聚散於太虛, 猶氷凝釋於水, 知太虛卽氣, 則無無."

58) 上同, "氣坱然太虛. 升降飛揚, 未嘗止息. 易所謂絪縕, 莊生所謂生物以息相吹野馬者與. 此虛實動靜之機, 陰陽剛柔之始. 浮而上者陽之淸, 降而下者陰之濁. 其感遇聚散, 爲風雨, 爲雪霜. 萬品之流形, 山川之融結, 糟粕煨燼, 無非敎也."

59) "聚亦吾體, 散亦吾體, 知死之不亡者, 可與言性矣."(上同)라는 구절은 만물이 태허 속에서 흩어져 감에 따라 無적 존재로 되돌아가는 것이 아니라 흩어져 있는 상태로 존속한다는 것을 뜻한다.

> 허공이 곧 기라는 점을 안다면 있는 것과 없는 것, 숨은 것과 드러난 것, 신(神)과 화(化), 성(性)과 명(命)은 하나이지 둘이 아니라는 점을 알 것이다. 생각건대, 모임과 흩어짐, 들어감과 나옴, 유형과 무형의 근원을 미루어 볼 수 있다면 그 사람은 역(易)의 이론에 깊이 통달했다고 말할 수 있다. 만약 허(虛)가 기를 낳을 수 있다고 말한다면 허는 무한이고 기는 유한일 터인데, [이런 양자 사이의] 체용 관계를 끊어 버리면 도가의 '있는 것은 없는 것으로부터 생겨난다'는 무위(無爲) 주의에 빠져 버린다. 있는 것과 없는 것이 하나로 되어 있는 정상적 모습을 알지 못했기 때문이다. 만약 '온갖 현상이란 태허 속에서 볼 수 있는 사물들이다'라고 말한다면 사물과 허(虛)가 서로 의존치 못하게 되어 형체는 형체대로 본성은 본성대로 분리된다. 그래서 형체·본성, 하늘·사람이 서로 상관이 없게 되니 결국 불교의 '산하대지를 환상으로 삼는다'는 설에 빠져 버리게 된다.[60]

첫 문장의 "허공"은 태허를 가리킨다. 이 점을 염두에 두고서 위 구절 전체를 문자 그대로 해석한다면, 만물을 태허 속에 존재하는 것으로 여기는 해석은 장재의 의도에 들어맞지 않는 것으로 보일 것이다. 그래서 '만물이 태허로부터 이루어져서 태허 속에 포함되어 있다가 다시 태허 속으로 흩어져 간다'고 했던 위의 우리 해석은 성립할 수 없게 된다. 그러나 위 구절 전체는 태허를 무(無)로 간주하는 전제로부터 성립한 입론이라는 것에 우리는 주목해야 한다. 그래서 "허공은 곧 기이다"라는 장재의 규정 이면에도 '태허가 무'라는 전제가 놓여있다는 것을 봐야 한다. 왜냐하면, 한편에서 장재는 "태허가 곧 기라는 점을 안다면 무(無)는 존재하지 않을 것"[61]이라고 말하기는 했지만, 위 구절의 첫 문장에서는 "허공이 곧 기라는 점을 안다면, 있는 것[有]과 없는 것[無], 숨은 것과 드러난 것…은, 하나이지 둘이 아니라는 점을

---

60) 上同, "知虛空卽氣, 則有無隱顯, 神化性命, 通一無二. 顧聚散出入形不形, 能推本所從來, 則深於易者也. 若謂虛能生氣, 則虛無窮, 氣有限, 體用殊絶, 入老氏有生於無自然之論. 不識所謂有無混一之常. 若謂萬象爲太虛中所見之物, 則物與虛不相資, 形自形, 性自性, 形性天人不相待, 而有陷於浮屠以山下大地爲見病之說."

61) 주55를 볼 것.

알 것이다"라고 말하기 때문이다. [다시 말해서, 장재는 허공을 '없는 것'[無]에 대응시키고 기(氣)를 '있는 것'[有]에 대응시키고 있는데, 이것은 그가 허공, 곧 태허를 '무'로 여전히 생각하고 있었음을 보여준다.]역자 협주 그리고 '태허가 무'라는 전제를 취하더라도, '만물이 태허 속에 존재한다'는 것은 장재가 말한 것과 같은 결론, 곧 "있음과 없음은 하나"라는 결론으로 우리를 이끈다. ['태허는 무이다'는 입장을 받아들일 경우, '만물이 태허 속에 존재한다'는 말은 '만물이 무 속에 존재한다'는 말로 바뀔 수 있다. 그런데 만물은 있는 것[有]이다. 따라서 '만물이 무 속에 존재한다'는 '있는 것이 없는 것 속에 있다'는 말로 바뀔 것이다. 이렇게 되면 없는 것과 있는 것은 분명히 구분되지 않고, 없는 것이 있는 것을 내포하는 양상을 띠며, 이런 점에서 있는 것과 없는 것이 하나라는 결론에 도달할 것이다.]역자 협주

이에 반해, 만약 장재 본래의 입장인 "허공은 곧 기이다"라는 입장에 선다면, "있음과 없음은 하나이다"라는 식의 결론이 반드시 불가피한 것은 아니다. [왜냐하면, '허공은 곧 기이다'라는 것은 허공이 애초부터 무(無)가 아니라 유(有)임을 뜻할 것이며, 그렇다면 '허공 속에 만물이 있다'는 말은 '유(有) 속에 만물[有]이 있다'로 바뀔 수 있을 것이고, 따라서 "있음과 없음은 하나이다"라는 말을 할 필요조차 없을 것이기 때문이다.]역자 협주

이렇게 볼 때, 과연 장재는 위 구절의 불교 비판에서 볼 수 있는 것처럼 '만물이 태허 속에 존재한다'는 것을 부정했던 것인지, 아니면 그는 그것을 긍정했기 때문에 태허를 무가 아닌 "다른 어떤 것"으로 규정할 수밖에 없었던 것은 아니었는지 생각해 보지 않을 수 없다. [후자와 같은 질문을 던질 수 있는 이유는 이렇다. 만물이 태허 속에 존재한다는 것을 긍정하는 것은, 있는 것이 없는 것 속에 있다는 생각을 함축한다. 그런데 있는 것이 없는 것 속에 포함되어 있다면, 다시 말해서 없는 것이 있는 것을 포함하고 있다고 한다면, 그 없는 것은 순수한 없는 것이 되지 못할 것이다. 왜냐하면 그것은 이

미 '있는 것을 포함한' 없는 것이기 때문이다. 따라서 없는 것인 '태허'는 절대적 무(無)일 수 없고, 없는 것과 비슷한 것, 혹은 없는 것과 다름없는 것인 희박한 기(氣)로 봐야하리라는 것이 장재의 진의일 수 있다.]역자 협주

하지만 '만물이 태허 속에 존재한다는 것을 장재가 인정했다'는 해석이 성립하려면, 장재의 도교설('태허가 기를 낳는다') 비판도 그 해석으로 해명될 수 있어야 한다. 그런데 장재는 도교를 비판하면서 "허는 무한이며 기는 유한"이라고 전제하기 때문에, 기는 기 일반을 뜻하지 않고 '형체 있는 기', 곧 만물을 뜻했을 것이다. 또한, 도교를 비판할 때는 태허와 기의 관계를 논하다가 불교를 비판할 때는 갑자기 태허와 만물의 관계 문제로 칼끝을 옮기고 있는데, 이를 통해 장재가 은연 중 기를 만물로 여겼을 것이라고 추측할 수 있다. 그래서 우리는 '유한의 기'가 "만물"을 가리켰던 것은 아닌가 하는 억측으로 이끌린다. 만약 이런 억측이 옳다면, 장재는 태허의 일부가 만물이 된다는 것을 "낳는다"는 개념으로 표현하고, 이런 사유방식으로부터 출발하여 태허를 무(無) 자체로만 여기는 입장이 어찌하여 불합리한 결론을 낳는지를 지적했던 것이라고 풀이할 수 있다.[62] 그런데 이런 억측은 어디까지나 억측에 불과할 뿐 충분한 논거를 갖지는 않는다.

'태허의 일부가 응축하여 만물이 되며 이렇게 응축된 만물은 태허 속에 존재한다'는 것이 장재 본래의 입장이라고 볼 수 있다면, '만물이 태허 속에 존재한다'는 불교설에 대한 장재의 비판 내용도 다시 음미해 봐야 한다. 왜냐하면 장재는 불교를 비판할 때, 태허를 무(無)로만 보는 생각에서 생겨나

62) 역자는 저자의 이런 해석에 동의하기 힘들다. 저자는 원문인 "若謂虛能生氣, 則虛無窮, 氣有限, 體用殊絶, 入老氏有生於無自然之論"을 이렇게 해석한다: '태허의 일부가 사물이 되는데 태허는 무한하고 기는 유한한 사물이다. 실체와 현상이 단절된다면 노자의 「있음이 없음에서 생긴다」는 이론과 자연의 이론으로 귀결하게 된다.' 역자는 이 구문의 문법 구조상 그렇게 해석되기는 힘들다는 생각이다. 원문은 이렇게 해석되어야 한다: '만약 태허가 기를 낳을 수 있다고 말한다면, 태허는 무궁하게 되고 기는 유한하게 되어 실체와 현상의 단절이 생겨 노자의 ~ 이론으로 귀결하게 된다'(역자 주).

는 문제만 다룰 뿐, '태허의 일부가 응축하여 만물이 되며 이렇게 응축된 만물은 태허 속에 존재한다'는 스스로의 입장을 문제 삼고 있지는 않기 때문이다. 이런 입장을 바탕에 놓고 본다면, 태허는 무형(無形)이라는 뜻에서는 무(無)라고 말할 수 있지만 그런 면에만 집착하여 태허에 본성이 있다는 면을 잊었기 때문에, "태허 속에 만물이 있다"는 불교설이 일면성을 가질 수밖에 없다는 것이 장재의 생각인 것이다. 그런 한에서 불교설에 대한 장재의 비판은 우리 해석의 장애물이 될 수 없다.

위와 같이 장재의 태허는 유형의 기인 만물을 포함하고 있는 무형의 기였다. 이런 규정은 장재의 기가 가스상태 · 공기상태의 물질이라는 점을 전제한다. 왜냐하면, 만약 기가 원자와 같은 것이라고 여긴다면, 태허 혹은 허공은 기가 거기에 있는 '비어있는 장소'라고 해야지 가장 자연스러울 것이기 때문이다. 그렇게 되면 "태허는 기의 원래 모습이다"라든지, "태허는 곧 기이다"라든지, "기는 한없이 아득한 태허"라든지 하는 표현은 전혀 성립할 수 없다. 그 가운데에서도 가장 중요한 것은 "태허가 곧 기라는 사실을 안다면 무는 존재하지 않는다"고 하는 구절이다. 왜냐하면 무, 곧 공허가 인정되지 않는다는 점에서 원자론이 성립할 수 없기 때문이다. 그래서 태허에 대한 여러 규정이 가스상태 · 공기상태의 성질을 전제로 삼고 있다는 것은 부정할 수 없을 것이다.

5. 주자의 태허 해석

주자의 태허 해석은 이런 내용을 뚜렷이 밝혀 준다. 앞서 인용한 "기는 한없이 아득한 태허이다. 올라가고 내려오며 떨어지고 날아가면서 결코 멈추지 않는다"는 장재의 말을 주자는 이렇게 풀이한다.

이것은 장재가 말했던 "허공은 곧 기이다"라는 것이다. 생각해 보건대, 하늘은 네 변이 있고 땅은 그 가운데 있다. 땅 한 척(尺)이 없어지면 기(氣) 한 척이 생겨난다. 하지만 사람들에게는 그 과정이 보이지 않는다. 왜냐하면 기 한 척에는 형체가 없기 때문이다."[63]

천지에 관한 당시의 상식이 어떠했는지 분명하지는 않지만, 하늘과 땅 사이에는 아무 것도 없는 빈공간이 있다고 인정되었음은 의문의 여지가 없다. 그런데 이러한 상식에 반대하여 천지를 내외의 관계로 이해함과 아울러, 천지 사이에서 어떠한 공간이나 틈도 인정하지 않았다는 것이 주자 천지관의 특색이다. 곧, 하늘은 무형(無形)의 기이고 땅은 유형(有形)의 기인데 하늘은 땅을 조그마한 틈도 없이 감싸 안는다고 주자는 본다. "땅 한 척이 없어지면 기 한 척이 생겨난다"는 말은 하늘이 땅을 조그마한 틈도 없이 감싸 안고 있는 모습을 보여준다. 하늘이 땅을 감싸 안고 있을 때 만약 땅 한 척이 없어진다면 허공이 한 척만큼 생겨난다고 이해하기 쉽지만, 실은 한 척만큼의 무형의 기가 생겨나는 것이다. 바꿔 말하면 한 척만큼 하늘의 영역이 늘어난다. 그럴 정도로 하늘이 땅을 감싸 안는 모양새에는 조그마한 틈도 없다.[64]

태허의 해석으로부터 이런 천지관을 이끌어 낸 것을 보면 주자가 태허를 어떤 것으로 이해했는지 알 수 있다. 첫째, 주자에 따르면 태허란 아직 모양을 이루지 못한 기임에 틀림없다. 둘째, 태허는 만물의 형이상학적 기체(基體)도 아니며 단순한 생성론적 전존재(前存在)도 아니다. 태허는 유형의 존재에 앞서 존재했음과 동시에, 지금 바로 유형한 존재를 감싸 안고 있는 무형

63) 『朱子語類』 卷98, 제2조, "…此張子所謂虛空卽氣也. 蓋天在四畔, 地居其中, 減得一尺地, 遂有一尺氣. 但人不見耳. 此是未成形者."(楊道夫의 기록)

64) 『朱子語類』 卷1, 제26조, "天以氣而依地之形, 地以形而附天之氣. 天包乎地, 地特天中之一物爾."[번역은 주2를 볼 것](楊道夫의 기록), "地卻是有空闕處, 天卻四方上下都周匝無空闕. 逼塞滿皆是天."[땅에는 틈 있는 곳이 있지만, 하늘은 사방과 상하를 모두 둘러싸고 있어 틈이 없다. 꽉 들어차 있는 것이 하늘이다.](暖淵의 기록) 등도 같은 사상을 드러낸다.

의 존재이기도 하다. 주자에 따르면 태허는 만물과 동시에 존재하고 있다.

> "기는 아득하고 망막하여 태허이다. 올라가고 내려오며 떨어지고 날아가면서 쉼이 없다"는 구절은 일기(一氣)가 혼돈(混沌)으로 있던 최초 단계, 천지가 아직 분열하지 않았던 시간적 단계를 가리키고 있다고 말해야 합니까? 아니면 고금에 걸쳐 그렇게 있는 것이라고 봐야 합니까?

이런 질문에 대해 주자가 "그 구절은 고금을 통일해서 말한 구절이다. 지금도 그렇게 있다"[65]고 대답했던 것을 보면, 태허가 만물과 동시에 존재하고 있음을 분명히 알 수 있다.

이렇게 본다면, 주자는 장재의 진의를 올바로 이해하고서 기의 가스·공기 성질과 결부하여 태허를 이해하고 있었음이 틀림없다. 그런데 여기서 문제가 되는 구절은 이렇다.

> "횡거는 '태허는 곧 기이다'고 말했는데 태허가 가리키는 것은 무엇입니까?" "그것은 필시 리(理)를 가리킬 것이다. 다만 그가 분명히 말하지 않았을 뿐이다."[66]

이 구절은 앞에서 말했던 내용을 완전히 뒤집는 듯 보인다. [왜냐하면 앞에서는 태허가 기라는 것을 인정했는데 이 구절에서는 태허를 리로서 규정하기 때문이다.] 그런데 주자는 다른 한편으로 "태화(太和)·태허(太虛)·허공(虛空)이라고 하는 것들은 다만 기를 가리키는 것에 지나지 않는다"[67]라고

---

65) 『朱子語類』 卷98, 제5조, "又問, 氣坱然太虛, 升降飛揚, 未嘗止息, 此是言一氣混沌之初, 天地未判之時. 爲復亘古今如此. 曰, 只是統說. 只今便如此."(闕名의 기록)

66) 『朱子語類』 卷99, 제13조, "問, 橫渠云, 太虛卽氣. 太虛何所指. 曰, 他亦指理. 但說得不分曉."(程可學의 기록)

67) 『朱子語類』 卷99, 제6조, "正蒙說道體處, 如太和太虛虛空云者, 止是說氣."(萬人傑의 기록) - 또한 주63에 인용된 문장 뒤에는 "曰, 大和如何, 曰, 亦指氣"라는 문장이 있다. 이렇듯 주63에는 의심할 만한 곳이 많다.

도 분명히 말한다. 따라서 태허를 기로 여기는 구절과 태허를 리로 여기는 구절 사이의 차이는 일시적인 것에 불과할 것이다. 그러나 이런 차이가 일어날 수 있었던 데에는 그럴 만한 이유가 없을 수 없다. 하지만 그 문제는 잠시 뒤로 미루고, 여기서는 주자의 태허 해석이 바로 위와 같은 것이었다는 점만을 확인하고자 한다.

우리는 주자의 태허 해석이 어땠는지를 추적하면서 기가 가스 · 공기 상태의 물질이었음을 이미 알게 되었다. 그렇다면 기를 원자로 해석하는 것은 완전히 틀린 것일까? 어떤 학자들은 주자가 음양을 "작은 틈 속에도 들어갈 수 있는"[68] 존재로 여긴 부분이나, "건(乾)의 양(陽), 곤(坤)의 음(陰)이라는 천지의 기가 천지 사이에 가득 차 있고, 사람과 만물이 그것을 얻어 형체를 이루는 바탕이 된다"[69]라고 논했던 사실에 바탕을 두어, 기를 원자와 같은 것으로 해석하려고 한다. 게다가, "작은 틈 속에도 들어갈 수 있는 존재"라는 주자의 규정을 본다면 기는 극히 미세한 것으로 해석될 수 있고, 그 뒤 구절에서 말하다시피 '모여서 인간과 만물의 형체를 이루어준다'는 규정을 본다면 기는 양(量)을 가진 존재가 된다. 또한, 천지 사이에 가득 차 있다는 점으로부터 본다면 기는 무수히 많은 것이 된다. 이렇듯 양(量)과 수(數)가 적용될 수 있다는 것을 보면 기는 미립자와 같은 것임이 분명하다고 그 학자들은 주장한다.

그러나 그런 논증은 완전히 오류라고 하지 않을 수 없다. 단지 앞에서 제시했던 내용을 다시 음미만 해봐도 그 논증이 오류라는 것을 충분히 보여줄 수 있을 것이다. 왜냐하면, 기가 극히 미세한 물질이라는 점이 확인되지 않

68) 『朱子語類』 卷63, 제116조, "又問, 體物而不可遺. 曰, 只是這一箇氣. 入毫釐絲忽裏去, 也是這陰陽. 包羅天地, 也是這陰陽."[더 나아가 "사물을 몸으로 삼아 남길 수 없다"(『中庸』 제16장)에 대해 물었다. 답한다. "하나의 기 이외에 다름이 아니니다. 극히 미세한 곳 속에 들어가는 것도 이 음양이고, 천지를 포괄하는 것도 이 음양이다.](林夔孫의 기록)

69) 『西銘解』, "乾陽陰坤, 此天地之氣, 塞於兩間, 而人物之所資以爲體者也."

는 한, "사람과 만물이 그것을 얻어 형체를 이루는 것"이라는 구절은 '기가 양(量)을 가진다'는 주장의 논거가 될 수 없고, "천지 사이에 가득 차 있다"는 구절은 기가 무수히 존재한다는 주장의 논거가 될 수 없기 때문이다. 그렇다면 "작은 틈에도 들어갈 수 있다"거나 "천지 사이에 가득 차 있다"는 구절은 과연 기가 극히 미세한 물질임을 뜻하는 것일까? 물론 그렇게 해석될 수 없다. 하지만 '극히 미세한 틈에 들어갈 수 있는 것은 역시 극히 미세한 것이어야 하지 않는가?'하는 논박이 있을 수도 있겠다. 그리고 이 논박은 일단 정당하다. 하지만 그런 이유를 갖고서 기를 극히 미세한 존재로 해석해야 한다고 말할 수는 없다. 왜냐하면 "극히 미세한 크기로 '될 수 있는' 존재이다"라고 말하는 것은 괜찮지만, 처음부터 극히 미세한 존재일 필요는 조금도 없기 때문이다.

이렇게 본다면 기는 원자 같은 물질이 아니라 가스 · 공기상태의 물질이라는 것은 확실하다. 유형의 존재의 생성과 소멸이란, 이러한 기의 농후화와 희박화에 다름 아니다. 존재 전체는 연속된 하나이며, 비연속된 것으로 보이는 유형의 존재는 이러한 연속체 위에서 생성 · 응결되는 존재이다. 주자의 존재론에서 이원론과 표리를 이루고 있는 연속관은 바로 이러한 존재의 표상에 의해 유지된다. 그렇지만 논리적으로 세련된 연속관이 이런 단순한 자연철학적 직관으로부터 곧바로 도출되었다고 말하는 것은 위험하다. 다만 세련된 연속관이 자연철학적 직관의 연속관으로부터 영양분을 취했다는 점만은 부정할 수 없을 것이다. 이것이 바로 주자의 연속관이 개념적 · 추상적이기보다 직관적 · 구상적인 까닭이다.

6. 기(氣)의 존재론적 성격

기가 가스 · 공기상태의 물질이라는 점과 관련해서, 태허와 음양의 관계에 대한 주자의 해석을 한번 살펴볼 필요가 있다. 왜냐하면 그것은 주자가 일신양화설(一神兩化說)을 얼마나 굳게 고수했는지를 보여주기 때문이다. 장재는 이렇게 말한다.

> 기는 아득하고 망막한 태허이다. 올라가고 내려오며 떨어지고 날아가면서 결코 쉬지 않는다. … 그것은 허실동정(虛實動靜)의 기틀이자 음양강유(陰陽剛柔)의 시작이다. 떠오르는 것은 맑은 것으로서 양이 되고, 내려앉는 것은 탁한 것으로서 음이 된다.

여기서 "허실동정의 기틀이자 음양강유의 시작"이라는 두 구절은 일신양화설과 모순되는 것처럼 해석되는 경향이 있다. 예컨대, 주자 제자 중 한 사람의 "허실동정이 기를 타기 때문에 그 기는 기틀로 여겨지고 음양강유가 기를 밑바탕 삼기 때문에 그 기는 시작으로 여겨진다고 말해도 됩니까?"라는 질문이 바로 그런 경향을 보여준다. 왜냐하면 만일 제자의 해석을 옳다고 간주한다면, 태허와 음양이 외면적으로 관계를 맺는다는 결론이 나와서 그 두 가지는 결코 일신양체(一神兩體)의 관계를 맺을 수 없기 때문이다. 그런데 주자는 이 질문에 이렇게 답한다. 곧, "실(實)과 동(動)은 양이고 허(虛)와 정(靜)은 음"이며, 억지로 나누자면 허실동정(虛實動靜)은 기의 작용성이고 음양강유(陰陽剛柔)는 기의 기체성(基體性)에 입각해서 말한 것에 불과하기 때문에 허실동정과 음양강유를 두 가지로 나누어 보는 것은 잘못이라고 한다. 이런 답을 통해서 주자 사상을 더욱 잘 살펴볼 수는 있지만, 질문의 요점에서 벗어나 있다는 점은 부정할 수 없다. 그래서 질문자는 즉각 "'시작'의 뜻은 무엇입니까?"하고 말을 끊는다. 이에 대해 주자는 아래와 같이 답한다.

> 만물을 낳는 어머니의 몸처럼 만물이 모두 그것으로부터 태어나는 곳이다. 장재의 글에서 "올라가고 내려오며 떨어지고 날라 간다"라고 말했는데, 이 구절은 허

> 실동정 · 음양강유 두 구절을 그 속에 포함하고 있다. 그러므로 허실동정 · 음양강유는 "올라가고 내려오며 떨어지고 날라 가는 것"이 그렇게 된 것이지 결코 서로 다른 것이 아니다. "떠오르는 것은 맑은 것으로서 양이 되고 가라앉는 것은 탁한 것으로서 음이 된다"는 말은 이들 두 구절의 예이다.[70)]

이 말에 따르면, 태허라는 것은 음양이 그곳으로부터 태어나는 근원이다. 이런 한에서 태허와 음양은 똑같은 존재가 아닌 것으로 여겨진 듯하다. 그러나 위 구절은 음양이라는 표현을 일반적 의미로 쓴 것이 아니라, 구체적 만물 속의 음양으로 썼던 것은 아닐까? 왜냐하면, '시작'[始]의 뜻을 설명하면서 "만물을 낳는 어머니의 몸처럼 만물이 모두 그것으로부터 태어나는 곳이다"라고 말했던 점으로부터 그렇게 추측할 수 있기 때문이다. 또한 "떠오르는 것은 맑은 것으로서 양이 되고 가라앉는 것은 탁한 것으로서 음이 된다"는 구절도 역시 하나의 논거가 된다. 왜냐하면 "떠오르는 것", "가라앉는 것"이 음양의 한 예임을 뜻하면서도, 다른 한편으로 "떠오르고 가라앉는 단계에 이르렀다면 이미 형체를 갖고 있는 것이다"[71)]라는 말을 발견할 수 있기 때문이다. 그래서 이 구절이 말하는 음양은 만물 속의 음양이라고 봐야 한다. 따라서 위의 말은 태허와 음양을 반드시 서로 다른 원리로 여겼던 것은 아님이 분명하다. 아울러 주자는, "올라가고 내려오는 것은 음양의 두 가지 단서이며 떨어지고 날라 가는 것은 유기(游氣)의 들끓음[紛擾]입니까?"라는 질문에

---

70) 『朱子語類』 卷98 제5조, "問, 升降者是陰陽之兩端, 飛揚者是游氣之紛擾否. 曰, 此只是說陰陽之兩端. 下文此虛實動靜之機, 陰陽剛柔之始, 此正是說陰陽之兩端. 到得其感遇聚結, 爲雨露, 爲霜雪, 萬品之流形, 山川之融結以下, 卻正是說游氣之紛擾者也. 問, 虛實動靜之機, 陰陽剛柔之始兩句, 欲云虛實動靜, 乘此氣以爲機, 陰陽剛柔, 資此氣以爲始, 可否. 曰, 此兩句只一般. 實與動, 便是陽. 虛與靜, 便是陰. 但虛實動靜是言其用, 陰陽剛柔是言其體而已. 問, 始字之義如何. 曰, 只是說如箇生物底母子相似, 萬物都從這裏生出去. 上文說升降飛揚, 便含這虛實動靜兩句在裏面了. 所以虛實動靜陰陽剛柔者, 便是這升降飛揚者爲之, 非兩般也. 至浮而上者陽之淸, 降而下者陰之濁, 此兩句便是例."(闕名의 기록)

71) 주60을 볼 것.

대해 "그것들은 다만 음양의 두 가지 단서를 말함에 불과하다"고 말한다.[72] 이런 대답을 보면 태허와 음양이 서로 다른 존재는 아니었음이 분명하다.

우리는 위 사실에 근거해 일신양화설(一神兩化說)을 굳건히 지키는 주자의 태도를 살펴볼 수 있었다. 바꿔 말하면 일원론이 이원론의 전제가 되고 역으로 이원론이 일원론을 전제하는 것이 주자의 존재론, 더 나아가 장재 및 주자 사유의 핵심을 이루는 것이었음을 알 수 있다. 하지만 하나가 둘이 되고 둘이 하나가 되는 일이 어떻게 발생하는가 하는 문제에 이르러 주자는 장재와 결별한다. 형식논리의 관점에서 본다면 그런 일은 모순이라고 하지 않을 수 없다. 바로 그런 이유로 기는 불가능성의 가능성, 곧 신비성을 함축하는 것으로 여겨진다. 장재의 "일신양화"(一神兩化)에서 "신"(神)은 주자의 해석[73]으로부터 알 수 있듯이, 바로 그런 것으로 해석되지 않을 수 없다. 그런데 장재는 이러한 신비성의 원인을 기 그 자체 속에서 찾을 수 있다고 여겼음에 비해, 주자는 기에 내재하는 리(理)에서 찾아야 한다고 여긴다. 여기서 주자와 장재의 근본적 차이가 생겨난다. 이 점에 대해 주자는 이렇게 설명한다.

> "움직이면 고요하지 않고 고요하면 움직이지 않는 것이 존재이다"라는 말은 형체를 갖춘 개체[器]를 말한 것이다. 형체를 갖추고 있다면 융통할 수 없기 때문에, 막 움직이기 시작할 때는 고요함이 없으며 고요할 때는 움직임이 없다. 예컨대 물은 물일뿐이고 불은 불일뿐이다. 사람 쪽에서 말하자면, 말하면 침묵하고

---

72) 주67을 볼 것.

73) 『朱子語類』 卷98, 제36조, "神化二字, 雖程子說得亦不甚分明, 惟是橫渠推出來, 推行有漸爲化, 合一不測爲神."["신화"라는 두 글자는 정자도 그 다지 분명하게 말하지 않았다. 오직 장횡거만이 설명해서 "미루어가서 점진적 변화를 이루고 합일하여 측량되지 않는 것을 신(神)이라고 한다"라고 했다.](李方子의 기록); 『朱子語類』 권98, 제32조, "或問一故神. 曰, 一是一箇道理. 卻有兩端, 用處不同. 譬如陰陽, 陰中有陽, 陽中有陰, 陽極生陰, 陰極生陽. 所以神化無窮." [어떤 사람이 "하나이기 때문에 신이다"에 대해 물었다. 답한다. "하나란 하나의 도리이다. 그렇지만 거기에는 서로 다른 두 가지 측면의 작용이 있다. 음양을 예로 들어 말하자면, 음 속에 양이 있고 양 속에 음이 있어, 양이 극에 달하면 음을 낳고 음이 극에 달하면 양을 낳는다. 때문에 신처럼 화생하여 다함이 없다."](金去僞의 기록)

> 침묵하면 말하지 않는다. 사물 쪽에서 말하자면, 이리저리 날아다니면 한 곳에 뿌리를 내리지 않고, 한 곳에 뿌리를 내리면 이리저리 날아다니지 않는다. "움직이면서도 움직이지 않고 고요하면서도 고요하지 않다"는 것은 움직이지도 고요하지도 않다는 것이 아니며, 형체를 넘어선[形而上] 리(理)를 말한다. 리는 신묘하여 헤아릴 수 없다. 움직일 때에도 고요하지 않은 적이 없기 때문에 '움직임이 없다'고 말한다. 고요할 때에도 움직이지 않은 적이 없기 때문에 '고요하지 않다'고 한다. 고요함 속에 움직임이 있고 움직임 속에 고요함이 있다. 고요하면서도 움직일 수 있고 움직이면서도 고요할 수 있다. 양 속에 음이 있고 음 속에 양이 있다. "끝이 없이 서로 섞인다"는 말이다.[74]

이 말은 한편으로 일(一)과 이(二)의 '상즉'(相卽)이라는 신비한 성격을 음양과 결부시켜 인정하면서도, 다른 한편으로 음양 그 자체는 형식논리에 의해 지배되어야 한다는 입장에 근거하여 그 성격의 원인을 음양에 내재하는 리(理)에서 찾고 있다. 그런데 위 구절은 일단 리와 음양을 동일시하면서, 사물에서는 거부되었던 신비한 성격을 음양에 대해서는 인정했던 것처럼 보이기도 한다. 하지만 주자의 정신에 입각해 말한다면 리와 음양은 결코 동일시될 수 없다. 그 점을 논증하는 데에 다른 여러 조목을 열거할 필요조차 없을 것이다. 위 인용문에서 리 앞에 "형체를 넘어선"[形而上]이라는 한정사를 덧붙였던 까닭은 리와 기를 준별하고자 하는 의식이 반영되었기 때문이라고 보아야 한다.[75] 더욱이 음양과 사물을 원리상 다른 존재로 간주

---

74) 주돈이의 『통서』(通書) 동정(動靜)장에 대한 해석 ·『語類』 卷94, 제181조, "動而無靜, 靜而無動者, 物也, 此言形而下之器也. 形而下者, 則不能通, 故方其動時, 則無了那靜, 方其靜時, 則無了那動. 如水只是水, 火只是火. 就人言之, 語則不默, 默則不語. 以物言之, 飛則不植, 植則不飛是也. 動而無動, 靜而無靜, 非不動不靜, 此言形而上之理也. 理則神而莫測. 方其動時, 未嘗不靜, 故曰無動. 方其靜時, 未嘗不動, 故曰, 無靜. 靜中有動, 動中有靜, 靜而能動, 動而能靜, 陽中有陰, 陰中有陽, 錯綜無窮是也."(程端蒙의 기록)

75) 하지만 理와 氣를 무차별적으로 동일시하는 곳이 전혀 없는 것은 아니다. 그러나 그런 구절에는 아마도 기록자의 주관적 왜곡이 들어가 있을 것이다. 만약 주자에게 리와 기를 무차별시하는 사상이 있다고 한다면, 뒤에 서술하듯이 주자의 태허설 비판이 대체 어떻게 성립할 수 있는지 도저히 이해할 수 없게 된다.

하는 것의 불합리함은 우리가 이미 서술했던 논의로부터 쉽게 살펴볼 수 있다. 따라서 위 인용문이 말하고자 하는 바는 앞에서 설명했던 내용과 같다고 보아야 한다.

이에 반해 장재는 이런 리의 존재를 인정하지 않고, 기의 신비성의 원인을 기 자체 속에서 찾을 수 있으리라 생각했다. 주자의 입장과 다른 점은, 장재의 "태허는 맑은 것이다. 맑다면 응결되지 않고 응결되지 않기 때문에 신묘하다. 맑음에 반대되는 것을 탁함이라고 한다. 탁하다면 막힘이 있고 막힘이 있다면 형체가 생겨난다"[76]는 말과, 이에 대한 주자의 비판 속에서 가장 분명히 볼 수 있다. 주자의 비판은 다음과 같다.

> 명도(明道)는 "기 밖에 신(神) 없고, 신 밖에 기 없다"고 말했다. 맑은 것이 신이라고 한다면 탁한 것은 신이 아닌가? 나중에 횡거를 변호하면서 "횡거는 맑은 것은 탁한 것을 포함하고 허(虛)는 실(實)을 포함할 수 있다고 말했다"고 하는 사람이 있을지도 모르겠지만, 그것은 형이상(形而上)이라는 것은 어디까지나 리이고 형이하(形而下)라는 것은 어디까지나 구체적 사물이어서, 허(虛)라고 한 이상 실(實)과 대립하며, 맑은 것이라고 한 이상 탁한 것과 대립하는 것을 모르는 소리이다.[77]

위 인용문에서 횡거를 변호했던 이는 횡거의 진의를 올바로 파악했던 것 같다. 그에 따르면 태허는 맑지만 단지 탁함에 대립한다는 뜻에서 그러한 것은 아니다. 동시에 탁할 수도 있으려면 반드시 맑아야만 하는 것이다. 존재

---

76) 『正蒙』, 「太和」, "太虛爲淸, 淸則無礙, 無礙故神, 反淸爲濁, 濁則礙, 礙則形."

77) 『朱子語類』 卷99, 제8조, "明道說, 氣外無神, 神外無氣. 謂淸者爲神, 則濁者非神乎. 後來亦有人與橫渠說. 橫渠卻云, 淸者可以該濁, 虛者可以該實. 卻不知形而上者, 還他是理, 形而下者, 還他是器. 旣說是虛, 便是與實對了. 旣說是淸, 便是與濁對了."(林夔孫의 기록)
*이 구절에 대한 저자의 해석에는 오류가 있다. 바른 해석은 이렇게 되어야 한다: "명도는 '기 밖에 신이 없고 신 밖에 기가 없으니, [횡거처럼] 맑은 것이 신이라고 말한다면 탁한 것은 신이 아니란 말인가?'라고 했다. 나중에 어떤 사람이 횡거에게 [명도의 말을] 해 주었다. 그러자 횡거는 '맑은 것은 탁한 것을 포함할 수 있고 허(虛)는 실(實)을 포함할 수 있다'고 말했다. 그렇지만 이것은 …(이하의 해석은 저자의 동일)."

의 다양함을 관통하는 연속적 일자(一者)이려면 반드시 밝아야만 한다. 이에 대한 주자의 비판은, 태허는 기이기 때문에 이런 신비한 성격을 가질 수 없다는 것이다. 하지만 비판 첫머리에서 주자가 명도의 구절을 인용했던 것은 그 역시 기에 신비한 성격이 있다는 것을 인정했음을 보여준다. 그렇게 본다면 주자는 기의 신비한 성격을 인정하면서 그 원인을 기 자체가 아니라 리에서 찾았다고 할 수 있을 것이다. 앞에서 주자는 오직 리에만 신비한 성격을 인정할 수 있다고 여겼다. 하지만 주자에 따르면 리의 세계는 직접 인식할 수 없고 오직 기를 실마리로 삼아서만 살펴볼 수 있다.[78] 역으로 보면, 그의 생각 속에는 리의 성격이 반드시 기로 반영된다는 것이 함축되어 있다. 그렇게 본다면 스스로는 신비한 성격을 가질 수 없는 기가, 리와 결부됨에 따라 신비한 성격을 획득할 수 있다고 보는 것이 당연할 것이다.

따라서 주자와 장재의 입장 차이는 분명하다. 반복해서 말하자면, 그것은 리를 존재론의 최고 원리에 놓을 것인지, 아니면 기로서의 태허를 그것 대신으로 삼을지 사이의 차이에 다름 아니다. 우리는 주자의 사유 속에서 아마도 장재의 사유와는 다른 어떤 것, 곧 정자(程子)의 사유가 남긴 흔적을 찾을 수 있을 것이다.

또한 미리 말을 하자면, 우리가 앞에서 서술했던 태허에 대한 주자의 이견(異見)은 이러한 관점 차이가 반영된 것이다. 곧, 장재에게는 태허가 최고 원리이며 주자에게는 리가 최고원리이기 때문에 생겨난 차이이다. 또한 위에서 설명했다시피, 주자가 태허에 대해 형식논리를 적용해야 한다고 주장했던 것은 그가 태허를 기로 생각했던 하나의 증거이다. 태허를 리로 보는 주자의 말을 일시적 착오라고 볼 수밖에 없는 이유는 바로 여기서도 볼 수 있을 것이다.

78) 앞서 인용했던 필자의 논문을 볼 것.

이제껏 우리는 기의 존재론적 성격을 요약했다. 그러나 기에 대해 살펴보아야 할 또 다른 문제가 많을 것이다. 문제를 단순히 존재론적 영역에만 한정하더라도, 기와 리가 어떻게 매개되어 있는가 하는 중요한 문제가 남아 있다. 그 문제는 이 글에서도 약간 언급했다. 하지만 단지 외면적 관계만을 파악한 것에 불과하다. 한층 더 깊이 들어가서 양자의 관계를 파악해야 한다. 그런 심층적 파악을 통해 기의 존재론적 해명은 마무리 될 수 있을 것이다. 이 점은 리에도 적용된다. 우리는 일찍이 리의 근원적인 뜻을 '의미'로 보았다. 그렇지만 리를 결코 '생각되어진 것'만으로 해석하는 것은 우리의 의도가 아니다. 리는 이러한 주관적인 것이 아니라 객관적 존재이다. 하지만 '의미'인 리가 어떻게 그런 객관성을 가질 수 있었는지는 단지 리만 따로 떼어놓고 살펴보는 한, 아마도 충분히 대답할 수 없을 것이다. 왜냐하면 리와 기의 매개라는 문제에 주목해야지 비로소 해결의 실마리를 찾을 수 있으리라 생각하기 때문이다. 따라서 그런 매개의 문제는 주자의 존재론에서 최후의 과제가 된다. 그러나 이런 어려운 문제는 다만 이상과 같은 점을 유의하는데서 그치고, 상세한 연구는 후일을 기약하기로 한다.

1939년 10월
『東方學報』(京都) 제10책 제4권

2장
주자의 존재론에서 ‘리’의 성질에 대하여

1. ‘리’ 개념에 대한 종래의 해석과 그리스 철학의 영향

주자의 존재론에서 ‘리’(理) 개념은 매우 중요한 역할을 한다. 하지만, 리가 어떤 성질을 지닌 원리인지 해석하려는 시도가 여태껏 한두 가지로 그치지 않았음에도 불구하고, 우리를 충분히 수긍시킬 수 있을 만한 해석은 아직 들어보지 못했다. 이 작은 글이 바라는 바는 그 문제의 해결에 대해 다소나마 시사점을 제공하려는 것이다.

모든 종래의 해석(물론 근대에 속하는 해석들이지만)은 어느 것이든 많건 적건 혹은 의식했건 그러지 않았건 간에 그리스 철학의 영향을 받았다고 나는 생각한다. 그런 해석들은 두 가지 경향으로 구분할 수 있다. 곧, 리 개념을 에이도스(eidos) 개념에 가까운 것으로 해석하는 경향과 로고스(logos) 개념에 가까운 것으로 해석하는 경향이다. 하지만 그런 구별이 꼭 절대적인 것만은 아니다. 왜냐하면 두 가지 경향을 동시에 포함하는 해석도 발견할 수 있기 때문이다.

르 갈(Stanislas Le Gall)이 한편으로는 이기(理氣)의 번역어로 ‘형상과 질료’를 채택하면서도 다른 한편으로는 리를 키케로의 “우리 속에서 지배하는 신(神)”, 베르길리우스의 “움직임을 일으키는 내부의 정수(精髓)”, “만물을 움직이게 하는 혼(魂)", 로마인들이 운운하던 "운명"이라고 말하여, 스토아 학파의 로고스와 직·간접적으로 연관되는 개념과 리를 동일시했던 것[1]이 그 한 사례이다. 또한, 이미 그리스, 로마 시기에 알렉산드리아의 철학자 필론이 에이도스와 로고스를 동일시하였던 사례[2]를 생각해 보면 위와 같은 구분은 아무 근거도 없는 것이라고 할런지도 모르겠다.

그러나 일단 에이도스와 로고스가 구별될 수 있다는 점만은 확실하다. 따라서 리를 해석할 때 나타나는 이 두 가지 경향을 구별하는 것은 정당하며, 최소한 편리하다. 그렇다면 이들 해석은 과연 리 개념의 핵심에 접근한 것일까? 그렇게 생각할 수는 없다. 리는 에이도스와 로고스 중 후자와 뚜렷한 유사점을 갖고 있기는 하지만, 그 두 가지와 본질상에서 구별되어야 한다. 아래는 순서를 따라 그 점을 밝히고자 한다.

2. 리와 에이도스의 유사점

주지하다시피 플라톤에서 이데아의 세계는 사유에 의해서만 파악될 수 있는 것으로서 감각세계와 대립할 수밖에 없다. 그런 한, 리와 이데아는 유사점이 뚜렷하다. 이 점을 특히 분명하게 보여주는 것으로 「태극도설」 서두에 있는 "무극이태극"(無極而太極) 다섯 글자에 대한 주자의 이론을 들어볼 수 있

---

1) *Le Philosophe Tchou Hi, sa doctrine, son influence*, 1894, p.83과 29. 이는 극히 개략적으로 말한 것이다. 왜냐하면 베르길리우스의 경우 철학적으로는 스토아보다 오히려 에피쿠로스의 영향을 받았던 것으로 여겨지기 때문이다. 또한 르 갈은 이들 개념 밖에도 스펜서, 다윈, 헤겔 등 진화론자들이 말하는 '물질에 내재하는 진화력'이라는 개념도 인용한다.

2) 필론에게 영향을 끼쳤다고 전해지는 플라톤의 경우, 에이도스라는 단어는 이데아와 완전히 똑같게 사용되었지만, 필론은 보통 '묘사된 형상'에 대해서는 에이도스라는 말을 사용하지 않고, 원형인 형상에 대해서만 에이도스를 사용했다(Max Heinze, *Die Lehre wom Logos in der griechischen Philosophie*, 1872. S.222). 이런 구별로부터 보면, 로고스는 이데아일지언정 에이도스는 아니다. 그러나 이런 엄격한 구별은 지금 필요치 않을 것이다. 또한 이데아와 로고스의 동일시는 이미 스토아학파에서도 보인다고 설명하는 학자들도 있다(Stein, *Geschichte des Plaonismus*. II. S.222f.)

다. 요약하자면, 이 다섯 글자는 태극이라는 것이 감각의 대상이 될 수 없는 것으로서 우주를 형성하고 만물의 근원이 되는 원리라는 것을 보여주고 있으며, 결코 태극 밖에 따로 무극이 있음을 뜻하는 것은 아니라고 한다.[3)]

하지만 주자의 해석이 모든 학자들에 의해 곧바로 받아들여졌던 것은 아니며[4)] 특히 육상산 형제들로부터 격렬한 비판을 받았던 사실은 널리 알려져 있다.[5)] 주자는 이들 반대자들이 무극 · 태극을 두 가지로 잘못 보는 원인을 따지면서, 그 원인이 '이'(而)자를 오해했기 때문이라고 본다. 더 자세히 말하면, 「태극도설」 아래 부분에 나오는 "動而生陽, 靜而生陰"이라는 두 구절은 '生'자를 씀으로써 음양이 태극으로부터 나온다는 점을 뚜렷이 하고 있는데, '無極而太極'의 '而'자도 마찬가지 뜻을 지니기 때문에 '無極而太極'은 무(無)가 유(有)를 낳을 수 있음을 말했던 것이라고 육상산 형제들이 오해했다는 것이다.[6)] 그러면 주자는 '이'자를 어떻게 풀이했을까?

> "無極而太極"이라는 말은 태극 밖에 따로 무극이 있음을 뜻하지 않는다. 무(無) 속에 원래 태극이라는 리가 있다. 하지만 무극을 갖고서 곧바로 태극의 뜻으로 여기는 것도 옳지는 않다. "無極而太極"에서 "而"는 가벼운 뜻이다. 차원의 고저는 아니다."[7)]

---

3) 「太極圖說解」, "上天之載, 無聲無臭, 而實造化之樞紐, 品彙之根柢也, 故曰, 無極而太極, 非太極之外復有無極也."

4) 『文集』 卷71, 「記濂溪傳」, "戊申六月, 在玉山, 邂逅洪景盧內翰, 借得所脩國史, 中有濂溪程張等傳, 盡載太極圖說. 蓋濂溪於是始得立傳, 作史者於此爲有功矣. 然此說本語首句但云, 無極而太極, 今傳所載乃云, 自無極而爲太極, 不知其何所据而增此自爲二字也. 夫以本文之意親切渾全明白如此, 而淺見之士, 猶或妄有譏議, 若增此字, 其爲前賢之累, 啓後學之疑, 益以甚矣. …"

5) 「象山年譜」에 따르면 무극 · 태극 논쟁은 순희(淳熙) 14년(1187년 주자 나이 58세, 육상산 나이 49세 때)에 시작한다. 이 논쟁이 어째서 격렬해졌던가 하는 것은 『朱子文集』 卷54, 「答諸葛誠之第一書」와 『象山全集』 卷15, 「與唐司法書」 등으로부터 살펴볼 수 있다.

6) 『朱子語類』 卷94, 제17조, "又問, 無極而太極, 因而字, 故生陸氏議論. 曰, 而字自分明. 下云, 動而生陽, 靜而生陰. 說一生字, 便是見其自太極來. 今曰而, 則只是一理. 無極而太極, 言無能生有也."

7) 『朱子語類』 卷94, 제16조, "無極而太極, 不是太極之外別有無極. 無中自有此理. 又不可將無極便做太極. 無極而太極, 此而字輕. 無次序故也."

주자에 따르면 극(極)은 북극(北極) · 극옥(極屋) · 황극(皇極) · 민극(民極)의 경우처럼 '지극'(至極)을 뜻한다. 이들 '극'은 '중'(中)으로 풀이되는 것이 보통인데,[8] 그 까닭은 '극'이 이들 사물의 중심에 있기 때문이다. 하지만 극 그 자체를 곧바로 '중'으로 해석해서는 안 된다고 한다. 그것의 원래 의미는 "지극(至極)으로서 거기에 덧붙일 만한 것은 없다"는 의미로 이해되어야 한다.[9] 따라서 "태극"이라는 말로 표현될 원리는 우주만물의 궁극적 근거여야 한다. 그런데 "장소도 없고 형체도 없으며 놓아둘 위치도 없다"[10]는 말에서 볼 수 있다시피 이런 원리는 있음[有]의 범주로 파악될 수 없다. 그래서 태극은 "무극"이라는 이름을 얻는다. "주돈이는 사람들이 태극 밖에서 다시 태극을 찾지 않을까 걱정했다. 그래서 무극으로써 태극을 형용했다. 이미 무극이라고 이름붙인 이상 있음[有]의 이치로 무리하게 그것을 찾아서는 안 된다"[11]고 주자가 말했던 것은 바로 그런 사상을 서술했던 것이다.

이처럼 태극은 있음의 범주로 파악될 수 없는 것으로서 무극이어야만 할 테지만,[12] 단지 그 면에만 집착하여 태극을 무극이라는 이름 아래에 두고자

8) 陳建, 『學蔀通辯』 前篇下, "按漢儒以來, 皆以大中訓皇極, 象山講義, 承訛踵謬, 至朱子始一正之, 發明精切, 有功前聖."

9) 『文集』 卷36, 「答陸子靜書」.

10) 『朱子語類』 卷94, "太極無方所, 無形體, 無地位可頓放."

11) 『朱子語類』 卷94, 제9조, "無極而太極, 只是無形而有理. 周子恐人於太極之外更尋太極, 故以無極言之. 旣謂之無極, 則不可以有底道理强搜尋也."

12) 육자(陸子)는 이 점을 비판하여 다음과 같이 말한다. "又謂極者正以其究竟至極, 無名可名, 故特謂之太極, 猶曰擧天下之至極, 無以加此云耳. 就令如此, 又何必更於上面加無極者也. 若謂欲言其無方所無形狀, 則前書固言, 宜如詩言上天之載, 而於其下贊之曰, 無聲無臭, 可也. 豈宜以無極字加之太極之上. 繫辭言神無方矣. 豈可言無神. 言易無體矣. 豈可言無易.…"[또 말씀하시기를 "극(極)이라는 것은 바로 궁극과 지극이자, 붙일 수 있는 이름이 없기 때문에 특별히 태극이라고 불렀다"고 했고, 또한 "천하의 지극함을 들어도 여기에 더할 수가 없을 뿐"이라고 했습니다. 만약 그렇다 하더라도 하필이면 그 위에 '무극'이라는 글자를 어째서 덧붙여야 합니까? 만약 그것이 "정해진 위치도 없고 형상도 없다"고 말하고 싶다면, 앞선 편지에서 말씀하셨다시피 의당 『시』(詩)와 같이 곧, "하늘 위에 실린 것"이라고 말한 후 그 다음에 그것을 찬양하여서 "소리도 없고 냄새도 없다"는 식으로 말하면 될 뿐입니다. 어찌 '무극'이라는 글자를 태극 위에 붙입니까? 「계사」는 "신(神)은 정해진 위치가 없다"고 말합니다. 그런데 '무신'(無神)이라고 말해서야 되겠습니까? 또한 "역에는 일정한 본체가 없다"고 말합니다. 그런데 '무역'(無易)이라고 말하면 되겠습니까?](『全集』 卷2, 「與朱元晦第二書」)

한다면 그 원리는 만물 궁극의 근거가 될 가능성을 빼앗겨 버린다. 왜냐하면 그럴 경우, 없음은 단지 있음에 대한 부정으로서 아무 내용이 없는 공허한 개념일 수밖에 없으므로, '있는 것'들인 만물의 근저가 될 수 없기 때문이다. 거꾸로 말하면, 태극이 만물의 근저가 될 수 있으려면 없는듯하면서도 동시에 있어야만 한다. 곧, 태극 그 자체가 무극과 대등한 지위로까지 높여져야 한다. 위에서 얘기했던 것처럼 '이'(而) 한 글자에 대해 깊이 음미하지 않을 수 없는 이유가 바로 여기에 있다.

그렇다면 없는듯하면서도 동시에 있는 것은 어떤 것일까? 어떤 사물[物]에 대해서 '그것은 있는 것이다'라고 말할 때의 '있는 것'과, '없는듯하면서도 동시에 있는 것'이라고 할 때의 '있는 것'이 서로 다르다는 점은 두말할 나위도 없을 것이다. 여기서 리(理) 개념이 등장한다.

> 태극은 따로 있는 하나의 사물이 아니다. 음양을 놓고 보면 음양 속에 있고 오행을 놓고 보면 오행 속에 있으며, 만물을 놓고 보면 만물 속에 있다. 그것은 일리(一理)에 다름 아니다. 일리는 궁극이라는 점 때문에 태극이라는 이름을 갖는다.[13]

태극은 사물로서는 없는 것이지만 리(理)로서는 있는 것이라는 사상이 여기에 함축되어 있다. 게다가 '리로서 있음'과 '사물로서 없음'은 결코 우연

---

13) 『朱子語類』 卷94, 제22조, "太極非是別爲一物. 卽陰陽而在陰陽, 卽五行而在五行, 卽萬物而在萬物. 只是一箇理而已. 因其極至, 故名曰太極." 廣(65이후). 이처럼 주자는 태극을 리로 여긴다. 그러나 주자는 다른 곳에서 태극을 기로 간주하기도 했다. 곧, "太極只是一箇氣, 迤邐分做兩箇氣, 裏面動底是陽, 靜底是陰, 又分做五氣, 又散爲萬物."(『朱子語類』 卷3, 潘植의 기록)이 그것이다. 그러나 이 구절은 리와 기를 무차별적으로 동일시하는 기록자의 주장에 따라 왜곡된 것이라고 생각한다. 이 기록자가 리와 기를 무차별적으로 동일시했다는 것은, "氣之精英者爲神, 金木水火土非神, 所以爲金木水火土者是神, 在人則爲理, 所以爲仁義禮智信者是也."(『朱子語類』 卷1, 潘植의 기록)라는 구절로부터 알 수 있다. 이에 반해 리와 기를 준별하는 것에 주자 정신이 있다는 점은 뒤에서 서술하는 것으로부터 저절로 명확해 질 것이다. 하지만 위의 두 조목은 주자에게도 리와 기를 동일시하는 사상이 있었던 것은 아닐까하는 의문을 품게 하는데, 적어도 그것이 그의 진정한 정신은 아니었다는 점만은 확실하다.

하게 결합된 것이 아니다. 물론 후자가 전자를 반드시 함축한다고 말할 수는 없지만, 전자는 후자를 반드시 함축한다.[14] 이 때문에 태극이 리로서 파악될 때 비로소 태극의 '없는듯하면서 있는 것'인 성격이 남김없이 다 표현된다. 아니, 태극과 무극이라는 두 가지 이름은 리가 갖춘 근본적 성격을 표현한 말이라 할 수 있다. "'無極而太極'은 있음의 범주로 파악할 수 없지만, '리로서 있다'는 사실을 말했던 것에 다름 아니다"[15]는 구절은 바로 그 점을 가리킨다고 필자는 생각한다.

그렇지만 주자가 생각했던 원래의 '있음'은 사물에 속하는 것이었다. 그리고 있음으로서의 리는 그것만으로는 존재할 수 없으며 사물의 있음을 전제해야 한다.[16] 그러므로 태극은 우선 리로서 있는 것이지만, 그것은 실은 사물의 리라는 점에 의해 비로소 진정한 있음의 성질을 갖게 된다. 또한 주자에 따르면, 태극은 이기오행(二氣五行)의 리에 불과한데 "이기오행의 리"에서 리에 방점을 찍고 말한다면 그것은 없는 것이며 "이기오행의 리"에서 "이기오행"에 방점을 찍고 말한다면 그것을 없는 것이라 할 수 없다[17]고 한다. 이런 리가 직접적 감각의 대상이 될 수 없다는 것은 당연하다. 이 문제는 뒤에서 다시 서술할 사단설(四端說)에서도 뚜렷이 볼 수 있다. 본성[性; 理]은 직접 파악될 수 있는 것이 아니며 오로지 그 대응물인 감정[情; 氣]의 존재로부터 추론되어야지 비로소 그 존재가 확인될 수 있다고 사단설은 말한다. 이렇게 본다면 리가 이데아와 매우 뚜렷한 유사성을 갖고 있다는 점을 쉽게 받아들일 수 있을 것이다.

---

14) 『朱子語類』 卷74, "然虛却不可謂之理, 理則虛爾."

15) 『朱子語類』 卷94, "無極而太極, 只是說無形而有理."

16) 『朱子語類』 卷1, 제11조, "或問, 必有是理, 然後有是氣, 如何. 曰, 此本無先後之可言. 然必欲推其所從來, 則須說先有是理. 然理又非別爲一物, 卽存乎是氣之中. 無是氣, 則是理亦無掛搭處."

17) 『朱子語類』 卷94, 제8조, "無極而太極, 只是說無形而有理. 所謂太極者, 只二氣五行之理, 非別有物爲太極也. 又云, 以理言之, 則不可謂之有, 以物言之, 則不可謂之無." 僩(69이후).

3. 리와 에이도스의 차이점

하지만 이런 이유를 갖고서 곧바로 리와 이데아 사이의 사상적 혈연관계를 말하는 것은 매우 위험하다. 조금만 깊이 들어가 고찰해 보면 그 두 가지는 유사성 못지않은 뚜렷한 차이점을 보이기 때문이다. 예컨대 플라톤에서는 이데아만이 '진실한 존재'[18]로서 언제나 존재하며 변하지 않고 영원한 것임[19]에 비하여 감각적인 것은 한 때의 '현상' 혹은 '모사물'[20]로 여겨지는데, 이런 점만 보더라도 주자와 플라톤 사이의 차이는 뚜렷하다. 왜냐하면 주자는, 세계를 꿈같은 것으로 파악하는 것이 바로 불교적 입장이라고 여기면서 그것을 격렬히 비판하고 있는데,[21] [이런 비판으로부터 '세계는 다만 한 때의 현상이나 모사물이 아니라 나름의 실재성을 갖는 것'이라는 주자의 생각을 엿볼 수 있기 때문이다.]역자 협주 물론 이데아와 리의 차이가 이 점에만 그치는 것은 아니지만, 차이점들을 하나하나 지적하는 작업은 매우 번거로울 것이다. 그런데 이러한 차이점이 있다는 사실과 사상적 혈연성이 있다는 사실이 반드시 모순된다고 할 수는 없다. 이를 철학사의 사실에 비추어 보더라도, 아리스토텔레스의 에이도스와 플라톤의 이데아는 서로 겹치는 개념일 수 없지만, 그럼에도 불구하고 양자의 혈연을 부정하는 것은 전혀 불가능하다. 그런 한에서 리는 이데아와 똑같지 않다 하더라도, 이데아의 사상 계통에 속하는 하나의 변종으로 해석될 여지가 아직 남아 있다.

---

18) *Phaedr*. 247 E, etc.

19) Tim. 27 D, etc.

20) Tim. 49 E, etc.

21) 『朱子語類』 卷126, "若釋氏, 則以天地爲幻, 妄以四大爲假合, 則是全無也." 또한 바로 아래의 각주로부터 알 수 있듯이, 주자도 형(形)을 꺼리는 경향을 보이는 까닭은 어느 정도까지는 불교의 영향을 받았기 때문일 것이다. 바로 "주자의 저작 속에 수없이 남아 있는 불교에 대한 혹평은, 그가 얼마나 많이 불교의 영향을 받았는지를 보여주는 척도라고 말할 수 있을 것이다."(William Ernest Hocking, *Chu Hsi's Theory of Knowledge*, p.117)

그럼에도 불구하고 리와 이데아 혹은 더욱 일반적으로 리와 에이도스 사이에는 그런 혈연관계조차 인정될 수 없는 것이 사실이다. 물론 리와 이데아는 모두 감각의 대상이 되지 않으며 그런 한, 둘 다 '생각'의 대상이 될 수밖에 없다. 그런데 여기서 '생각한다'는 단어의 뜻이 중요하다. 그리스어의 '생각한다'는 단지 개념을 통해 생각한다는 뜻을 갖는 것이 아니라 원래 '본다'는 뜻을 갖는다고 한다. 따라서 이데아는 원래 '보여진 것', '보면서 생각에 떠오른 것'이 되어야 한다. 때문에 비록 감각적 의미는 아니라 하더라도, 여전히 이데아는 말 그대로 '형상'(形相)이 될 수밖에 없다. 그러나 리에는 그런 뜻이 없다. 앞에서도 인용했던 "태극은 장소도 없고 형체도 없으며 놓아둘 위치도 없다"는 구절에만 근거해서 그렇게 단정하는 것은 아니다. 왜냐하면 이 구절의 '형체'라는 것은 에이도스에서처럼 깊은 뜻을 지니지 않고 그저 감각적 의미하고만 연결되기 때문이다. 리에 형상의 의미가 없다고 내가 단언하는 까닭은, 주자의 사유는 보통 형체를 꺼리는 경향이 있다는 점이 명백하기 때문이다.[22] 그리고 그런 경향은 형체를 좋아하는 그리스인의 사유와 뚜렷한 차이를 갖는다. 그러므로 사유의 산물이자 존재의 최고원리인 리에 표상성을 결부시키는 것의 위험성은 당연히 예측할 수 있을 것이다.

리의 표상성을 부정할 수 있는 결정적 증거는, 에이도스의 대개념(對概念)으로서 필연적으로 예상할 수 있는 '질료'(質料) 개념이 리와 전혀 관계없다는 점이다. 질료 개념의 핵심은, 자기 자신은 한정이 없고 어떤 성질이 없으며, 오로지 형상을 받아들임에 의해 비로소 한정된 존재가 된다는 것이다. 하지만 리의 대개념인 기(氣)에는 그런 성질이 전혀 없다. 그렇지만 "음양오행이 서로 섞일 때 질서를 잃지 않는 것은 리 때문이다"[23]라는 구절은 기가 질료와 같은 것이라고 추측할 수 있는 유력한 근거가 되는 것으로 보일수도

---

22) 『朱子語類』 卷1, "理無形, 氣便粗, 有渣滓."

23) 『朱子語類』 卷1, "問, 理在氣中發現處如何. 曰, 如陰陽五行, 錯綜不失條緒, 便是理."

있다. 그러나 달리 생각해 보면, 리가 존재하지 않을 때 음양오행이 혼돈 · 무질서의 상태에 빠지는 까닭은 음양오행이 무한정 · 무성질이기 때문이 아니라, 오히려 각각 자신의 성질을 발휘하되 서로 조화하지 못하기 때문일 수도 있는 것이다. 동시에, 지금 인용한 구절 바로 다음에 있는 "만약 기가 응결하지 않는다면 리 역시 부착할 곳이 없어집니까?"[24]라는 제자의 질문에 주목해 보면, 기는 질료처럼 단지 수동적 원리가 아니라는 점을 추측할 수 있다.

또한, 자신보다 아래에 있는 질료에 대해서는 형상이 된다고 할지라도, 자신보다 더 위에 있는 형상에 대해서는 스스로 질료가 된다는 아리스토텔레스의 발전론적 입장에 선다면, 설사 음양오행이 한정성을 갖고 있다고 하더라도 역시 질료로 해석될 수 있는 여지가 있다고 생각할 수도 있다. 그러나 주자의 존재론에 아리스토텔레스의 입장을 대입한다 해도 그럴 위험은 없다. 아리스토텔레스의 특징은, 형상과 질료를 단지 외면적 관계로 놓고 결합시키는 것이 아니라, 질료는 형상의 잠태재(潛在態)로서 형상을 자신의 완성태이자 목적으로 삼아 그것을 향해 운동한다는 관계로서 질료와 형상을 묶는다는 점이다. 설사 리와 기를 형상과 질료로 파악하는 것이 옳다고 하더라도, 리와 기가 그러한 목적론의 관계로 묶일 수 없다는 점은 분명하다.

어떤 학자는 일기(一氣)-이기(二氣)-오행(五行)-만물(萬物)이라는 존재의 차원을 구별하여, 일기는 이기로부터 만물에 이르는 전체 계열의 근저에 있는 불변적 기체(基體)로서, 그 자신은 무한정 · 무성질한 '질료인'(質料因)이며, 여기에 점차 새로운 형상이 가해짐에 따라 이기(二氣) 이하의 발전 계열이 생겨나고, 여기에 형상을 부여하는 원리가 곧 리이기 때문에 리는 '형상인'(形相因)이라고 논한다. 하지만 이것은 주자의 존재론을 바르게 설명해내지 못한 것이다. 그래서 아리스토텔레스의 목적론을 주자의 존재론에 집어넣을 여지는 전혀 남아 있지 않다. 게다가 일기부터 만물에 이르는 존재의

24) 上同, "若氣不結聚時, 理亦無所附著."

차원을 위와 같이 구분하는 것이 과연 충분한 근거를 갖고 있는지 여부도 의문이다. 이 문제를 상세히 고찰하는 것은 다른 글로 미루고, 일단 여기서 결론만 말해 보자면 일기와 이기 사이에는 어떤 의미에서도 차원의 구별을 인정하기 어렵다는 것이다. 곧, 이기(二氣)는 일기(一氣)에 어떤 한정이 가해짐에 따라 생겨나는 다른 차원의 존재가 아니라, 다만 일기의 두 부분에 지나지 않는다. 더욱이 이기는 자기동일성을 지속하는 어떠한 것, 도식화해서 말하면 고정적 음(陰)이나 양(陽)이 아니라, 상황 여하에 따라 곧 인식의 입장에 따라 음·양의 한정이 상대적으로 변화되는 것이다.

오행(五行)에 대해 말하자면 오행의 기(氣)와 오행의 질(質)이 구별되는데, 오행의 기와 이기(二氣)는 완전히 동일하다. 이에 반하여 오행의 질과 이기 사이에는 일단 형태의 차이가 있다. 하지만 다른 한편에서는 오행의 질이 음양의 배당을 받는다. 바꿔 말하면, 오행이 이기로서 여겨지는 것이다. 다음, 만물(萬物)은 오행의 기와 질의 결합으로 파악된다. 그러나 오행의 기와 질 중 그 어느 쪽도 이러한 결합 때문에 형태상 변화가 일어난다고는 여겨지지 않으며, 그 당연한 귀결로서 만물에 대해서도 음양의 배당이 이루어진다. 따라서 일기로부터 만물에 이르는 4가지 존재는 단순한 관계로 결합되어 있지 않다는 점이 분명하다. 그러므로 기(氣)로부터 질료적 의미를 갖는 존재개념을 발견해내는 것은 불가능하다. 이렇듯 리는 질료 개념과 관계가 없기 때문에 리가 이데아의 현연이라고 해석할 수 없다.

또한 주자는 정자(程子)의 "沖漠無朕, 萬象森然已具"라는 말이 태극의 표현이라고 보는데, 어떤 학자는 그 구절을 "Void like the boundless desert, but filled with innumerable forms like a dense forest."[경계 없는 광야처럼 텅 비어 있지만, 빽빽한 삼림처럼 수많은 형상들로 가득 차 있다]라고 번역하여 플라톤의 이데아론에 가깝다고 지적한다.[25] 그러나 다른 점은 일단 놔

---

25) J. Percy Bruce, *Chu Hsi and his Masters*, 1923, p.112.

두고, 우선 주자의 용법을 본다면 "만상"(萬象)이라는 말은 오히려 "만물"이라는 단어와 같은 뜻으로 풀이되어야 하기 때문에 그런 번역은 옳다고 할 수 없다. 따라서 정자의 말에 바탕을 두고서 리를 에이도스와 비슷한 것으로 보는 것 역시 오류이다.

4. 리와 로고스의 유사점

그렇다면 리와 로고스는 과연 같은 혈연으로 연결되는 것일까?

로고스에 최대의 의미를 부여했던 것은 스토아학파의 체계이며, 스토아의 역사로부터 떼어내서 로고스설의 역사를 쓸 수 없다고 말할 정도이다.[26] 스토아의 선구로서 헤라클레이토스의 이름이 거명되는 것은 주지의 사실이다. 헤라클레이토스에 따르면, 우주의 모든 현상은 근원인 불의 원리의 질적 변화로 환원된다.[27] 이 불은 단지 살아있는, 곧 다른 것들을 움직이게 하면서 또한 스스로 움직이는 그런 물질에 그치지 않는다. 그것은 전혀 파괴할 수 없는 질서를 자기 속에 갖고 있으며, 그 이성적 법칙에 따라 모든 변화가 일어나게 한다.[28] 그 법칙의 내용이란 일순간의 정지도 없는 영원한 생성이며 바로 그것이 로고스에 다름 아니다.[29] 또한, 생성은 대립과 투쟁에 의해 일어나기 때문에 대립·투쟁과 로고스 사이에도 동일성이 인정된다.[30] 더욱

---

26) Heinze, op. cit. S. XII. 로고스에 관한 이하의 서술은 주로 이 책에 따른다.

27) "만물은 불로, 불은 만물로 전환한다. 그것은 흡사 물품이 화폐로, 화폐가 물품으로 전환하는 것과 같다."(Diels, Fragm. 90.)

28) "만물에게는 동일한 이 우주를 지은 이는 어떤 신(神)도 인간도 아니다. 과거, 현재, 미래를 관통하며 영원한 생명을 가지고 법칙에 따라 타오르며 동시에 법칙에 따라 꺼지는 불인 것이다."(Diels, 30.)

29) "만물은 이 로고스에 따라 생성한다."(Diels, 1.)

30) "싸움은 보편적이며 투쟁은 정의이고, 만물은 투쟁과 필연에 의해 생겨나는 것이라는 점을 알 필요가 있다."(Diels, 80.) 또한 Aët. 1, 7, 22.에 따르면 운명은 "대립에 의해 모든 존재를

이 로고스는 운명이며 필연이다.[31)]

그렇지만, 로고스는 어떤 학자들이 말하듯이[32)] 불 위에, 또한 불에 앞서 있는 최고의 세계 형성 원리는 아니다. 로고스는 불 그 자체이며 불과 로고스는 동일한 원리의 두 가지 측면에 불과하다.[33)] 따라서 로고스가 비물질적이라는 말은 성립하기 힘들며, 그 반대로 로고스를 현존하는 물질적인 것이라고 생각하는 것도 불가능하다. 로고스는 모든 것에 침투하고 모든 것에 편재하며 모든 것을 움직이게 만든다.[34)]

또한 그것은 어떤 학자들이 주장하듯이[35)] 지성과 의식을 갖는 것이 아니다. 바로 다른 학자들이 지적하는 것처럼[36)] 그것은 세계의 발전 속에 있는 객관적 이성에 불과하다. 따라서 아낙사고라스의 누스(nous)와는 본질에서 다르다. 더욱이 우리 속에 있는 프쉬케[心]는 로고스와 아무 관계가 없는 것이 아니라, 오히려 그 일부분으로서 생각되어야 한다.[37)] 이렇듯 로고스는 보편적이기 때문에 그것에 따르는 것은 올바른 인식을 위해 필요하다. 그러나 수많은 사람들은 흡사 자신만의 고유한 인식을 갖고 있는 듯이 생활한다.[38)] 인식할 때와 마찬가지로, 행위에서도 보편적 영원의 생성 속에 스스로 몰입

구성하는 로고스"라고 정의된다. 여기서 사용된 "운명"이라는 말은 헤라클레이토스 자신의 용어로 보이지 않지만 정의 그 자체는 헤라클레이토스적이라고 할 수 있다.

31) 주 30을 보라. 스토아학파의 어떤 이는 운명과 필연성을 구별하기도 했지만, 헤라클레이토스는 동일시했다. Aët. 1, 7, 22, 1.) 두 어휘를 하나로 묶은 "είμαρμένη ἀνάγχη"라는 어휘조차 그에게 귀결된다.(Simpl. Phys. 6, a.)

32) Lassalee, *Die Philosophie Herakleitos des Dunkeln*. II, S.56.60 ff.

33) 하인쯔의 해석에 따름.

34) "만물은 프쉬케(魂)와 데몬으로 가득차 있다"는 헤라클레이토스가 한 말이라고 한다.(Diog. IX, 7.). 그것은 로고스의 이러한 성격을 말했던 것이다.

35) Bernays, Rhein. Mus. IX. S. 248 ff.

36) Lassalle, op. cit. I.S. 335 ff.

37) Diels, 36, 118. 에 따르면, 프쉬케가 불이라는 점은 분명하다. 그러나 불과 로고스가 동일하다는 점은 이미 앞에서 서술했던 대로이다.

38) Diels, 2.

하는 것은 도덕적이며, 자아 속에 스스로 유폐되거나 특수한 가상적 존재를 고집하는 것은 비도덕적이다. 이런 것들을 로고스가 지배해야 하며, 로고스의 지배는 국가의 통치에까지 미쳐야 한다. "사람의 명령은 하나의 신(神)의 명령에 의해 유지된다"고 한다.[39)]

로고스가 위와 같이 묘사될 수 있는 것이라면, 로고스와 리 사이의 차이점과 공통점은 한 눈에도 명확하다. 앞에서 설명했다시피, 리는 만물의 근저이며, 동시에 "음양오행(陰陽五行)이 서로 섞이면서도 질서를 잃지 않는 까닭은 리 때문이다"라는 말에서 볼 수 있듯이 우주에 질서를 부여하는 원리이다.

> 태극은 리이며, 움직이고 고요한 것은 기(氣)이다. 기가 움직이면 리도 또한 움직인다. 두 가지는 항상 서로 의존하고, 결코 서로 분리될 수 없다. 태극은 사람으로 비유할 수 있고, 움직이고 고요한 것은 말에 비유할 수 있다. 말은 사람을 태우며 사람은 말에 올라탄다. 말이 움직이면 사람도 또한 그에 따라 움직인다. "한 번 움직이고 한 번 고요하다"라고 하지만, 신묘한 태극이 존재하지 않는 곳은 없다. 이것이 이른바 "[태극이란] 올라타는 기틀[所乘之機]이다"라는 말의 뜻이다."[40)]

주자는 여기서 리가 우주에 편재하는 원리임을 보여준다. 그러나 리가 아낙사고라스의 누스처럼 지성과 의식을 갖지 않는다는 점은, "기는 응결하여 만물을 낳을 수 있지만 리는 그에 반해 정의(情意)도 없고 지성도 없으며 조작도 없다"[41)]는 구절이 충분히 얘기하고 있다.

---

39) Diels, 114.

40) 『朱子語類』 卷94, 제50조, "…太極理也, 動靜氣也. 氣行則理亦行. 二者常相依而未嘗相離也. 太極猶人, 動靜猶馬. 馬所以載人, 人所以乘馬. 馬之一出一入, 人亦與之一出一入. 蓋一動一靜, 而太極之妙, 未嘗不在焉. 此所謂所乘之機.…" 銖(67이후).

41) 『朱子語類』 卷1, 제13조, "蓋氣則能凝結造作, 理卻無情意, 無計度, 無造作. 只此氣凝聚處, 理便在其中."

인간의 행위는 리와 일치해야 하므로 리가 인간에게서 규범이 된다는 주자의 주장은 헤라클레이토의 사상과 유사한데, 그런 주자의 생각은 다음 두 구절에서 확인할 수 있다.

> 만물에 이르러 어떻게 말하는가 하면, 만물은 자신이 그렇게 된 원인과 자신이 당연히 그렇게 해야만 하는 규범을 갖고 있다. 이것이야 말로 리에 다름 아니다.[42]
>
> 하늘[天]과 명(命), 본성[性]과 리(理)의 차이점을 말해 보면, 하늘은 그 자연적인 점으로부터, 명은 그것이 운행 속에서 드러나 만물에게 부여된다는 점으로부터, 본성은 만물이 보편적으로 본성을 얻어 존재성을 획득한다는 점으로부터, 리는 만물 각각이 리를 자신의 규범으로 삼는다는 점으로부터 말했던 개념들로서, 전부 통일하여 말한다면 하늘은 곧 리이고, 명은 곧 본성이며, 본성은 곧 리라고 말할 수 있다.[43]

이 외에도 더욱 일반적으로 말한다면 이른바 '외물에 다가가 리를 궁구하는 것'[格物窮理]이 도덕실천의 불가결한 조건으로 여겨진다는 점[44]으로부터, 리가 보편적 규범이 된다는 사실을 확인할 수 있다. 또한 도덕적 행위는 궁극적으로 천지의 창조와 생육[化育]에 참여하는 것을 뜻한다고 말하는 『중용』[45]과 『역』(易)[46]의 사상적 전통은, 영원한 생성에 몰입함을 선(善)으로 여기는 헤라클레이토스의 사상과 일맥상통한다. 이에 반해 비도덕 행위

---

42) 『大學或問』, "至於天下之物, 則必各有所以然之故, 與其所當然之則. 所謂理也."

43) 『朱子語類』 卷5, 제1조, "問, 天與命, 性與理, 四者之別, 天則就其自然者言之, 命則就其流行而賦於物者言之, 性則就其全體而萬物所得以爲生者言之, 理則就其事事物物各有其則者言之, 到得合而言之, 則天卽理也, 命卽性也, 性卽理也, 是如此否. 曰, 然. 但如今人說, 天非蒼蒼之謂. 據某看來, 亦捨不得這箇蒼蒼底." 賀孫(62이후).

44) 예컨대 『大學章句』를 보라.

45) "喜怒哀樂之未發, 謂之中, 發而皆中節, 謂之和, 中也者天下之大本也, 和也者天下之達道也, 致中和, 天地位焉, 萬物育焉."

46) "一陰一陽 之謂道, 繼之者善也, 成之者性也."

란 자기 안에만 갇혀서 자신의 견해만을 선하다고 여기며 그에 의존하는 것이라고 여기는 헤라클레이토스의 사상은, "사적인 것[私]를 끼워 넣지 않는다면 그것이 공적인 것[公]이다. 공적인 것은 어짊[仁]이다"[47], "공적인 것 그 자체를 어짊이라고 말할 수 없고, 공적이면서도 사적이지 않아야지 곧 어짊이다"[48]라는 두 조목에 나타나는 주자의 사상과 유사하다.

그렇지만 이 두 조목을 비교해 볼 때, 어째서 주자가 두 번째 조목처럼 말했는지 우리는 당혹감을 느끼지 않을 수 없다. 왜냐하면 주자는 다른 곳에서 "공적인 것은 극기(克己)의 노력이 궁극의 경지까지 도달한 경우이다"[49]라고 논했기 때문이다. 생각해 보면, 첫 번째 조목에서 어짊과 동일시된 공적인 것이 바로 이런 뜻임에 반해, 두 번째 조목의 공적인 것은 그런 엄밀함을 갖지 못한다고 주자는 생각했던 것 같다. 곧, 두 번째 조목의 공적인 것은 분명 이기심과 사욕으로부터 떨어져 있으며 그런 한에서 공적인 것이기는 하지만, 그것은 더욱 근원적이라 할 수 있는 자의식을 탈각하지 못한 태도를 가리켰던 것이 아닐까? 이렇게 해석한다면 악(惡)은 단지 이기심과 사욕만이 아니라, 한층 근원적인 '자아 속에 갇혀 있음'으로 이해되었음이 분명하다.

뒤에 서술할 사단설(四端說)에 대한 주자의 이론으로부터 알 수 있듯이, 예(禮) 또는 사양하는 마음[辭讓之心]이 선한 행위의 필연적 계기 중 하나로 인정되었던 것도 같은 사상에 뿌리를 둔다. 왜냐하면, "예라는 것은 천리(天理)가 드러난 형식이며, 인간사[人事]의 준칙이다. 조화[和]란 급박하지 않으며 여유가 있음을 뜻한다. 생각건대, 예의 실체는 비록 엄격함이지만 자연의 리가 그 뿌리이기 때문에, 예가 드러나는 모습은 필시 급박하지 않고 여유 있는 모습일 터이다. 바로 그렇기 때문에 '조화가 중요하다'고 말하는 것

47) 『朱子語類』 卷6, "無私以間之則公. 公則仁."

48) 上同, "公不可謂之仁, 但公而無私, 便是仁."

49) 上同, "公是克己工夫極至處."

이다"[50]라는 말에서 상상할 수 있듯이, 예는 모나지 않은 부드러운 태도여야 한다. 그런데 모가 났다는 것은 단순한 이기심이나 사욕이 아니라 한층 근원적인 것에 그 뿌리를 내리고 있어야 한다. 이렇게 본다면 악이 어떤 것으로 생각되었는지 저절로 분명할 것이다.

5. 리와 로고스의 차이점

이와 같은 수많은 유사점에도 불구하고 리와 로고스는 결코 동일한 개념일 수 없다는 것 또한 부정할 수 없는 사실이다. 가장 큰 차이점은, 로고스가 물질과 정신 두 가지 면을 동시에 가짐에 반해, 리는 어떤 의미에서도 물질성을 거부한다는 사실에 있다. 이 점은 앞에서 언급했던 구절을 보면 명백하기 때문에 다시 반복하지는 않겠고, 다만 여기서는 리가 우주에 질서를 부여하는 원리이면서도 더 나아가 "기는 응결하여 만물을 낳을 수 있지만 리는 그에 반해 정의(情意)도 없고 지성도 없으며 만물을 낳을 수도 없다. 다만 기가 응결하건 안 하건 리는 그 가운데 존재한다. … 리 같은 것은 정결(淨潔)하고 공활(空濶)한 존재이며 형체를 갖지 않는다. 리는 만물을 낳을 수 없다."[51]라고 말하듯이 리(理)로부터 힘의 관념을 완전히 부정하고 제거해 버렸던 것에만 주목하고자 한다.

이렇듯 리가 모든 의미에서 물질성이 결여된 원리로서 기와 대립한다는 점과 더불어, 이른바 '명'(命)을 주자가 두 가지로 생각했다는 사실 역시 리

50) 『論語集注』, 「學而」, "禮者, 天理之節文, 人事之儀則也. 和者, 從容不迫之意. 蓋禮之爲體雖嚴, 而皆出於自然之理, 故其爲用, 必從容而不迫, 乃爲可貴."

51) 『朱子語類』 卷1, 제13조, "蓋氣則能凝結造作, 理卻無情意, 無計度, 無造作. 只此氣凝聚處, 理便在其中. … 若理, 則只是箇淨潔空闊底世界, 無形跡. 他卻不會造作. 氣則能醞釀凝聚生物也. 但有此氣, 則理便在其中."

가 로고스와 다르다는 한 징표가 된다. 곧, 주자는 "똑같은 명(命)이라는 글자이지만, '하늘이 명령한 것을 본성이라고 한다'(天命之謂性)의 '명'자는 만물에 부여되는 리(理)를 뜻하며, '본성에는 명이 있다'(性也, 有命焉)의 '명'자는 형성된 만물들 사이에 다과후박(多寡厚薄)의 차이가 있음을 뜻한다."[52] 고 말한다. 그리고 이른바 운명이라는 것은 후자일지언정 전자일 수는 없다고 한다. 따라서 리를 헤라클레이토스의 '운명' 계통을 잇는 스토아적 '운명'(fatum)과 동일시하는 것[53]은 오류임이 분명하다. '프쉬케와 로고스의 관계'가 '마음[心]과 리의 관계'와 다른 것도 일원론과 이원론의 차이점에 바탕을 둔다. "마음은 본성과 감정을 통괄한다"는 유명한 이론[54]은 이러한 이원론의 반영이다. 이상과 같은 여러 가지 차이점은 리와 로고스가 어떠한 혈연적 유사성도 갖지 않는다는 결론을 이끌어 내는 듯하다.

하지만 헤라클레이토스의 로고스가 로고스의 유일한 형태가 아니라는 것은 두 말할 나위도 없다. 헤라클레이토스 이후 로고스의 사상이 여러 차례 변화를 겪었던 것은 역사적 사실이 잘 보여준다. 따라서 에이도스의 경우와 마찬가지로 로고스의 경우에도, 리와 로고스의 차이점이 과연 본질적인 면과 관련되어 있는가 하는 것을 곱씹어 봐야 한다.

우리는 바로 위에서 헤라클레이토스의 로고스와 주자의 리가 물질성이라는 측면에서 뿌리부터 다름을 보았다. 그런데 그런 결론이 로고스 일반에 대해서도 타당할까? 그렇게 생각할 수 없다. 왜냐하면 헤라클레이토스 및 스토아와 나란히, 그리스에서 로고스 사상의 역사에 한 획을 그었다고 평가

52) 『朱子語類』 권4, 제90조, "命之一字, 如天命謂性之命, 是言所稟之理也, 性也有命焉之命, 是言所以稟之分有多寡厚薄之不同也."

53) Le Gall, op. cit. p.29. 스토아의 "운명은 바라는 자를 인도하고, 바라지 않는 자를 이끌고 간다"(Ioannes ab Arnim, Stoicorum veterum fragmenta, I, 527.)라는 말이 보여주다시피, 운명은 힘이다.

54) 두 말할 나위 없이 이 이론은 원래 장재의 것이다. 그러나 주자가 장재로부터 이 이론을 이어받았음이 분명하다. 본성과 감정의 관계에 대해서는 뒤에 서술한다. 그에 따라 우리는 로고스와 프쉬케, 본성과 마음이 어떻게 서로 다른 방식으로 맺어져 있는지를 알 수 있을 것이다.

되는 필론이 로고스를 유물론으로부터 벗어나게끔 하려고 노력했다[55]는 것은 유명한 사실이기 때문이다. 또한, 리가 이성적 힘이 아니라는 점에 대해 말하자면, 그런 점 역시 마찬가지로 리와 로고스의 혈연관계를 부정할 이유가 될 수 없다. 왜냐하면, 예컨대 레우키포스는 로고스는 이성적 법칙도 이성적 힘도 아니며, 단지 그것만으로는 어떤 것도 생겨나게 하지 않는 '이유'(理由)일 뿐으로서 우연성과 대립하는 것에 지나지 않는다고[56] 말했기 때문이다.

하지만 로고스는 원래 '말하다'는 동사와 결부되어 있다는 점에 그 특징이 있으므로, 로고스를 갖는다는 것은 원래 '말해질 수 있다'(ausdruckbar)는 것을 뜻했다고 한다. 이 점은 로고스의 어원이 '말하다'를 뜻하는 레게인(λέγειν)이며, 또 로고스를 '말'의 뜻으로 사용했던 것이 극히 일상적인 용법이었다[57]는 사실로부터 쉽게 추측할 수 있다. 게다가 통일적으로 생각된 로고스가 '말'(oratio)과 '이성'(ratio)의 두 면을 갖는다는 것은 이미 그리스 철학자 자신들도 자각했던 점이다.

아리스토텔레스가 그것을 자각한 최초의 인물이었다. 곧, "밖에 있는 로고스"와 "마음 안에 있는 로고스"를 구별하고[58] 전자를 한층 명확하게 "목소리에 따라 생겨나는 로고스"라고 불렀다.[59] 이 구별을 더욱 자주 그리고 더욱 분명히 문제 삼았던 것은 스토아학파이다. 이들에 따르면 보편적 로고스의 일부분으로서 사람 안에 있는 것이 "안에 갖춰진 로고스"이며 그것이 말

55) 힘과 그 밖 중간적 존재를 '비물질적'이라는 술어로써 표현하며, 또한 적어도 이데아(이는 그에게는 로고스와 똑같다)에 대해서 '비질료적'이라고 누차 말했다.(Leg. alleg. III, I. 81.)

56) "어떤 사물도 우연하게 생겨하지 않는다. 모든 것은 로고스로부터 그리고 필연성에 의해 생겨난다."(Diels, Fragm. 2)

57) 로고스를 최초로 철학적으로 사용했던 헤라클레이토스는 로고스를 세 가지 뜻으로 사용했다. 곧, 말, 비례, 이성이다.

58) Categ. 6. 4, b, 34.

59) Analyt. post. I, 10. 76, b, 24.

에 의해 밖으로 드러난 것이 "밖으로 발한 로고스"이다.[60] 후자는 곧바로 '말'의 뜻으로 쓰일 수 있고 그 경우 '이성'이라는 뜻은 좀 뒤로 물러난다. 원래 프로페레스타이(προφέρεσθαι, 발한다)는 음성과 관련된 것으로, 이 점에서 '음성 이면에 있는 정신적 내용이 말이 되었다'는 의미의 레게인(말하다)과 구별된다.[61] 그러나 밖으로 발한 로고스가 비이성적인 말이나 무의미한 말이 아닌 것은 물론이다. 예컨대, 밖으로 발한 로고스가 "지성으로부터 밖으로 발한 의미 있는 음성"[62]이라는 규정을 받았다는 사실은 그 점을 잘 보여준다. 그 뿐만 아니라 단순한 "음성"라는 단어조차 "이성의 빛"이라는 어원, 바꾸어 말하면 "이성 속에서 빛나는 것"이라는 어원을 갖는다고 설명되며[63] 더욱이 이성은 음성이 생겨난 곳, 곧 가슴 위쪽에 자리 잡는다[64]고 할 만큼 이성과 음성의 관계는 밀접하게 여겨졌다. 그래서 "지성은 상상력으로부터 받은 내용을 로고스에 의해 밖으로 발한다"[65]고도 말한다. 이렇게 본다면 로고스가 어찌해서 '말한다'는 것과 분리될 수 없는지가 분명하다.

6. '의미'인 리

이에 반해 리에 대해 말하자면, 리를 '말한다'와 결부시키려는 노력은 주자는 물론 다른 학자들의 저작에서도 발견할 수 없다. 단지 그뿐만 아니라 주자의 리의 뜻이 '말해질 수 있다'는 것으로부터 파생되었다고 생각하기 힘

60) Porphyr. De abstin. III, 2.
61) Diog. VII. 57.
62) Diog. III. (Arnim, III, Diog., 20.)
63) Theodos, 16.
64) Galen. Dogm. Plat. et Hippocr. II, 5. B. V, 241 ff. ed. Kühn.
65) Diog. VII. 49. (Arnim, II, 52.)

들다. 그렇다면 리의 근원적 의미는 무엇일까? 그것은 한 마디로 '사유될 수 있는 것'이라고 생각한다.

이런 점은 "사람은 태어날 때 기를 품부하는데 이치상 선과 악이 있다"(人生氣稟, 理有善惡)라는 정자(程子)의 말에 관한 주자의 논의에서 가장 뚜렷이 보인다.

> "사람은 태어날 때 기를 품부하는데 이치상[理] 선과 악이 있다"에서 '리'자는 실재하는 리를 의미하는 것이 아니다. 그것은 '이치로서 당연히 그러해야 할 터'라고 말하는 것과 같다.[66)]
>
> "사람은 태어날 때 기를 품부하는데 이치상 선과 악이 있다"의 '리'는 '합'(合, 마땅히)자로 바꿔보아도 된다.[67)]

요컨대 이 두 구절은 리의 뜻을 "생각될 수 있는 것"의 근거 또는 "의미"에서 구하고 있다. 그런데 이런 용법은 주자 스스로도 여러 번 사용하고 있다. 아래의 세 구절이 그 예이다.

> 어짊[仁]에 대해 '~에 이르다'는 서술어를 붙일 수 없다. 왜냐하면 어짊이란 의리(義理)에 관한 말이지 위치에 관한 말이 아니기 때문이다. 위치라면 '~에 이르다'고 말할 수 있겠지만, '효제(孝弟)는 여기 있고 어짊은 저기에 있으므로, 효제에서 시작하여 어짊에 이른다'는 그럴 리(理)는 없다.[68)]
>
> '이'(而)자는 원래 분명하다. 아래에서 말하는 "움직여서[動而] 양을 낳고[生陽] 고요하여[靜而] 음을 낳는다[生陰]"의 '낳는다'는 곧 '태극으로부터 유래한다'는 것이

---

66) 『朱子語類』 卷95, "人生氣稟, 理有善惡, 此理字, 不是說實理, 猶云理當如此."

67) 上同, "人生氣稟, 理有善惡, 理只作合字看."

68) 『朱子語類』 卷20, 제128조, "仁不可言至. 仁者, 義理之言, 不是地位之言. 地位則可以言至, 又不是孝弟在這裏, 仁在那裏, 便由孝弟以至仁, 無此理."

다. 그래서 '이'자를 썼던 것이니 그럴 만한 리(理)가 있을 뿐이다.[69)]

이른바 리와 기는 필시 두 가지이다. 그러나 사물[物]의 측면에서 본다면 두 가지는 서로 섞여 있기 때문에 그 두 가지를 쪼개어 각각 다른 곳에 둘 수가 없다. 그러나 그것이, 그 두 가지가 각각 하나의 독립적 존재라는 사실과 모순되지는 않는다. 이에 반해 만약 리의 측면에서 본다면 아직 사물이 없을 때에도 이미 리는 존재한다. 그러나 그 리라는 것이 있는 것에 불과할 뿐 실제로 어떤 것[物]이 있는 것은 아니다.[70)]

이와 같은 용법은 이들 세 조목에만 그치지 않을 것이다. 과연 그러하다면 리는 "생각될 수 있는" 것으로부터 가장 근원적 의미를 획득했다는 사실이 분명히 드러날 것이다. '생각되는 것'이 그 객관적 타당성을 요구한다는 점은 원래 그 본질에 속한다. 그런데 이런 객관적 타당성을 보증하는 것은 다름 아닌 그 자신의 존재적 객관성이어야만 한다. 이러한 객관성의 근거로서 보통 상정되는 것이 곧 리이며, 우주론적 원리 같은 의미는 결국 그런 객관적 근거로서의 리로부터 연역되어 나왔을 것이다. 곧, 리의 객관성이 점차 강조된 결과 논리적인 것으로부터 우주론적인 것까지 발전했던 것이라고 나는 생각한다. 그러나 우주론적 의미의 리에서도 논리적 의미의 리가 사라지지 않았다는 것은 당연하다. 리는 있음[有]의 범주로 파악될 수 없는 것으로 여겨진다는 점, 자세히 말하면 리에 대해 힘의 관념을 철저히 부정한다는 점과, 리가 만물의 존재에 내재하면서도 직접 파악될 수 없으며 단지 그것이 존재한다는 것만을 추측할 수 있을 뿐이라는 점을 보면 그런 사실을 알 수 있다.

---

69) 『朱子語類』 卷94, "而字自分明. 下云, 動而生陽, 靜而生陰, 說一生字, 便是見其自太極來. 今曰而, 則只是一理."

70) 『文集』 卷46, 「答劉叔文書」, "所謂理與氣, 此決是二物. 但在物上看, 則二物渾淪, 不可分開, 各在一處. 然不害二物之各爲一物也. 若在理上看, 則雖未有物, 而已有物之理. 然亦但有其理而已, 未嘗實有是物也."

리가 한편으로는 존재의 최고원리로서, 사실적 존재 일반을 뜻하는 기보다 고차적 존재로 여겨지면서도, 다른 한편으로는 기와 결합해야만 진정한 존재성을 획득한다고 여겨지는 주자의 말은, 우주론적 원리인 리의 근본 성질이 사실은 '의미'에 있다는 것을 잘 보여준다. 얼핏 보기에 주자의 이런 말은 이해하기 어려운 자기모순을 품고 있는 것처럼 보이기도 한다. [왜냐하면 존재의 최고원리인 리는 그 자체로 실재적일 터인데, 그런 리가 자기보다 덜 실재적인 기와 결합해야 비로소 진정한 존재성을 획득한다는 말은 모순을 내포하는 것처럼 보이기 때문이다.]역자 협주 그러나 만약 리가 의미로서 '있는 것'이라는 점을 염두에 둔다면, 모순인 것처럼 보이는 주자의 말은 오히려 당연하게 받아들여질 수 있을 것이다. 왜냐하면 의미로서 '있는 것'은 의미상으로는 사실적 존재에 선행하지만, 존재상으로는 사실적 존재를 전제해야만 하기 때문이다. 바꿔 말하면 주자의 존재론은 '의미'에 중점이 놓일 때 리(理)일원론이 되고, '존재'에 중점이 놓일 때 이기이원론(理氣二元論)이 되는데, 이는 바로 리의 성질을 되비추어 주는 것이다. 앞에서 들었던 세 구절 중 마지막 구절을 다시 한 번 인용해 보자.

> 이른바 리와 기는 필시 두 가지이다. 그러나 사물[物]의 측면에서 본다면 두 가지는 서로 섞여 있기 때문에 그 두 가지를 쪼개어 각각 다른 곳에 둘 수가 없다. 그러나 그것이, 그 두 가지가 각각 하나의 독립적 존재라는 사실과 모순되지는 않는다. 이에 반해 만약 리의 측면에서 본다면 아직 물적 존재가 없을 때에도 이미 리는 존재한다. 그러나 리적 존재가 있는 것에 불과할 뿐 실제로 물적 존재가 있는 것은 아니다.[71]

이 구절은 앞의 우리 해석처럼 풀이되어야 할 것이다. 곧, 위 구절에서 '사

71) 上同.

물'과 '물적 존재'는 '사실적 존재'에, '리의 측면에서' 및 '리적 존재'의 '리'는 '의미'로 바꿔 놓을 수 있다고 생각한다.

7. 의미인 리와 사단설

'의미'로서 리의 성질은 주자의 인간론 특히 사단설(四端說)에서도 나타난다. 그에 따르면 인간의 선한 행위는 네 가지 계기로 구별된다.[72] 측은(惻隱), 수오(羞惡), 사양(辭讓, 혹은 辭遜), 시비(是非)가 그것이다. 측은이란 사람을 사랑하는 것, 수오란 객관적 원칙에 합치하는 것, 사양은 이기심의 완전한 소멸로서 부드러운 태도, 시비란 선악의 변별을 뜻한다. 그 네 가지는 감정[情]이라는 이름으로 불리지만, 육체의 운동을 수반하지 않는 '감정'을 뜻하는 것이 아니라, 행위에 수반하는 정신적 활동 중 감정에 방점이 찍혀 있는 것으로 이해되어야 한다.

또한, 얼핏 보면 그 네 가지는 서로 독립적인 감정적 행위로 여겨질 수 있지만, 실은 오직 하나의 선한 행위로부터 비롯한 네 가지 계기일 뿐이다. 다시 말해서, 측은, 수오, 사양, 시비는 하나의 선한 행위 중 어떤 특성이 두드러져서 형성된 감정적 행위들이다. 이런 점은, "한 쪽 측면에서 말한[偏言] 어짊[仁]과 모든 측면에서 말한[專言] 어짊"이라는 정자(程子)의 말에 대한 주자의 이론 속에서 잘 살펴볼 수 있다. "어짊은 인의예지(仁義禮智) 네 가지를 포함한다고 말하는데, 그렇다면 어짊의 단서인 측은이 어떻게 시비·수오·사손(辭遜)을 관통하여 나타날 수 있습니까?"라는 질문에 대해 주자는 이렇게 답한다. "행동하여 사물에 접할 때는 어떤 경우에서도 측은히 여기는 마음이 먼저 따라 나온다. 그러나 그 사이 저절로 수오가 강하게 드러

---

72) 이하의 서술은 주로 『맹자집주』에 따른다.

나든가 시비가 강하게 드러나든가 하는 차이가 있다. 따라서 측은은 네 가지 단서를 관통해서 나타나는 것이다. 그것은 흡사 봄에는 만물이 발생하고 여름에는 그것이 생장하며 그리고 가을 · 겨울에 이르기까지 각각 차이는 있지만, 모두 하나의 기일 뿐인 것으로, 봄의 생명력이 그 모든 것을 관통하고 있는 것과 같다".[73)]

맹자는 이들 네 가지 감정이 인의예지(仁義禮智)의 단서라고 말한다. 그리고 "단(端)이란 서(緖)이다. 감정의 발현에 의해 본연의 본성이 어떤 것인지 알 수 있다. 그것은 어떤 것[物]이 속에 있고 그 싹이 밖으로 드러난 것과 같다"[74)]고 한다. 맹자의 "단"(端)에 대해서는 예전부터 해석이 일치하지 않았다. 예컨대 조기(趙岐, ?-201) 같은 이는 그것을 '수'(首, 끄트머리)로 해석하고 손석(孫奭)을 사칭했던 사람[僞孫奭]의 소(疏)는 그것을 '본'(本, 시작, 그루터기)이라고 해석한다. 이들에 따르면, 측은이란 아주 미약한 어진 행위이며 그런 행위를 발전시키고 길러낸다면 마침내 어짊에 도달할 수 있다.

이에 대한 주자의 풀이는, 정이천(程伊川)의 "효제는 어짊의 근본이다"(孝弟爲仁之本)에 대한 그의 해석으로부터 파악할 수 있다.

> 어짊은 '~이른다'는 표현으로 말할 수 없다. 어짊이라는 것은 의리(義理)에 관한 명칭이지 경지에 관한 명칭이 아니다. 경지라면 '~에 이른다'고 말할 수 있겠지만, '효제(孝弟)는 여기에 있고 어짊은 저기에 있으므로 효제로부터 어짊에 이른다'는 식의 이치는 없다. 그러나 '어찌해야 어진 행위를 할 것인가? 반드시 성스러워야[聖] 한다'는 경우에서 '성스러움'은 경지에 관한 명칭이라 할 수 있다.[75)]

---

73) 『朱子語類』 卷95, 제14조, "問, 仁包四者. 然惻隱之端, 如何貫得是非 · 羞惡 · 辭遜之類. 曰, 惻隱只是動處. 接事物時, 皆是此心先擁出來, 其間卻自有羞惡 · 是非之別. 所以惻隱又貫四端. 如春和則發生, 夏則長茂, 以至秋冬, 皆是一氣, 只是這箇生意."

74) 『孟子集注』. 「公孫丑上」, "端緖也. 因其情之發, 而性之本然, 可得而見. 猶有物在中, 而緖見於外也."

75) 『朱子語類』 卷12, "仁不可言至. 仁者義理之言, 不是地位之言. 地位則可以言至, 又不是孝弟在這裏, 仁在那裏, 便由孝弟以至仁, 無此理. 如所謂何事於仁, 必也聖乎, 聖却是地位之言."

주자에 따르면, 측은을 발전·조장시켜서 마침내 어짊에 이를 수 있다는 식으로 해석하면 안 된다. 그러므로 주자의 관점에서, 단(端)을 '수'(首)와 '본'(本)으로 풀이하는 해석은 반드시 척결되어야 할 것들이었다. 다음으로 채계통(蔡季通)은 단(端)을 '미'(尾, 꼬리)로 풀이하는데, 주자는 이 해석에 대해 이렇게 평가한다.

> 본체와 작용[體用]의 관점에서 말한다면 본체가 있고 난 다음에 작용이 있기 때문에, 단(端)은 미(尾)라고 말할 수도 있을 것이다. 만약 처음과 끝[始終]의 관점에서 말한다면 네 가지 단서는 본성이 처음으로 나타나는 곳이기 때문에 단서(端緒)라는 말로 표현되었다고도 할 수 있다. 이 두 설명은 각각 가리키는 바가 있으니 서로 충돌하는 것은 아니다.[76]

요컨대 네 가지 감정의 근저에는 네 가지 본성이 있다는 것이다. 우리는 네 가지 본성을 직접 파악할 수 없지만 네 가지 감정을 실마리로 삼아 그 존재를 확인할 수는 있다. 왜냐하면 본성과 감정은 본체와 작용, 시작과 끝의 관계를 맺기 때문이라고 한다.

하지만 여기서 "본체와 작용", "시작과 끝"이라는 말이 엄밀한 의미로 이해되었던 것은 아닐 것이다. 만약 그것들을 엄밀한 의미로 풀이한다면, "본체와 작용"은 실체(實體)와 현상·작용, "시작과 끝"은 존재의 시간적 경과를 뜻하여, 본성과 감정이 동일한 원리의 두 가지 양상으로 여겨지지 않을 수 없기 때문이다. 그런데 주희는 본성과 감정을 동일한 원리의 두 가지 양상으로서 바라보지 않았다.

---

76) 『朱子語類』 卷53, 제42조, "問, 四端之端, 集解以爲端緒. 向見季通說端乃尾, 如何. 曰, 以體用言之, 有體而後有用, 故端亦可謂之尾. 若以始終言之, 則四端是始發處, 故亦可以端緒言之. 二說各有所指, 自不相礙也." 廣(65이후).

사람들의 본성은 같지만 부여된 기에 치우침이 없을 수 없다. 나무의 기[木氣]를 많이 가진 이는 측은의 마음이 항상 많기 때문에 수오 · 사손 · 시비의 마음은 막혀서 드러나지 않는다. 쇠의 기[金氣]를 많이 가진 이는 수오의 마음이 항상 많기 때문에 측은 · 사손 · 시비의 마음은 막혀서 드러나지 않는다. 물과 불도 역시 마찬가지이다. 오직 음양이 조화롭게 작용하고 다섯 가지 본성이 완전히 발현되어야 중정(中正)하여 성인이 될 수 있다.[77]

감정이 결국 기의 작용으로 여겨졌다는 것을 위 구절에서 확인할 수 있다. [이렇게 감정이 기와 동일한 것으로 여겨지는 반면, 본성은 리와 동일한 것으로 여겨지기 때문에, 감정과 본성은 동일한 원리의 두 가지 양상이 아닌 것이다.]역자 협주 그렇지만 이 구절은 단지 오행(五行)의 부조화가 본성의 원만한 발현을 방해한다는 것을 말하는 것에 불과할 뿐, 반드시 감정과 기의 동일성을 말한 것은 아니지 않냐고 논박할 수도 있겠다. 그러나 "무릇 인간이 말하고 행동하며 사려하고 행위할 수 있는 까닭은 모두 기의 힘 때문이지만 거기에 리도 있다"[78]라는 말을 본다면 그런 의문은 저절로 풀릴 것이다. [왜냐하면 이 말에 따르면 측은, 수오, 사손, 시비의 감정적 행위도 기의 힘에 의한 것 되기 때문이다.] 따라서, 측은(惻隱)은 나무의 기의 작용, 수오(羞惡)는 쇠의 기의 작용이라는 방식으로 짝 지어져서 생각되었던 것이 분명하다. 이상의 내용을 종합하면, 주자에게서 "본체와 작용", "시작과 끝"이라는 말이 엄밀한 의미로 사용되지 않았음을 알 수 있다.

그렇다면 "본체와 작용", "시작과 끝"은 어떤 뜻을 지닐까? 이 의문에 답하려면 '신'(信)에 관한 주자의 이론을 음미하는 것이 편리할 것이다. 주자에 따르면 신은 토행(土行)에 대응하는 리이며 그 단서는 충신(忠信)이다. 충신

77) 『朱子語類』 卷4, 제73조, "人性雖同, 稟氣不能無偏重. 有得木氣重者, 則惻隱之心常多, 而羞惡辭遜是非之心爲其所塞而不發. 有得金氣重者, 則羞惡之心常多, 而惻隱辭遜是非之心, 爲其所塞而不發. 水火亦然. 唯陰陽合德, 五性全備, 然後中正而爲聖人也." 閎祖(59이후).

78) 『朱子語類』 卷4, "凡人之能言語動作, 思慮營爲, 皆氣也, 而理存焉."

이란 선한 행위에 수반하는 성실함이기 때문에 신의 필연적 계기로 인정하지 않을 수 없다고 주자는 말한다. 그런데 주자는 어떤 경우에는 본성에 인의예지신(仁義禮智信)의 다섯 가지가 있다고 말하고,[79] 다른 경우에는 신을 제외하고 네 가지 본성만을 얘기한다.[80] 이렇게 달리 말했던 것은 어떤 이유 때문일까? 물론 역사적으로 보면 사단설(四端說)에는 네 가지 범주가 있는 반면 오행설(五行說)에는 다섯 가지 범주가 있어, 그 두 가지 범주의 숫자가 차이 난다는 데에 근본적 원인이 있지만, 주자는 단지 그렇게 설명하는 것으로 그치지 않는다.

> 네 가지 단서와 맺는 관계의 측면에서 볼 때 신(信)은 오행(五行)의 토(土)와 비슷하여, 특정한 장소도 정해진 명칭도 그리고 특정한 기도 갖지 않는다. 그런데 수, 화, 목, 금은 토가 없으면 생겨날 수 없는 것들이기 때문에, 토는 수, 화, 목, 금 속에 반드시 있고 사계절에서는 왕(王)의 자리에 있다. 신(信)의 이치도 그것과 마찬가지이다.[81]

이런 논리에 따르면, 네 가지 감정이 바로 네 가지 감정일 수 있는 까닭은 충신(忠信) 때문이다. 다시 말하면, 네 가지 단서를 말한다면 충신(忠信)은 그 가운데 원래부터 포함되어 있다고 해야 한다. 이렇듯 네 가지 감정이 바로 그것'이다'라는 것을 사실로 만들어 주는 것은 충신이라는 계기이다. 거꾸로 말하면 충신은 혼자서만 독립하여 존재할 수 없으며, 바로 그 점에 유의해서 보면 충신은 계사(繫辭, copula)의 성격을 지닌다고 할 수 있다. 그리고 충신의 감정에 대응하는 신(信)의 본성은 '참으로 있게끔 하는 것'으로 규정된

---

79) 예컨대『論語或問』이 그러하다.

80) 예컨대『大學或問』이 그러하다.

81)『孟子集注』,「公孫丑上」, "四端之信, 猶五行之土, 無定位, 無成名, 無專氣. 而水火木金無不待是以生者, 故土於四行無不在, 於四時則寄王焉. 其理亦猶是."

다.[82] 신이 '참으로 있는 리'[實有之理]로 규정되는 것[83]도 바로 그 때문이다.

어짊 그 자체가 리(理)로서 여겨지는 것도 유사한 사유방식에 따른다. '측은이다'는 '측은이다'와 동시에 '측은이다'의 구조로 이해될 수 있다. 이런 구조의 근저에서 그것을 성립시키는 근거를 생각해 보면, '측은이다'의 근거는 신(信)이며 '측은이다'의 근거는 어짊이 된다. [따라서 어짊은 측은의 근거라는 점에서 리로 간주된다.]역자 협주 다만, 신(信)이 계사(繫辭; '~이다')와 관계된 것이라면 네 가지 본성은 술어(측은, 수오, 사양, 시비)와 관계된 것이다. 신(信)과 충신(忠信), 그리고 어짊과 측은의 관계를 이렇게 고찰해 본다면, 본성과 감정, 혹은 리와 기 사이의 관계는 자명하다. 그것은 동일한 존재의 양상적 변화가 아니라, 근거와 사실, 의미와 존재 사이의 관계여야만 한다.

이렇게 봤을 때 로고스와 리는 본질적으로 다르다. 이런 우리의 결론에 대해, "생각될 수 있는" 것과 "말해질 수 있는" 것은 궁극적으로 하나라고 논박할 수도 있을 것이다. 그러나 "말해질 수 있는 것"은 곧 "표현될 수 있는" 것이기 때문에 그런 한에서 그것은 표상성과 결부된다. 그리스인들의 사유가 한편으로는 로고스 개념을, 다른 한편에서는 에이도스 개념을 존재의 최고원리 개념으로 만들어냈던 이유가 바로 여기에 있다. 이에 반하여 "생각될 수 있는" 것은 반드시 표상성을 함축하는 것은 아니다. 적어도 리의 경우는 그렇다고 필자는 생각한다. 그런 한에서 로고스와 리는 같은 혈연으로 맺어져 있다고 인정하기 어렵다.

---

82) 『朱子語類』 卷6, "或問, 仁義禮智, 性之四德, 又添信字, 謂之五性, 如何. 曰, 信是誠實此四者, 實有是仁, 實有是義, 禮智皆然."[어떤 이가 물었다. "인의예지는 본성의 네 가지 덕인데 또 다시 신(信)자를 덧붙여서 '다섯 가지 본성이다'라고 말하는 것은 어째서입니까?" 대답했다. "신은 이 네 가지를 성실하게 하는 것으로, 실제로 인(仁)이 있고 실제로 의(義)가 있다는 것이며 예(禮)와 지(智)도 모두 그러하다." 萬人傑의 기록]

83) "誠者, 實有之理." 한편으로 "誠是箇自然之實, 信是箇人所爲之實."이라고도 말하지만, 리로서의 신(信)은 성(誠)과 같지 않을 수 없다.

8. 주관적 의미인 리가 객관성을 띠게 된 이유: 도덕 실천상의 요구

이와 같이 주자의 리는 결국 '의미'였다. 본디 그것은 단지 관념적인 것이 아니라 객관적 존재였다. 리는 객관적 존재이기 때문에 존재론의 최고 원리로 여겨진다. 그러나 의미로서의 리가 객관적 존재로 여겨졌던 것은 어떤 이유에서일까? 존재론이 '존재'론이라는 점으로부터 본다면, '의미'라는 존재는 설령 무용하지는 않을지라도 최고원리가 되기에 부족한 것이 아닐까? 그 이유를 추구해갈 때 우리는 주자 존재론의 도덕적 성격과 만나게 된다.

주자 사유의 출발점이 도덕 실천의 이론이었다는 점은 부정할 수 없는 사실이다. 그런데 도덕 실천 이론이 주자 사유의 출발점이라는 것을 인정하려면 적어도 두 가지 내용을 전제하는 것이 불가피하다. 첫째, 현실에 악(惡)이 있다는 것, 둘째, 그럼에도 불구하고 사람은 선(善)을 이룰 수 있는 존재라는 것이다. 따라서 여기서는 일단 사실·존재의 세계와 이상·의미의 세계가 엄격히 구별되어야 한다. 그리고 이상·의미의 세계는 사실·존재의 세계와 마찬가지로 실재성을 강하게 요구받는다. 아니, 전자는 이상이자 의미라는 바로 그 점 때문에 오히려 한층 강하게 실재성을 요구한다.

이런 문제는 이미 주자 스스로도 느꼈던 것이다. 곧, "선이 본성이라는 것은 물론이다. 그러나 악(惡)도 본성이라고 여기지 않을 수 없다"는 정자(程子)의 말이 맹자의 성선설과 모순되지 않는가 하는 질문에 대해 주자는 아래와 같이 답한다.

> 그런 일은 설명하기 어렵다. 한꺼번에 이해하려고 하면 안 된다. 나도 지난날 처음에 봤을 때는 역시 의문을 품었다. 그러나 반복해서 보니 저절로 분명하게 되어, 지금은 그것이 분명 잘못이 아니라는 점을 알았다. 시간을 들여 꼼꼼히 보는

수밖에 없다.[84]

정자의 말에 의문을 품다가 마침내 그것을 분명히 이해하게 되었다는 주자의 말은, 이상과 의미가 요구하는 강한 실재성을 주자 자신도 느꼈기 때문일 것이다. 또한 사람의 행위는 원래 선한 것이며 다만 어느 한 쪽으로 치우칠 때 악하게 된다는 『중용』의 입장으로부터 정자(程子)의 말을 설명하고 있는 것[85]은, 사실보다 의미가 우월하다는 사상에 기반하고 있는 것이라 할 수 있으며, 결국 사실에 앞서는 '의미의 실재성'에 대한 요구를 표현한 것에 다름 아닐 것이다. 이렇게 의미의 세계가 요구하는 실재성이야말로 리가 우주론적 원리로까지 높여진 계기가 되었다고 나는 생각한다. 더욱이, 리가 우주론적 원리로서 상정되었다는 것은, 리의 실재성으로부터 헤아릴 수 있는 어떤 법칙과 질서, 그리고 신비한 것에 대한 직관도 리에 부여되었다는 것을 암시한다.

그러나 이렇게 설명하려고만 했다면 기(氣)만 있었어도 충분했을 것이다. 왜냐하면 기는 죽어있는 원리가 아니라 생기론(生氣論)적 색채를 띤 원리이기 때문이다.[86] 따라서 우주의 법칙적인 것, 신(神)적인 것을 기의 작용

---

84) 『朱子語類』 권95, 제43조, "善固性也, 然惡亦不可不謂之性也, 疑與孟子牴牾. 曰, 這般所在難說. 卒乍理會未得. 某舊時初看, 亦自疑. 但看來看去, 自是分明. 今定是不錯, 不相誤, 只著工夫子細看."

85) 『朱子語類』 卷4, 제65조, "它原頭處都是善, 因氣偏, 這性便偏了. (然此處亦是性). 如人渾身都是惻隱而無羞惡, 都羞惡而無惻隱, 這箇便是惡德, 這箇喚做性邪不是. 如墨子之心, 本是惻隱, 孟子推其弊, 到得無父處. 這箇便是惡, 亦不可不謂之性也."[그 근원은 모두 선이지만 부여된 기가 치우쳐 있기 때문에 본성도 치우쳐졌다. (그러나 이것도 역시 본성이다.) 예를 들어, 사람이 온 몸에 측은의 감정이 가득 차 있으면서 수오의 감정은 없거나, 온 몸에 수오의 감정이 가득 차 있으면서 측은의 감정이 없는 것은 악덕이지만, 그렇다고 해서 그것을 곧바로 '본성이 사악하다'고 불러서는 안 된다. 예를 들어 묵자의 마음은 본래 측은의 감정이 없는데, 맹자는 그 폐해가 "아버지를 없이 하는"(『孟子·滕文公下』) 지경에까지 이른다고 여겼다. 그것은 "악이지만 역시 본성이라고 말하지 않을 수 없다."(『河南程氏遺書』 권1)]

86) 『朱子語類』 卷1, 제2조, "若無此理, 便亦無天地, 無人無物, 都無該載了. 有理, 便有氣, 流行發育萬物. 曰, 發育是理發育之否. 曰, 有此理, 便有此氣流行發育. 理無形體."["만약 이 리가 없다면 천지도 없고 사람도 없으며 사물도 없어 아무 것도 성립하지 못하게 된다. 리가 있어야 곧 기가 있어, 유행하면서 만물을 발육한다." 물었다. "발육한다는 것은 리가 발육한다는 것입

으로 귀결시키는 것도 불가능하지는 않으며, 사실 장재(張載)의 기설(氣說)은 그런 경향을 띤다.[87] 그렇게 본다면 리가 기로부터 독립된 최고 원리로서 우주론으로까지 격상되었던 것은 주로 그 도덕적 의미 때문이라고 말할 수 있다.

하지만 단지 의미의 세계만으로 실재성을 인정하는 것은, 도덕론의 입장에서 보았을 때 또 다른 측면에서 위험한 편향으로 빠질 수 있다. [왜냐하면 개인의 주관적 의미에 불과한 것을 객관적인 것처럼 왜곡할 가능성이 있기 때문이다.] 그것이 바로 존재의 측면에서 이기이원론(理氣二元論)이 등장하는 이유이다. [곧, 개인이 체득한 도덕적 의미[理]라는 것은 반드시 현실[氣]에서 검증되어야 한다는 생각이 이기이원론에는 내포되어 있다.]역자 협주 일찍이 대진(戴震, 1724~1777)은, 주자가 인간에게 갖춰져 있는 리를 선의 원리로 삼고 기를 악의 원리로 삼았다고 비판하면서, "리가 이미 완전하고 자족적인 것인 이상, 배움을 통해 리를 밝혀야 한다고 말하기 어려웠을 것이다. [왜냐하면 그런 리가 이미 내게 완전하게 갖춰져 있다면 굳이 무엇을 배울 필요가 없기 때문이다.]역자 협주 그래서 [주자는] 리와 기를 나누어 두 가지로 삼고, 형기(形氣)를 악의 원인으로 여기지 않을 수 없었다"[88]라고 논했는데, 저반의 사정을 잘 파악했던 말이라고 할 수 있다.

1939년 9월

니까?" 답한다. "이 리가 있으면 곧 이 기가 있어 유행하고 발육한다. 리에는 형체가 없다.](陳淳의 기록)

87) 장재는 "一陰一陽之謂道"(繫辭傳上)이라는 말에 주를 달아, "한 번 음이고 한 번 양인 것이 도이다."(一陰一陽是道也)라고 말한다(「易說」). 그것은 기 밖에 그 근거가 되는 것을 인정하지 않는 입장이다. 장재도 리라는 단어를 사용하지만 그에게서 리는 독립적 의미를 지니지 못한다. 리를 독립적 의미로 파악했던 이가 바로 정호이며, 그런 입장은 정이를 통하여 주자에 이르기까지 발전해 나갔다. 이런 발전 과정의 연구에 대해서는 다음 기회를 빌고자 한다.

88) 『孟子字義疏證』 卷上, "理旣完全自足, 難于言學以明理, 故不得不分理氣爲二本而咎形氣."

덧붙이는 말

출간에 즈음하여 전체를 통독해 보니 불만족스러운 점이 매우 많다. 가장 큰 불만은 리에 주관적 · 관념적 색채가 뚜렷이 남아 있다는 점이다. 그러나 주자에게서 그것은 분명히 객관적 존재였다. 이렇게 객관적인 것이면서도, 한편으로는 '의미'적 존재로서 주관성을 띤다는 점에 리(理) 개념의 비밀이 있다. 따라서 그것을 철저히 해명하는 것은 존재론 상의 주관 · 객관의 문제로 나아가게 된다. 이 논문에서 내가 그 문제를 잊고 있었던 것은 아니지만 철저하게 논했다고 말하기는 어렵다. 다른 점은 놔두고, 이 점만을 보더라도 이 논문은 매우 불완전하다. 그렇지만 이 문제는 기의 문제를 떠나서는 해결될 수 없다. 왜냐하면 리가 객관성을 띠는 까닭은 그것이 기에 의해 매개되기 때문이다. 이런 면에서 말하자면, 우리는 단지 리를 당면 대상으로 여기는 이 논문보다는 다른 기회를 기약하는 쪽이 적합하다고 생각한다. 남은 문제에 대해 이렇게 한 마디 덧붙이면서 독자제현의 비판을 기다리고자 한다.

1939년 10
『支那學』 제9권 제4호

3장
주자에서 습관의 문제
서설(序說)

1. 주자의 윤리학에서 습관이 차지하는 위치

이 짧은 글로는 도저히 이 주제를 충분히 서술할 수 없다. 우리의 당면 과제는 이 문제가 주자의 전체 체계 속에서 차지하는 위치와 중요성을 지적하는 것에 불과하다. 그것이 '서설'이라고 칭한 까닭이다.

주자의 윤리학(주자의 체계에서 주로 실천에 관계된 부분을 그렇게 부른다면)에서 습관이 갖는 중요한 의미를 먼저 지적해야 겠다. 그 의미를 밝히기 위한 첫 번째 단서는 『논어』 첫 장의 "배워서 때때로 익힌다"[學而時習之]는 구절에 대한 주자의 해석일 것이다. 그리고 이에 대해 먼저 주의하고자 하는 것은 주자가 이 구절이 중요한 뜻을 갖는다고 인정했다는 사실이다. 주자의 『집주』(集注)가 학이편(學而篇) 전체에 대해 주석을 단 내용으로부터 대체로 상상할 수 있을 테지만, "공자가 사람들을 가르쳤던 것도 결국 '배우고 항상 그 내용을 익히라'는 것이니, 만약 항상 익히지 않는다면 그런 사람은 어찌할 도리가 없다. 그것이 바로 공문(孔門)의 제자가 논어를 편집할 때, 그 구절을 첫머리로 두었던 이유이다."[1]라는 『어류』의 구절은 그 사실을 가

1) 『朱子語類』 卷20, 제5조, "雖孔子教人, 也只是學而時習之. 若不去時習, 則人都不奈你何. 只

장 분명히 보여준다.

그렇다면 "學而時習之"란 어떠한 것일까? "시"(時)자는 잠시 제쳐 둔다면, 그 구절의 뜻은 모방한 것을 반복하여 습관화한다는 것에 다름 아니다. "학습"(學習) 두 글자에 대해서 『집주』는 다음과 같이 간결하면서도 함축적인 설명을 한다.

> "학"(學)이라는 말의 어원은 '모방'이다. 사람의 본성은 모두 선하지만 깨달음에는 선후가 있다. 나중에 깨닫는 사람은 먼저 깨달은 사람들을 모방해야지 비로소 선을 분명히 하여 처음으로 되돌아갈 수 있다. "습"(習)이란 새가 파닥거리며 날아가는 것이다. 끊이지 않고 배우는 것을 새가 파닥거리며 날아가는 모양으로 비유한 것이다.(學之爲言效也. 人性皆善, 而覺有先後. 後覺者必效先覺之所爲, 乃可以明善而復其初也. 習, 鳥數飛也. 學之不已, 如鳥數飛也.)

여기서는 위 설명 하나하나를 주석하는 번거로움을 피하려 하고 또한 지금 당장 그렇게 주석할 필요도 없다고 생각한다. 어쨌든 학습이 어떤 모방된 것을 반복한다는 뜻이라는 점만은 의문의 여지가 없다. 다음, 이 구절을 논한 『어류』의 한 조목은, "오랫동안 배워야지 마음과 리는 하나가 되어, 자유자재로 운동하고 반응해도 반드시 법도에 들어맞게 된다"[2]라고 풀이한다. "마음과 리가 하나가 된다"는 것이 어떤 일을 가리키는지는 나중에 설명하기로 하자. 다만 여기서는 학습의 결과 도달할 수 있는 경지에서, 모든 행위가 언제나 법도에 들어맞는다는 말에만 주의하면 족하다. 그런데 그런 경지야말로 습관에 다름 아니다. 왜냐하면 습관에 대해 뛰어난 분석을 제시했던 라베송(Fèlix Ravaisson)이 말했다시피, 습관은 "어떤 변화의 결과로서, 습관

是孔門弟子編集, 把這箇作第一件."(인용은 朝鮮版에 따른다) 이하에서 특히 명확한 곳은 따로 원문을 보여주지 않을 것이다.

2) 『朱子語類』 卷20, 제4조, " 蓋人只有箇心, 天下之理皆聚於此, 此是主張自家一身者. 若心不在, 那裏得理來. 惟學之久, 則心與理一, 而周流汎應, 無不曲當矣."

을 낳았던 바로 그 변화에 의해 획득된 것"인데, "한 번 획득된 습관은 일반적·항상적 존재의 방식인 반면 변화는 일시적인 것이기 때문에, 변화의 결과인 습관은 오히려 변화를 넘어서 존속한다. 더욱이 습관이 습관인 한, 곧 자신을 낳았던 변화하고만 본질적으로 관계 맺는 것인 이상, 습관은 이미 사라져 지금은 존재하지 않는 변화 때문에, 곧 가능적 변화 때문에 존속한다. … 이 때문에 습관은 단지 [일시적] 상태인 것만이 아니라 [항상적] 소질이자 능력이다."[3] 요컨대 학습이란 어떤 습관의 획득이다.

다음, "시"(時)에 대해 말하면, 『집주』는 이것을 "시시"(時時)라고 해석하는데 그것은 물론 "때때로"는 아니다. "마땅한 때" 혹은 "그 때마다"와 "항상"을 합한 뜻이다. 『집주』는 그 논거로서 상채(上蔡; 謝良佐)의 설을 인용한다.

> "시습"(時習)이란 언제나 배우지 않는 때가 없다는 것이다. "앉아있을 때 시동처럼 있다"는 것은 앉아있을 때 배우는 것이며, "서 있을 때 재계하듯이 한다"는 것은 서 있을 때 배우는 것이다.(『論語集注』, 「學而」, "謝氏曰, 時習者, 無時而不習. 坐如尸, 坐時習也. 立如齊, 立時習也.")

결국 시습(時習)은 "항상 배우는 것"으로서 그 내용은 "그 때마다" 변화해야 한다는 것이다. 하지만 상채가 과연 그런 내용까지 생각했는지 여부는 의문이다. 특히 뒷부분에서 그러하다. 그래서 주자 스스로도 상채의 설을 비판하면서 다음과 같이 말한다.

> 상채의 설명방식은 소략하다. 앉아있을 때는 항상 시동처럼 하고 서 있을 때는 항상 재계하듯이 한다고 말했던 것은 괜찮다. 그러나 그 경우에도 상채는 그 두

3) Fèlix Ravaisson, *De l'Habitude*, Nouvelle èd. prècèdèc d'une introduction par Jean Baruzi, pp. 1-2.

> 구절을 가지고서 애매하게 말하였다. 이 두 구절 속에 그 이상으로 얼마나 많은 의미가 포함되어 있는지 몰랐던 것이다. 일 하나하나마다 습(習)이 있으니 그것을 다 표현하는 것은 어렵다.[4)]

이 구절은 좀 이해하기 어렵지만, 아마도 습(習)의 내용은 일상의 모든 행동에서 스스로를 변화시켜야 한다는 것을 뜻함에도 불구하고, 상채의 설명은 그 점을 충분히 밝히지 않았다는 뜻일 것이다. 하지만 주자가 상채의 설명을 완전히 부정했던 것은 아니며, 표현은 그처럼 불완전하지만 상채의 정신 그 자체는 자신과 일치한다고 생각했다. 지금 인용한 조목의 가장 마지막 구절은 그 점을 암시한다. 그리고 『집주』에서 상채의 설을 인용했던 것도 그런 사유로부터 비롯했을 것이다. 결국 주자는 상채의 설명 속에서 "시"(時)를 매우 중요하게 읽고서, 앞에서 말했던 것처럼 그 뜻을 읽어냈음이 틀림없다.

그렇다면 "시"에 대해 "항상"과 "그 때마다"의 두 가지 뜻을 생각할 수밖에 없었던 것은 어떤 이유에서일까? 물론 주자는 이런 질문에 대해 어떤 대답도 제시하지 않는다. 그렇지만 우리가 보기에는 습관의 현상을 고려한다면 그 질문에 쉽게 대답을 할 수 있을 것이다. 앞에서 말했다시피, 습관은 반복의 결과인데 그러기 위해서는 끊임없는 반복이 필요하며, 또한 습관은 그 본질상 자신을 낳았던 각각의 변화들하고 관계 맺는 것이기 때문에 "그 때마다"가 필요하다.

그렇지만 다양한 습관들은 그 자체가 지향의 대상이 아니고, 한층 통일적인 습관을 형성하기 위한 하나의 계기로서만 지향의 대상이 된다. 왜냐하면 뒤에서 밝혀지듯이, 학습은 결국 통일적인 리(理)를 우리 것으로 삼는 것, 다시 말해서 격물[格物=窮理]의 과정으로 여겨지기 때문이다. 주자는 격물의

4) 『朱子語類』 卷20, 제25조, "坐如尸, 立如齊, 謝氏說得也疏率. 這箇須是說坐時常如尸, 立時常如齊, 便是. 今謝氏卻只將這兩句來儱侗說了. 不知這兩句裏面尚有多少事. 逐件各有箇習在, 立言便也是難." 義剛(64이후).

방법을 설명할 때 정자(程子)의 생각이 올바르다고 말한다. 정자에 따르면 외물 하나의 리를 체득했을 때[格物=窮理] 모든 리가 다 체득되는 것은 아니었다. 그는 "오늘 하나를 격(格, 체득)하고 내일 또 다른 외물 하나를 격해서 많이 축적해야 비로소 저절로 관통할 수 있다."[5]고 말한다. 다양한 습관이 결국 한층 통일적인 습관의 형성 계기가 된다는 것은 이로부터 결론내릴 수 있을 것이다.

그렇다면 그것은 어떻게 가능할까? 이 질문에 대해 정자는 물론 주자도 직접 언급하지 않는다. 그러나 그것은 분명히 이일분수(理一分殊)를 밑바탕 삼고 있을 것이다. 왜냐하면 다양한 존재에 대응하여 리도 역시 다양할 테지만, 그럼에도 불구하고 그것들이 결국 어떤 통일을 형성한다는 것이 바로 이일분수(理一分殊)의 내용이기 때문이다. 하지만 다양한 리가 이런 통일을 형성한다면, "외물 하나의 리를 체득하면 곧바로 모든 리를 체득할 수 있지 않은가?"라는 의문이 일어날 수밖에 없다. 이것을 우리의 당면 과제로 바꾸어 말한다면, 다양한 습관을 획득하는 것보다도 습관 하나를 철저하게 획득하는 것이 타당하지 않느냐는 질문으로 바꾸어 볼 수 있다. 그러나 그런 사유는 정자[6]와 주자[7] 모두 처음부터 부정했던 것이다. 그런데 습관의 현상을 생각해 보면, 그런 정자와 주자의 입장이 타당하다는 것을 알 수 있다. 그러나 그런 질문에 기초를 부여할 정도로 강력한 이론은 직접적으로는 주어지

5) 『二程遺書』 卷18, "或問格物須物物格之, 還只格一物, 而萬理皆知. 曰, 怎得便會貫通, 若只格一物, 便通衆理, 雖顔子亦不敢如此道. 須是今日格一件, 明日又格一件, 積習既多, 然後脫然自有貫通處."

6) 바로 위의 각주 참조.

7) 『朱子語類』 卷27, 제41조, "或問理一分殊. 曰, 聖人未嘗言理一, 多只言分殊. 蓋能於分殊中事事物物, 頭頭項項, 理會得其當然, 然後方知理本一貫. 不知萬殊各有一理, 而徒言理一, 不知理一在何處."(어떤 이가 리일분수에 대해 물었다. 대답한다. "성인은 '리가 하나이다'라고 말했던 적이 없고 대부분 '나뉘어 있다'고만 말했다. 나뉘어 있는 가운데 각각의 일과 사물에 대해 하나하나 그 마땅함을 이해한 이후에 비로소 리가 본래 일관해 있다는 것을 알았다. 수만 가지 서로 다른 것에 각각 리가 있다는 것을 모르고 오로지 '리가 하나이다'라고만 말한다면 '하나인 리'가 어디에 있는지를 모르는 것이다.")

지 않는다. 다만 리에 대한 사유방식 속에는 그런 질문에 간접적으로 기초를 부여할 만한 것이 있을지도 모른다. 습관의 문제가 펼쳐질만한 하나의 방향이 바로 이 지점에 있다.

2. 주자학에서 마음의 수동성과 능동성

위에서 우리는 윤리학의 영역에서 습관의 문제를 검토하기 위해 필요한 내용을 서술했다. 그 밖의 체계들에서 그러하듯이 주자의 체계에서도 윤리학의 이론적 기초를 이루는 것은 심리학 혹은 인간학이다. 이런 사실로부터 예측할 수 있는 것은, 습관의 문제가 단지 윤리학의 문제가 아니라 심리학이나 인간학의 문제라는 것이다. 적어도, 후자에 속하는 여러 사상의 의미 내용은 습관 현상을 분석함으로써 비로소 분명히 밝혀지리라고 말할 수 있다. 학습의 결과를 습관으로 규정했던 앞서 인용한 『어류』의 한 조목은 바로 우리의 예측에 근거를 부여해 준다. 왜냐하면 그 조목의 "마음과 리가 하나가 된다"는 구절 바로 앞에 이런 말이 있기 때문이다. "무릇 사람에게는 하나의 마음이 있을 뿐이며 천하의 리가 모두 그곳에 모여 있다. 그래서 마음이야말로 자기 인격의 중심이 된다. 만약 마음이 없다면 어느 곳에서 리를 체득할 수 있겠는가?"[8] 이 구절을 보면 주자가 생각했던 마음, 적어도 본연의 마음이 습관에 의해 얻어진 정신적 상태 혹은 소질이라는 점이 분명히 드러난다. 물론, 대자적(對自的)으로 말하면 주자에게서 마음은 생득적인 것이며, 즉자적(卽自的)으로 말하면 마음은 여기서 말했던 것처럼 '리(理)를 체득하는 주체'로 여겨진다. "마음과 리는 하나이다. 리는 마음 밖에 있는 구체적 사물

8) 『朱子語類』 卷20, 제4조, " 蓋人只有箇心, 天下之理皆聚於此. 此是主張自家一身者. 若心不在, 那裹得理來. 惟學之久, 則心與理一, 而周流泛應, 無不曲當矣."

이 아니라 마음속에 있다."[9]라고 말할 뿐더러, "유교와 불교가 다른 점은, 우리는 마음과 리를 하나로 생각함에 비해 저들은 마음과 리를 두 가지로 여긴다"[10]고 주자가 말하는 것을 보면, 본연의 마음이 습관에 의해 얻어진 정신적 상태 · 소질이라는 것이 더욱 분명히 나타난다.

주자의 마음에서 보이는 그런 성격은 마음의 수동적 능동성과 능동적 수동성에서도 나타난다. 먼저 수동성의 면부터 밝혀 보자. 앞에서 인용했던 구절에서 알 수 있듯이 마음은 "전 인격의 중심이 되는 것"이다. 이는 '인식과 운동 모두 마음의 작용이다'라는 의미를 가지며, 이때의 인식과 운동은 함께 '감정'[情]으로 여겨진다. 『중용』의 미발이발설(未發已發說)과 『예기 · 악기』(禮記 · 樂記)의 적감설(寂感說)의 종합인 주자의 마음 이론에 따르면, 마음의 본질은 고요하여 움직이지 않는 것[寂然不動]이지만 밖의 사물에 의해 촉발되어 사려가 싹트게 되면 '일곱 가지 감정' 중 어느 하나가 밖의 사물에 대응하여 작용한다. 그것이 마음의 작용이며 "이미 발한 것"[已發]이라고 한다.[11] "마음은 본성과 감정을 통괄하는 것이다"라는 횡거의 고전적 표현도 그것과 결부되어 이해될 수 있다.

여기서 사용되는 범주는 본체[體]와 작용[用], 아직 발하지 않음[未發]과 이미 발함[已發]이다. 본성은 마음의 본체이자 '아직 발하지 않은 것'이며 감정

---

9) 『朱子語類』, 卷5, 제32조, "心與理一, 不是理在前面爲一物, 理便在心之中."

10) 『文集』, 卷56, 「答鄭子上14」, "儒釋之異, 正爲吾以心與理爲一, 而彼以心與理爲二耳."

11) "그러나 육신의 지각운동은 마음의 작용인즉, 마음은 육신의 주인이 되고 움직임 · 고요함과 말함 · 침묵으로 규정되지 않는다. 그런데 마음이 고요할 때, 곧 외물이 아직 다가오지 않았을 때는 사려가 아직 싹트지 않고 본성이 온전하며 도의(道義)가 모두 갖추어져 있는데 이른바 '중'(中)이라는 것이다. 곧, 마음의 본질이 되는 것이며 '고요하여 움직이지 않는 것'이다. 마음이 움직일 때, 곧 사물이 번갈아 다가올 때는 사려가 거기서 싹트게 되어 일곱 가지 감정 중 그 상황에 적합한 감정이 일어난다. 이것이 바로 '화'(和)라는 것이다. 곧, 마음의 작용이 되며 '감응하여 마침내 통하는 것'[感而遂通]이다."("然人之一身, 知覺運用, 莫非心之所爲, 則心者固所以主於身, 而無動靜語默之間者也. 然方其靜也, 事物未至, 思慮未萌, 而一性渾然, 道義全具, 其所謂中. 是乃心之所以爲體, 而寂然不動者也. 及其動也, 事物交至, 思慮萌焉, 則七情迭用, 各有攸主, 其所謂和. 是乃心之所以爲用, 感而遂通者也." 『文集』 卷32, 「答張欽夫49」)

은 마음의 작용이자 '이미 발한 것'으로 여겨진다.[12] 이들 범주는 일단 '가능'과 '현실'이라는 범주로 치환할 수 있다. 하지만 여기에는 해명되어야 할 어려운 문제가 있다. 그 문제를 해결하려면 우리의 주제에 대한 한층 깊은 고찰이 전제되어야 하기 때문에 여기서 가볍게 논하는 것은 피하고자 하지만, 일단 다음과 같이 생각해 보고자 한다. 예컨대 "아직 사랑이 현실로 드러났다고 말할 수는 없다. 그러나 사랑하는 것은 가능하다. 그것은 눈으로 외물을 보는 힘이 있는 것과 같다. 눈을 감아서 작용하지 않는다고 하더라도 보는 힘은 있다. 어짊은 사랑은 아니다. 사랑의 가능성이다"[13]라는 말은 본체 · 작용과 '아직 드러나지 않음' · '이미 드러남'의 범주를 가능 · 현실로 볼 수 있다는 점을 충분히 입증한다. 이렇게 마음의 작용은 현실성의 측면에서는 감정이었다. 이는 결국 마음의 작용이 수동성의 관점에서 파악되었음을 뜻한다. 왜냐하면, 의지가 인간 정신활동의 능동성이라고 한다면 감정은 그 수동성이기 때문이다.

주희가 '도심'(道心) 속의 의지를 부정했던 것, 그것도 선하려는 의지를 부정했던 것은 그가 마음의 수동성을 매우 적극적으로 인식했기 때문이다. 이 점을 설명하려면 이른바 성인무위설(聖人無爲說)부터 얘기해야 한다. 이 설에 따르면, 성인은 무위(無爲)해야 한다고 하지만 그것은 아무 것도 하지 않는다는 말이 아니라 의식적으로 행동하지[作爲] 않는다는 말이다. 아무리 도덕적으로 옳다고 하더라도 그 속에 의식적 행동이 있는 한 성인이라고 말하기 힘들다.[14] 성

---

12) 『朱子語類』 卷5.

13) 『朱子語類』, 卷20, 제124조, "未說着愛在. 他會愛. 如目能視. 雖瞑目不動, 他却能視. 仁非愛. 他却能愛."

14) "『하남정씨유서』는 '易에는 사려가 없고 인위가 없다(『易 · 繫辭傳上』)는 것은 작위를 경계하는 것이다'라고 말한다. 전에는 '인위가 없다' 뒤에 '~는 것은 아니다'를 덧붙이고 싶었지만 지금 다시 보니 꼭 그래야 할 필요는 없는 듯하다. 그 뜻은 분명하다. 성인의 이른바 '무위'란 멍하니 아무 행동도 안 하는 것이 아니라, 다만 작위하지 않음을 뜻할 뿐이다. 그것이 곧 천명(天命)이 흘러 와서 약동하는 것이다."["遺書云, 易無思, 無爲也, 此戒夫作爲也, 向來欲添非字, 以今觀之, 似不必然, 此意蓋明, 聖人之所謂無, 非漠然無所爲也, 特未嘗作爲耳, 只此便是天命流行, 活潑潑地." 『文集』 卷43, 「答林擇之23」]

인과 현인,[15] 인자(仁者)와 지자(智者)[16]를 나누는 표징은 실로 이 점에 있다고 주자는 말한다. 주지하다시피 이 설은 주로 『중용』의 "성실함은 하늘의 길이고 성실하게 하려는 것은 사람의 길이다. 성실함은 노력하지 않아도 들어맞고 생각하지 않아도 체득하며 여유롭게 도(道)에 부합하는 성인의 경우이다. 성실하게 하려는 것은 선을 택하여 굳게 지키는 경우이다"(誠者, 天之道也; 誠之者, 人之道也. 誠者不勉而中, 不思而得, 從容中道, 聖人也. 誠之者, 擇善而固執之者也.)라는 말에 기반하고 있는데, 다만 『중용』에서는 "성실하게 하려는" 경우에 대한 규정이 잘 드러나지 않음에 비해 주자는 그 점을 뚜렷이 파악하고 있다.

> 순 임금과 우 임금이 왕위를 주고받을 때 말했던 '인심'(人心) · '사욕'(私欲)이라는 것은 보통 사람들이 말하는 사욕 같은 것이 아니다. 조금이라도 '붙잡으려는' 뜻[意思]이 있다면, 원래는 도심이 발현했던 것이라고 할지라도 결국 인심의 범위를 벗어나지 못한다. [二程의] "사람으로서 움직이면 거짓됨이 있게 된다"는 말이다. 안연의 선하지 않은 점이 바로 거기에 있었다. 거짓됨이 있는 이상 사욕이 아니면 무엇이겠는가? 사욕이 전혀 없고 자연스럽고 여유롭게 도에 들어맞아야지 비로소 순수하게 도심이 된다."[17]

주자가 부정하고 있는 '붙잡으려는 뜻'이란 결국 선하려는 의지를 가리킨

15) 『文集』 卷53, 「答胡季隨」, "須知感物而動者, 聖愚之所同, 但衆人昧天性, 故其動也流. 賢人知天性, 故其動也節. 聖人盡天性, 故其動也, 無事於節, 而自無不當耳."[모름지기 "외물에 의해 감촉되어 움직이는 것"(『禮記 · 樂記』)은 성인과 어리석은 사람이 동일하지만, 일반인들은 천성에 어둡기 때문에 그 행동에 절제가 없고, 성인은 천성을 알기 때문에 그 행동에 절제가 있다. 성인은 천성을 다하기 때문에 그 행동은 일부러 절제를 일삼지 않더라도 저절로 합당하지 않음이 없을 뿐이다.]

16) 『文集』 卷52, 「答吳伯豐」, "仁者自然合理, 智者知理之當然, 而敬以循之."[인자는 원래 그러하게 리와 합치하고, 지자는 리의 마땅히 그러함을 알고서 경건하게 그것을 따른다.]

17) 『文集』 卷32, 「答張敬夫40」, "蓋舜禹授受之際, 所以謂人心私欲者, 非若衆人所謂私欲者也. 但微有一毫把捉底意思, 則雖云本是道心之發, 然終未離人心之境. 所謂動以人則有妄. 顏子之有不善, 正在此…旣曰有妄, 則非私欲而何. 須是都無此意思, 自然從容中道, 才方純是道心也."

다. 하지만 여기서 말하는 '뜻'[意思]은 우리가 말하려는 '의지'와 같을 리가 없다. 하물며 '속셈'이나 '생각'[考]이라는 주체적 의미라고도 할 수 없다. 그것은 외려 '경향'[趣]이라는 번역어를 갖다 붙일 만한 것이다. 그럼에도 불구하고 주체적 관점에서 본다면 '붙잡으려는 뜻'으로부터 선하려는 의지를 읽어낼 수 있다. '붙잡으려는 뜻'이 남아있는 사례로서 인용된 안연의 행위에 대한 설명은 바로 그 점을 보여준다. 『논어』를 보면, "능력이 있으면서 능력 없는 이에게 묻고, 많이 갖고 있으면서 적게 가진 이에게 물으며, 갖고 있으면서도 없는 척 하고, 가득 차 있으면서도 비어 있는 듯이 행동하며, 남한테 모욕을 당해도 괘념치 않았던" 사람이 바로 안연인데, 이는 성인의 "자취가 없는" 것과는 다르다고 주자는 말한다.[18] 이 사례로부터 알 수 있다시피, '붙잡으려는 뜻'은 선을 선으로서 의식하여(곧 의식 속에서 붙잡아서) 그것을 실현하려는 노력을 가리키며, 바로 그렇기 때문에 그것으로부터 선하려는 의지를 읽어낼 수 있다. 따라서 '붙잡으려는 뜻'은 『중용』의 "선을 택하여 굳게 지킨다"는 경우와 부합한다. 하지만, 그것을 거짓됨[妄]으로 파악했던 주자의 사유는 『중용』에는 없는 것이었다. 이렇듯 도심(道心)에서는 선하려는 의지조차 부정된다.

[하지만 인심(人心)에는 분명 어떤 의지가 있을 터이고, 그렇다면 마음을 수동적이라고만 말하기 힘들어진다. 이에 대해 주자는 인심의 본래 모습이 도심이라고 말함으로써 그런 의문에 답한다.]역자 협주 예컨대, 주자는 "마음에는 모든 리가 갖추어져 있다. 밖으로 드러난 선은 물론 마음으로부터 나온 것이다. 밖으로 드러난 불선(不善)의 경우는 모두 품부된 기와 물욕의 사(私)인데 그것 역시 마음으로부터 나온 것인가?"라는 질문에 이렇게 대답한다. "물론 마음의 진짜 모습은 아니지만 역시 마음으로부터 나온 것이다." 여

18) 『文集』 卷41, 「答程允夫8」, "以能問於不能, 以多問於寡, 有若無, 實若虛, 犯而不校, 此聖人之事也.…此正是顏子事. 若聖人, 則無如此之迹."

기서 '진짜 모습'이 아닌 마음이 바로 인심(人心)이다.[19] 그런데 이런 인심 역시 '마음', 곧 도심으로부터 나온다고 주자는 말한다. 따라서 도심이 본연의 마음이다. 이렇게 볼 때, 주자에게서 마음의 작용은 여전히 수동적인 것으로 여겨지고 있었던 것이다.

그렇지만 다른 한편으로, 이런 마음은 "주인이 되지 손님이 되지 않는 것, 외물을 좌우하지 외물에 의해 좌우되지 않는 것"[20]으로 파악된다. 곧, 주자는 마음의 능동성을 지적한다. 그는 외물의 영향력을 기계적으로 받아들이는 것을 악(惡)으로 여기는 반면,[21] 마음의 자유자재한 운동과 반응의 가능성을 말할 때[22]에는 마음의 본래 존재방식인 자발성과 능동성을 적극 인정한다. 종합하자면, 주자에게서 마음이라는 것은 수동적 능동성이자 능동적 수동성을 지닌 것이었다.

3. 주자가 선한 의지를 거짓된 것[妄]으로 생각한 이유

마음의 이런 수동적 능동성이자 능동적 수동성이야말로 습관의 원리에 다름 아니다. 이 점을 지적했던 이는 앞에서 인용했던 라베송이다. 그에 따르면 연속 또는 반복, 곧 지속은 수동성을 약화하고 능동성을 고양한다. 곧, 감각은 오래 지속되거나 반복된다면 차차 약해져서 결국 소멸한다. 운동은 오래 지속되거나 반복됨에 의해 점차 쉬워지고 빨라지며 확실해진다. 그런

---

19) 『朱子語類』 卷5 제33조, "問, 心之爲物, 衆理具足. 所發之善, 固出於心. 至所發不善, 皆氣稟物欲之私, 亦出於心否. 曰, 固非心之本體, 然亦是出於心也."

20) 『文集』 卷67, 「觀心說」, "夫心者人之所以主乎身者也. 一而不二者也. 爲主而不爲客者也. 命物而不命於物者也."

21) 『朱子語類』 卷5, 제68조, "卻是心之本體本無不善, 其流爲不善者, 情之遷於物而然也."

22) 주2를 볼 것.

데 운동과 감각이라는 상반된 힘의 상반되는 과정 속에는 공통점이 하나 있다. 감각이 고통의 감각이 아닐 경우에는 언제라도, 감각이 오래 지속되거나 또는 반복됨에 따라, 그래서 감각이 소멸되어 감에 따라, 그 감각은 점차 욕구가 된다. 감각을 일으킬 때 필요했던 어떤 인상이 이제 다시 보이지 않게 되면 점차 불안과 불쾌가 생겨나는데, 그것은 이루어지지 못한 욕망이 감수성 속에 있다는 증거이다. 다른 한편, 운동에서 노력이 줄어들어 가서 더욱 자유로우며 신속하게 됨에 따라, 능동은 점차 경향 또는 경향성이 된다. 경향성은 이제 그에 앞서는 의지의 지도를 받지 않으며 또한 의지와 의식의 힘 앞에서 전혀 굴복하지 않게 되어 다시는 원래 상태로 돌아가지 않는다. 이렇게 감각 속에서도 그리고 운동 속에서도 연속 또는 반복에 의해 어떤 불명료한 능동성이 생겨나서, 운동은 차츰 의지보다 앞서게 되고 감각은 외적 인상보다 앞서게 된다. 이렇듯 수동적이면서 동시에 능동적인 자발성이야말로 습관의 원리이다.[23)]

주자에게 문제가 되었던 것은 습관 일반이 아니라 선한 습관이었다. 그리고 그것마저 직접적 분석의 대상은 아니었다. 그렇기는 하지만 주자의 '마음'이 지닌 이중성은 이런 습관의 사실에 의해서만 이해되어야 하고 또 그럴 수 있을 것이다. [곧, 주자에게서 본연의 '마음'이란 선하려는 의지마저 부정하는 수동적 존재이다. 그러나 다른 한편 마음은 '주인이 되는' 능동적 존재라고 주자는 말했다. 그래서 주자의 마음은 수동성과 능동성의 이중성을 지닌다. 이런 마음의 이중성을 이해하려면 '습관'의 원리를 이해하는 것이 필요하다. 위에서 말했다시피 습관의 원리란 수동성에서 시작하여 능동성으로 나아가는 것이다. 이를 주자의 마음에 대입해 보면, 마음은 수동성을 철저히 함으로써, 곧 선하려는 의지마저 제거함으로써, 의지를 넘어서는 능동성을 확보하여 주인이 될 수 있다. 그런 마음에는 선한 행위를 향한 욕구와 경향성이 있고, 그

23) Fèlix Ravaisson, 28-32면.

것들은 의지에 앞서는 능동적인 것이다. 이렇게 해서 마음은 수동적 능동성이자 능동적 수동성을 갖게 된다.] 선하려는 의지조차 거짓된 것[妄]이라는 주희의 말뜻을 더욱 깊이 추구해 보면 우리의 이런 해석은 더욱 굳건해진다.

이 때, 종교에서 선하려는 의지가 갖고 있는 문제점이 우리에게 떠오른다. 예컨대 "선인조차 왕생을 얻는데 하물며 악한 사람이랴?"라는 『탄이초』(歎異抄)[24]의 유명한 역설을 들어보자. 이 역설은 보통 다음처럼 해석된다. 보통의 선한 사람은 선을 행하는 순간에도 자기가 선을 행하고 있다는 사실을 자각하면서 그것에 의존하기 때문에, "낫 놓고 기역자도 모르는 비구니 같이" 자기를 아무 것도 아닌 존재로 치부하면서 오로지 여래(如來)만을 믿기가 불가능하다. 이 때문에 보통의 선한 사람은 구제의 기회에서 악한 사람보다 뒤떨어진다. 구제를 받는 사람은 바로 악한 사람이다. 그렇다면 이 역설은 선하려는 의지를 부정하지는 않았다고 할지라도, 적어도 선하려는 의지에 따라다니기 쉬운 어떤 위험성을 들춰냈다고 볼 수 있다.

그러면 주자가 선하려는 의지를 거짓된 것이라고 여겼던 것은 그런 인간심리의 비밀을 가리켰던 것일까? 그렇게 생각하기는 힘들다. 왜냐하면 주자도 자기에게 의존하는 것을 악한 것으로 여긴 것은 사실이지만, 그는 그런 자기 의존을 거짓됨이라고 여기기보다 교만[驕]이라는 용어로 규정했을 뿐이며, [25]게다가 이런 교만을 거짓됨과 똑같이 여긴 적은 없었기 때문이다. [따라서 『탄이초』에서와는 달리, 주자는 자기 의존, 곧 자의식으로 인한 행동 그 자체를 거짓된 것이라고 봤던 것은 아니며, 다만 선하려는 의지만을 거짓된 것이라고 봤던 것이다.]

---

24) 일본 가마쿠라(鎌倉)시대의 법어집(法語集)이며 1권짜리이다. 저자는 신란(親鸞)의 제자인 유원(唯圓)이라는 설이 지배적이다. 정토 진종의 경전이다(역자 주).

25) 『文集』 卷50, 「答潘端叔4」, "'교만한 것은 자기가 갖고 있는 것을 끼고 앉아서 오로지 자기를 과장하는 것이며, 인색한 것은 제 한 몸만 위하여 자기를 희생하기를 꺼려하는 것이니, 두 가지 모두 자의식에서 나오는 것입니까?' '그런 풀이는 정말 좋다.'"(問, 驕則挾爲己有, 專於夸己者也, 吝則固爲己私, 不肯舍己者也, 二者皆生於有己而已.…此義亦善.)

그렇지만 주자로부터 벗어나서 말하자면 교만에도 여러 가지 단계가 있는 것이 사실이다. 공공적 · 객관적 선을 배제하고 개인적 · 주관적 선을 확립하는 것도 어떤 면에서는 교만이다. 한편으로 주자는 이런 경우를 '거짓됨'[妄]으로 취급하기도 한다.

> "사악한 마음이 없는데도 올바른 이치에 합치하지 않는다"는 정이천의 말은 실제로 움직임과 고요함 양쪽을 다 포괄했던 말이다.…여유롭게 혼자 있을 때 외물이 다가와서 촉발한다면 이치 상 당연히 반응해야 할 테지만, 마음이 완고하고 고집스러워서 움직이지 않는다면 그것은 올바른 이치가 아니다. 또한 사물을 접할 경우, 이치 상 갑(甲)처럼 해야 함에도 스스로 행하는 방식이 을(乙)과 같다면 비록 혈기와 인욕의 사사로움으로부터 나오지는 않았다고 하더라도 마음이 완고하고 고집스럽기 때문이므로 올바른 이치에 합치하지 않는 것이다. 올바른 이치에 합치하지 않는 점이 있는 한, 사악함과 거짓됨이 아니고 무엇이겠는가?[26]

위 글에서 주자는 주관적 선을 객관적 선 위에 놓는 것을 거짓된 것으로 파악하고 있다. 그렇다면 교만과 거짓됨이 일치할 수도 있을 것이며, [더 나아가 자기 의존, 곧 자의식으로 인한 행동 자체가 거짓된 것으로 해석될 가능성도 열린다.]역자 협주 그렇지만 주자가 말하는 교만이 과연 그 정도로 깊은 뜻을 지닐지 여전히 의문이다. 다만 "어떤 것이 나인가? 리야말로 나이다"라는 상채(上蔡)의 설에 대해 "리는 천하의 공공(公共)인 것이다. 이것을 '나'라고 해석한다면 교만함이 점차 심해질 것이다"라는 어떤 사람의 상채 비판을 긍정했던 것[27]은, 교만함의 뜻을 이런 방향으로 점차 심화시켜 나가는 맹아

---

26) 『文集』 卷45, 「答廖子晦7」, "但所謂雖無邪心而不合正理者, 實該動靜而言, … 蓋如燕居獨處之時, 物有來感, 理所當應, 而此心頑然固執不動, 則此不動處, 便非正理. 又如應事接物處, 理當如彼, 而吾所以應之者, 乃如此, 則雖未必出於血氣人欲之私, 然只似此, 亦是不合正理. 旣有不合正理, 則非邪妄而何."

27) 『文集』 卷51, 「答萬正淳4」, "又曰, 有我不能窮理, 人誰識眞我, 何者爲我, 理便是我, 其言過

를 보여주는 것 같다. 하지만 그것은 결국 맹아에 지나지 않는다. 주자가 생각하는 교만은 매우 단순한 의미의 자부심에 불과했을 것이다. 앞에서 인용했던 역설에서 지적했던 '자기 의존'만큼 깊은 의미를 갖고 있었을지 의문이다. [종합하자면, 주자는 선하려는 의지가 거짓된 것이라고 말했을 뿐, 자의식 그 자체를 거짓된 것이라고 했던 것은 아니었다.]역자 협주

선하려는 의지로 인한 행동이 자의식으로 인한 행동만큼 깊은 의미를 갖지 않는 것이라고 한다면, 이제 선하려는 의지가 거짓된 것[妄]이라고 할 때의 그 거짓됨은 바로 위에서 서술한 뜻의 거짓됨과 똑같을까? 다시 말해서, 선하려는 의지는 객관·공공적 선(善)에 대해 주관·개인의 선을 대립시키려는 주관성을 뜻하는 것은 아닐까? 뒤에서 설명하다시피 선하려는 의지와 주관·개인적 선 사이에는 공통점이 있다. 바로 그렇기 때문에 모두 거짓된 것으로 여겨진다. 그렇지만 그 두 가지를 똑같이 볼 수는 없다. 예컨대 앞에서 인용했던 안연에 대한 『논어』의 평가는, 안연이 객관적 선에 대립하는 것으로서 주관적 선을 주장했다고 하지는 않았다. 주자 스스로도 그렇게 설명을 하지 않았고, 오직 그것이 작위였기 때문에, 곧 우리의 용어를 빌어 말하자면 '의지를 수반했기' 때문에 척결되어야 한다고만 주자는 말했을 뿐이다. 또한 주자가 "공적인 것[公]은 어짊이라고 말할 수 없다. 공적이면서 사적인 것이 없어야 비로소 어짊이다"[28]라고 말했던 것에서 보다시피, 공적인 것만으로는 충분치 않다고 한다. 이렇게 본다면 선하려는 의지가 부정되었던 것은 단지 그것이 의지였기 때문이지, 그것이 자의식에서 비롯했다거나 주관적이라는 이유 때문이 아니었음은 분명하다.

이 때문에, 선하려는 의지가 부정되는 이유를 설명하려 한다면 의지적 행위의 구조 그 자체에 눈을 돌릴 수밖에 없다. 이 경우 우리에게 벌써 세 번째

高, 而且怪理者, 天下之公認之爲我, 則驕吝亦肆矣. 得之."

28) 본서의 제2장을 볼 것.

로 도움을 주는 것은 라베송의 예리한 분석이다. 그에 따르면 운동은 습관으로 화(化)하여 의지와 반성의 영역을 제거하면서도 지성으로부터 벗어나 버리지는 않는다. 운동은 외적 충격의 계기로부터 비로소 일어나는 것이 아니라, 의지의 자리를 대체하는 경향성의 결과로서 일어난다. 이런 경향성은 서서히 형성됨에도 불구하고 의식은 그것을 아무리 따라 잡으려고 해도 그럴 수가 없다. 언제나 의식은, 그런 경향성이 의지가 세웠던 목적으로 나아가는 경향이라는 것만을 인정하고 말 뿐이다. 그런데 어떤 목적을 향해 나아가는 제반 경향은 모두 지성을 함유한다. 하지만 반성과 의지의 눈으로 보면, 지성이 세운 목적은 운동으로부터 다소간 떨어져 있는 것이므로 그 목적은 지성이 자기 자신과 대립시키는 대상이 된다. 습관의 발전에 따라 경향성이 의지를 대체하면서 경향성은 자신이 실현시키려는 행동으로 끊임없이 접근해 가고, 점차 그 행동의 형식을 갖춰 간다. 오성(悟性)이 운동과 그 목표 사이에서 발견했던 간극은 조금씩 감소하여 마침내 구별이 사라져 버린다. 목적은 경향성으로 접근하고 그것과 접촉하여 끝내 합일한다. 반성과 의지의 관점에서 운동이 도달해야 목적은 하나의 관념, 곧 완성되어야 할 어떤 이상(理想)이다. 존재해야 하며 존재할 수도 있지만, 아직은 존재하지 않는 그 어떤 것이다. 다시 말해 실현되어야 할 가능성이다. 그런데 목적이 운동과 합일하고 운동이 경향성과 합일해 감에 따라, 가능성 곧 이상이 여기서 실현된다. 관념은 존재가 되고 습관은 점차 실체적 관념이 된다. 습관에 의거하여 반성을 대체하는 불명료한 지성이라는 것, 실제적인 것과 관념적인 것, 곧 존재와 사유가 그 가운데에서 합일하는 실재적 직관이다.[29)]

이런 분석이 보여주듯이, 의지가 이끄는 행위에서는 그런 행위가 목표로 삼는 선(善)이 설령 단지 주관적 · 개인적인 것이 아니라 객관적 · 공공적인 것이라 하더라도, 그 때의 객관적 · 공공적 선은 여전히 관념이자 이상일 수

---

29) Fèlix Ravaisson, 36-37면.

밖에 없다. 선하려는 의지가 부정되어야 할 이유가 바로 여기에 있었던 것이 아닐까? 곧 거짓됨[妄]이란 이런 관념성을 뜻했던 것이 아닐까? 뒤집어서 생각해 보면, 성실함[誠]의 근원적 의미가 "참 됨", 즉 관념과 존재의 일치[30] 이기 때문에, 그것과 반대말인 거짓됨[妄]은 당연히 관념성이라는 의미를 갖게 될 것이다. 그리고 이런 관념성은 주관성과 더불어 공통점을 갖는다. 아니, 오히려 관념성은 자기 안으로부터 주관성을 낳는다. 앞에서 설명했다시피, 주관적이기만 한 선이 거짓[妄]으로 파악될 수 있었던 이유가 바로 여기에 있다. 주관적 선은 관념적 선의 한 경우이다. 주관적 거짓됨은 관념적 거짓됨 안에 포섭된다. 선하려는 의지가 이런 것이었다면, 그 부정에 의해 성립되는 도심(道心), 곧 본연의 마음이 이른바 실체적 관념이라는 것은 당연한 귀결일 것이다.

4. 마음과 리의 관계

여기서 다시 떠오르는 것은, 습관에 의해 마음과 리가 하나로 '된다'는 명제와, 마음과 리는 '원래 하나'라고 하는 명제가 서로 모순되는 것 같다는 의문이다. 우리는 앞에서 이 모순을 전혀 고려하지 않았고 그 두 가지를 간단히 연결시킴으로써 마음과 습관의 관계를 정립했다. 그런데 우리의 이러한 독단적 정립은 이제 그 정당한 논거를 획득할 것이다. 생각건대, 학습 초기에 리는 단순한 당위, 단순한 이상 · 관념으로 나타난다. 그런 한, 그것과 그것을 추구하는 운동 사이에는 어떤 간극이 있다. 그런데 이런 당위를 목표로 삼는 운동이 반복됨에 따라 차차 습관이 되면 그 목표와 운동 사이에 있던

30) "誠者合內外之道, 便是表裏如一, 內實如此, 外也實如此."(『朱子語類』 卷23). "誠是實有之理"(『文集』 卷 51)

간극이 점차 사라져 간다. 습관에 의해 마음과 리가 하나가 된다는 것은 바로 그 현상을 가리킨다. "도(道)에 들어가는 방법은 자신의 몸을 그 도리(道理) 속으로 집어넣어서 점차 접근해 가는 것이다. 이렇게 오래 지나면 자신과 하나가 된다. 그런데 요즘 사람들은 도리는 여기에 있고 자신의 몸은 밖에 두어서 마치 아무런 관계도 없는 것 같다"[31]고 말하는 것도 같은 현상에 바탕을 둔 이야기이다. 그런데 이렇게 획득된 마음이 본연의 마음으로 여겨질 때, "마음과 리는 하나이다"라는 명제가 정립된다. 처음에 인용했던 『집주』에서, "나중에 깨달은 이는 앞서 깨달았던 이가 이룬 것을 본받아야 비로소 … 회복할 수 있다"고 했던 것도 습관에 의해 획득한 마음을 본연의 마음으로서 생각한 결과이다. 그리고 이런 전환은 윤리학으로부터 인간학으로 나아가는 사유의 심화를 뜻한다. 이 때 나타나는 외견상의 모순은 아마도 불가피한 모순일 것이다. 왜냐하면 인간학은 윤리학의 이론적 기초로서, "어떻게 있는가"[존재; 인간학]에 의해 "어떻게 될 수 있는가"[당위; 윤리학]의 기초를 마련해 주어야 하기 때문이다.

이 때문에 인간학은 그 자체로 존재학의 일환이다. 이 점은 습관의 문제가 인간학의 문제 범위를 넘어서 존재학의 문제로 발전될 만한 장래성을 예측케 한다. 과연 존재학의 근본개념 중 하나인 리는 "그러한 까닭"과 "그리해야 할 원칙"이라는 두 가지 면을 갖는 것으로, 곧 현실임과 동시에 이념, 존재이면서 동시에 관념인 것으로 파악된다.[32] 이것은 리와 하나라고 여겨지는 본연의 마음이 관념과 존재 사이의 합일로서 실체적 관념이었다는 사실과 정확히 표리를 이룬다. 이렇게 본다면 리의 이러한 이중성을 설명하는 원리는 습관에 의해서만 구할 수 있는 것이며, 또한 구하지 않으면 안 되리

---

31) 『朱子語類』 卷8, 제88조, "入道之門, 是將自家身己入那道理中去. 漸漸相親, 久之與己爲一. 而今入道理在這裏, 自家身在外面, 全不曾相干涉."

32) 상기한 필자의 논문을 보라.

라는 점을 예측할 수 있을 것이다. 즉자적으로 말하면, 본연의 마음이 습관에 의해 획득되는 것이었던 것처럼 리도 역시 습관에 의해 비로소 그렇게 되는 것이라고 말하지 않을 수 없을 것이다. 그러나 이러한 설명은 한 번만 봐도 생각해 낼 수 있을 정도로 그리 쉬울 수는 없다. 왜냐하면 인간에만 입각하지 않고 인간을 포함한 전존재에 입각해 그 문제를 생각해야 하기 때문이다. 인간학이 존재학의 일환인 한, 전자가 후자의 해명을 위한 통로가 될 수 있다는 점은 부정하기 어려운 사실이다. 그러나 전자로부터 후자로 나아가는 이행에 어떤 비약이 있을지 어떨지에 대해서는 더욱 깊은 성찰이 필요하다. 이 때문에 우리는 이 문제에 분석의 메스를 가볍게 들이대는 일을 피하고, 당장은 습관의 문제가 갖는 발전성을 지적하는 것만으로 만족하고자 한다. 또한 우리는 먼저 습관의 다양성과 통일성 사이에서 성립하는 어려운 점 하나를 지적하여, 그것이 리에 관한 사유방식에 의해 간접적으로 해결될 수 있을 지도 모른다는 점을 서술했다. 우리의 이러한 기대, 그보다는 오히려 우리의 희망은 습관론이 갖는 존재학적 의미 속에서 논의의 밑받침을 약간이나마 마련하는 것이다.

1940년 11월 지나학회[支那學會] 대회에서 강연, 1941년 1월 수정

덧붙이는 말

이 논문의 발표에 즈음하여 요시카와 고지로(吉川幸次郞) 선생의 언제나 변함없는 후의를 입었다. 깊이 감사드린다.

『동아논총』(東亞論叢) 제5집

4장
주자 해석에 대한 쓰다 박사의 고견을 바라며

1. 들어가며

여기서 쓰다 박사의 주자 해석이란 『동양사상연구』 제2집(와세다대학 동양사상연구실, 1938년)에 수록된 논문을 가리킨다. 나는 이 논문에 대해 몇 가지 의문을 제기하여 박사의 가르침을 받고 싶었지만, 솔직히 얘기하자면 발표 이후 벌써 2년이라는 시간이 흘렀고, 게다가 지금에서야 새삼스레 문제를 제기하는 것은 뒤늦은 감이 있다. 그러나 오만한 주장을 하는 것이 내게 허용된다면, 이 문제는 중국학 전체의 향방이라는 중대한 점과 관계가 있다고 생각하기 때문에, 몇몇 동료들의 권유를 받아서 감히 박사에게 결례를 무릅쓰고자 한다. 삼가 미천한 뜻을 헤아려 주시기 바란다.

쓰다 소오기치(津田左右吉) 박사는 그의 존경할 만한 저작 『도가의 사상과 그 전개』 서문에서 이렇게 말했다.

> 고대 중국 사상은 중국인의 생활에서 발생한 중국인 특유의 것으로, 다른 고대인 중에서도 인도인과 그리스인의 사유나 사유방식과 다른 점이 있기 마련일 터이므로, 그 진의를 알기 위해서는 중국인의 사상을 중국인의 사상으로서 보고, 어찌하여 그러한 사상이 형성되었는지를 사상 그 자체 또는 중국인의 생활 내

> 면으로부터 관찰할 필요가 있다. … 또한 췌언을 덧붙이자면, 중국 사상을 중국 사상으로서 봐야 한다고 말하는 것은 연구 방법 또는 태도에 관한 것인데, 이렇게 말하는 것은 중국 사상을 존숭하기 때문도 아니고 찬미하기 때문도 아니다. 중국 사상에 어떤 가치가 있는지는 그것과 전혀 별개의 문제이며, 올바른 방법에 따르는 연구가 있어야지 그런 가치가 비로소 분명히 드러날 것이다.(위의 책, 4~5면)

우리는 극히 정당한 이 견해에 대해 깊은 경의를 표하지 않을 수 없다. 더욱이 그런 방법의 적용이 단지 고대 중국 사상에만 국한되지 않는다는 점 역시 다시 지적할 필요도 없을 것이며, 우리가 지금 문제로 삼고자 하는 쓰다 박사의 논문에서도 적어도 '자각적'으로는 그와 같은 태도가 유지되었다는 점을 믿어야 할 것이다. 그렇다 하더라도 실제 결과가 그러한 표방 또는 주관적 의도와 일치했는지 여부는 우리의 믿음과 별개의 문제이다. 아니, 솔직하게 얘기하면 사상 또는 사상가에 대한 너무나도 부정적 · 회의적인 박사의 태도 때문에, 박사의 해석은 진정한 객관성으로부터 멀리 떨어져 있는 것처럼 보인다. 곧, 박사는 그런 결론의 하나로서, 주자의 사상은 서로 관계없는 또는 서로 모순되는 과거의 다종다양한 사상을 그대로 결합해 버린 것에 의해 성립한 것에 불과하기 때문에, 그것은 논리가 아니라 "관념의 연결이라고 할 만한" 중국인의 사유법을 뚜렷이 반영한다고 하며(95~96면), 또한 기회 있을 때마다 그 점을 입증하고 있는데, 우리는 그런 결론의 객관적 타당성을 믿을 수 없다.

박사가 말하듯이 중국인의 사유 가운데에는 논리에서 완전히 벗어나 있는 것처럼 보이는 부분도 있기는 하다. 그러나 한층 깊이 들어가 생각해 보면, 그렇게 보이는 까닭은 우리가 중국인의 사상을 개념에 따라서만 해석하곤 하기 때문이다. 중국인의 사상을 단지 개념으로만이 아니라, 말하자면 혈육을 가진 살아있는 말로 해석할 때, 뜻밖에도 우리는 그 속에서 굳건한 논리의 끈을 발견할 수 있다. 가령 개념화하는 능력을 지성이라고 부른다면, 사상은 단순한 지성의 대상이 아니라 동시에 감성 또는 감정에 의해 뒷받침되는 그 무엇을 갖는다. 이런 뒷받침을 발견하는 것이 사상의 논리적 내실을 발견하기 위해 불가결하다. 그러나 박사에게는 그럴 마음이 없다. 박사는 기회 있을 때마다 자신의 심리적 사유동기를 밝히고 있지만, 그 경우의 심리적 움직임은 이론을 수반하고 이론과 함께 움직이는 것이 아니라 이론을 배제하고 이론과 대립하는 것이었다. 박사의 이런 방법 또는 태도는 사상가에 대한 매우 냉담하고 부정적인 정신의 반영이다. 과거 사상을 정당하게 이해하려 할 때, 시대의 차이나 민족의 차이가 가장 중대한 장애가 된다는 점은 다시 지적할 필요도 없다. 그러나 그것보다 더욱 중대한 것은 과거 사상에 대한 애정의 결여이다. 여기서 말하는 애정이란, 과거의 사상을 우리의 세계관과 인생관으로서 재생산하려는 의도를 뜻하는 것이 아니다. 아니, 없어져야 할 것을 없애는 것에서도 학문의 정신은 나타날 수 있다. 실로 학문은 때로 '잘 죽이는 기술'이어야 한다. 그러나 전혀 무가치한 것이어서 매장해 버려야 할 것이라 하더라도, 그런 무가치한 것의 처지에 서보려는 것이 비판적 학문의 정신이다. 이런 애정은 시대의 차이, 민족의 차이와 같은 장애를 어느 정도 극복하기에 족할 것이다.[1)]

위에 서술한 문제와 얼마간 중복되는 혐의가 있지만 또 지적할만한 것은 역사주의에 따르는 위험한 편향이다. 박사는, 주자의 사상을 이해하기 위해 "항상 당면한 문제에 대한 역사적 유래를 찾으면서"(89면) 경탄할 만한 해박한 지식을 구사하고 있는데, 이런 역사주의적 입장이 사상사에서 불가결한

1) 이에 관해 흥미 있는 주제는, "太虛不能無氣, 氣不能不聚而爲萬物, 萬物不能不散而爲太虛"(『正蒙』, 「太和」)라는 장재의 말에 대해, 중국의 학자들이 제기했던 두 가지 해석이다. 그 두 가지 해석은 다른 곳에서 논한 적이 있기 때문에 여기서 반복하려 하지는 않는다. 다만 이 하나의 실례는 사상의 이해가 단지 개념으로만 이루어지지 않는다는 점, 시대·민족의 차이가 그 정도로 결정적 역할을 하지 않는다는 점을 보여주는 유력한 경우이다.

조건이라는 것은 두 말할 나위도 없다. 하지만 그런 입장에서 우리가 불안하게 느끼는 것은, 사상사 또는 일반적으로 말하여 문화의 형성에서 주관적 정신, 곧 개인이 담당하는 역할이 다소 가볍게 다뤄지지 않는가 하는 점이다. 물론 그것이 결코 일부러 무시된 것은 아니라고 믿을 만한 구절이 있기는 하다. 그럼에도 불구하고 앞선 시대의 사상과 후대의 사상 사이에서 억지로 동일성을 확인하려고 했던 흔적이 종종 눈에 띄는 까닭은, 주관적 정신의 중요성을 망각하고 전체적 정신만을 주목했던 결과가 아닐까? 그리고 그것은 근본적으로 사상가에 대한 부정적 정신을 반영하는 것이지만, 동시에 그 근본적 성격을 이루는 연속관(連續觀)에 의해 도출된 것으로서 역사주의의 위험한 편향이라고 할 수도 있을 것이다.

주자 해석에 나타난 박사의 방법에 대해 우리가 느끼는 불안감을 이렇게 요약했는데, 아래에서는 이런 불안이 어떤 것에 바탕을 두고 있는지 하나하나 예를 들어 보여주고자 한다. 그런데 박사가 서술한 내용은 매우 풍부하기 때문에 하나하나 모두 논하는 일은 매우 번거롭다. 때문에 우리의 이 비판은 특히 중요한 점에만 한정된다.

2. 기에 대하여

먼저 기(氣)에 대해 서술하겠다.

박사에 따르면, 사물을 형성하는 원질이라고 말할 수 있는 것은 질(質)이며, 이에 반하여 기(氣)는 사물의 원질이 아니라 사물에 내재하여 그것을 움직이는 무형(無形)의 어떤 것이라고 한다. 때문에 기를 “형이하(形而下)”로 여기는 것은 전혀 근거 없는 일이다. 그런데 질은 사물을 형성하는 것이지만 그것만으로는 사물을 형성할 수 없고 기가 거기에 덧붙여져야 할 필요가 있다. 이렇게 기와 질은 항상 서로 떨어지지 않기 때문에 항상 그 두 가지가 동시에 연상되었고, 한 걸음 더 나아가서 양자는 서로 혼동되기에 이르렀다. 여기에 기가 형이하로 여겨졌던 원인이 있다고 한다.

먼저, 우리가 앞서 "연속관에 바탕을 둔 역사주의의 편향"이라고 불렀던 면모를 여기에서 확인할 수 있다. 박사는 위와 같은 해석을 하기 전에, 기 개념의 역사를 조사하여 기의 원래 의미는 어떤 물질의 호칭이었지만 나중에는 특정 물질이 아니라 모든 물질 위에서 작용하면서 그 물질을 활동케 하는 힘을 갖는 무형의 존재로 여겨지는 경우가 많았다고 한다. 그런 해석은 주돈이의 「태극도설」에 이르기까지 수많은 경우에 적용되며, 장재에 이르러 비로소 기는 만물을 구성하는 원질로 여겨졌다고 박사는 말한다. 그러나 장재의 사상에서도 한편으로는 기가 형질이 될 수 없다는 사고가 뿌리 깊게 남아 있었다고 박사는 논한다(37-47면). 우리는 주돈이 이전 기 개념의 역사에 대해서는 많은 말을 할 자격이 없지만, 그렇다고 하더라도 박사의 설명에 대해서 의문이 없을 수 없다. 특히 "취산"(聚散)의 용례에 대한 해석에 대해서 그러하다(44면). 그러나 설령 그에 대한 해석이 옳다고 하더라도 주돈이·장재 두 사람에 대한 박사의 설명에 대해서는 결코 승복하기 어렵다. 특히 주돈이에 대한 해석(46면)의 경우, 우리는 어찌해서 그런 해석이 성립할 수 있는지 전혀 이해할 수 없다. 그 까닭은 주돈이 이전의 기 개념에 대해 정당하든 부당하든 내렸던 결론을 주돈이에게까지 억지로 적용하려고 했기 때문이라고 하지 않을 수 없다.[2)]

---

2) 「태극도설」의 "無極之眞, 二五之精, 妙合而凝"은 문자 그대로 무극, 즉 태극과 이기오행(二氣五行)이 "오묘하게 합하여" 만물을 낳는다는 뜻으로 해석해야 한다. 또한 "二氣交感, 化生萬物"은 이기(二氣)가 만물이 된다는 뜻이다. 한편으로 이오(二五)라고 하고 다른 한편으로 이기(二氣)라고 말하는 것은 이기(二氣)와 오행(五行)의 관계를 암시한다. 그 관계를 한 마디로 말하자면, 당나라의 주석가가 누차 이용하는 "대구를 지으려고 하면 이상하게 되고 산문으로 쓰면 통한다"(相對爲異, 散文則通)는 사유법에 의해 설명될 수 있다. [다시 말해, 원래 "이기지정(二氣之精)"과 "오행지정(五行之精)"이라고 표현했어야 했지만, 주돈이는 문장 구조를 간결하게 하려다 보니 그 두 가지를 "이오지정"으로 압축해 표현했던 것이다.]역자 협주 또한, 주자가

박사의 이런 태도는 주자(朱子)에게도 적용된다. 예컨대 "이 사물을 낳으려면, 반드시 기가 있은 다음에야 이 사물에는 [기가] 응취하여 질이 되는 일이 있게 된다"(『文集』 卷74, 「玉山講義」, "欲生此物, 必須有氣, 然後此物有以聚而成質.")에 대해 박사는, "사물"[物]이 되는 "질"(質)은 기 밖에 따로 있는 것인데 그것만으로는 "물"로 성립할 수 없고, "기"(氣)가 "질"에 덧붙여져야 비로소 "질"이 응결하여 사물이 성립한다는 뜻이라고 한다. 또한 "취"(聚)라는 말을 "질"과 "기"의 결합으로 해석해도 된다고 말한다(52면). 여기서 "이 사물"[此物]이라는 것은 원래 사람을 가리키는데, 사람과 다른 만물은 원리상 다른 것이 아니다. 따라서 "이 사물"을 '만물'로 해석하더라도 큰 잘못은 없다.

그러나 "취(聚)"자에 대한 박사의 설명은 완전히 잘못이다. 이 글자는 기(氣)의 응결을 뜻한다. 바로 이어서 나오는 "질이 된다"[成質]는 말은 기의 응결을 다른 측면에서 말했던 것이라고 해석되어야 한다. 기의 응결과 질의 형성, 그리고 만물의 생성은 동일한 사태의 서로 다른 측면을 달리 말한 것에 불과하다. "기가 쌓이면 질이 된다"(『朱子語類』 卷1, "氣積爲質.")는 구절은 기와 질의 관계를 보여주는 것인데 어떤 이유에서인지 박사는 이 구절에 주목하지 않는다. 기의 응결과 만물의 형성 사이의 동일성을 보여주는 곳은, "기가 모여서 질을 이룬다"(『太極圖說解』, "氣聚而成質"), "무릇 본성은 그것의 주인이 되며 음양오행은 그것에 의해 가로 세로로 얽히며 착종하고, 또한 각각 종류에 따라 응취하면서 형체를 이룬다"(『太極圖說解』, "蓋性爲之主, 而陰陽五行爲之經緯錯綜, 又各以類凝聚, 而成形焉.") 등 그 외에도 많이 있지만, 박사는 이들 구절에 주목하면서도 솔직담백하게 이해하려고 하지는

한편으로는 태극을 말하면서 다른 한편으로는 그것을 말하지 않았던 것은, 주자한테서 리(理)는 의미의 원리임에 비해 기는 사실의 원리였기 때문에, 사실의 사실적 측면을 설명할 때에는 기(氣)만으로도 충분했기 때문일 것이다.

않는다(49-50면, 55면). 이는 필시 역사주의의 편향일 것이다.

그러나 "오행이라는 것은 그 질이 땅에 갖춰져 있는 것이며 그 기는 하늘에서 운행하는 것이다."(『太極圖說解』, "五行者質具於地, 而氣行於天者也"), "오행은 비록 질이지만 그것은 또한 오행의 기도 갖는다"(『朱子語類』 卷1, "五行雖是質, 他又有五行之氣")는 오행에 기(氣)와 질(質)의 두 측면이 있다는 것을 뜻하고, "하늘이 만물을 낳는 것은 기와 질이니, 사람은 이 기와 질을 얻어 형체를 이룬다"(『論語或問』, "天地之…生物者, 氣與質也, 人物得此氣質以成形.")는 구절은 기와 질을 원래 다른 것으로 간주했던 것(50면)은 아닐까? 과연 기와 질은 일단 구별되며, 또한 『논어혹문』의 구절이 보여주듯이 동일 차원에서 상호 작용하는 것으로 여겨진다.[3] 이는 기의 응결을 질(質)로 여기는 해석에 걸림돌이 되지 않을까? 기와 질의 관계를 개념적으로 해석하는 한, 즉 기가 응결하여 물질이 된다는 것을 기의 전체가 물질로 전환한다는 의미로 해석하는 한 분명히 걸림돌이 된다. 그러나 이것을 기의 일부분이 응결하여 질이 된다는 의미로 해석한다면 어떤 어려움도 생기지 않는다. 주자가 이 점을 분명히 말했던 곳은 없는데, 그 까닭은 그의 사유가 개념에 입각하지 않고 직관에 입각했기 때문이다. 그의 사유가 직관에 따른다는 사실은 "음양은 기인데 오행이라는 질(質)을 낳으니, 오행과 음양의 일곱 가지가 서로 섞여서 만물을 낳는 재료가 된다"(『朱子語類』 卷94, "陰陽氣也, 生此五行之質, 五行陰陽七者滚合, 便是生物底材料")는 구절로 충분히 입증될 수 있을 것이다. 또한 "기 중 맑은 것은 기가 되고 탁한 것은 질이 된다"

---

3) 위에서 우리는 기의 응결과 질의 형성 그리고 만물의 생성을 동일시했다. 그런데 지금은 만물의 생성이 기와 질의 결합으로 파악된다. 그러나 이런 모순이 반드시 풀리기 어려운 것일 수는 없다. 주자에게서 인간은 모든 존재의 모델이었다. 그런데 인간은 정신과 육체의 양면을 갖는다. 이 점을 설명하기 위해 성립했던 것이 기와 질의 상호작용을 말하는 사상이었다. 그런데 이것은 정신과 육체를 결국 동일한 원리로 생각하는 것이었다. 이런 방향으로 더욱 철저하게 밀고 나간다면, 정신과 육체의 구별은 사라지고 존재를 혼연한 하나의 전체로서 생각하는 입장이 성립한다. 위에서 지적했지만, 이기오행(二氣五行)에서 오행은 질(質)을 뜻하는 것으로 보인다.

(『朱子語類』 卷3, "氣之淸者爲氣, 濁者爲質")는 말은 "기에는 기가 되는 것과 질이 되는 것이 있다"(50면)는 것을 보여준다. 이것을 사유의 혼란으로 간주하는 것(55면)은 올바르지 않다. 더욱이 기의 일부분이 물질이 된다고 할 때 그 부분을 특정 부분으로 국한시키는 것은 부당하다. 기는 그 중 어떤 부분도 그런 가능성을 지닌다. 그런 부분이 처음부터 결정되어 있다고 여기는 것은 기와 질을 서로 다른 원리로 생각하는 입장의 잔재이다.

또한, "응집하여 태어나고 흩어져서 죽는 것은 기일 뿐이니, 이른바 정신과 혼백이라는 지적 능력과 그 작용을 갖고 있는 것들은 모두 기가 그렇게 한 것이다. 따라서 응집하면 있게 되고 흩어지면 없어진다"(『文集』 卷45, 「答廖子晦」, "氣聚而生散而死者, 氣而已矣, 所謂精神魂魄有知有覺者, 皆氣之所爲也. 故聚則有, 散則無"), "다만 저 천지 음양의 기는 사람과 만물 모두 얻어 가지고 있으니, 기가 모이면 사람이 되고 흩어지면 귀(鬼)가 된다"(『朱子語類』 卷3, "只是這箇天地陰陽之氣, 人與萬物皆得之, 氣聚則爲人, 散則爲鬼.")에 대한 해석(50면)은 박사의 방법적 결함을 가장 잘 보여준다. 곧, 기는 육체와 다른 원리로서 그것이 육체와 맺어지면 사람이 살고 육체로부터 떠나면 사람이 죽으며, 육체로부터 떠난 기는 귀(鬼)가 된다고 박사는 해석한다. 그러나 이런 해석이 성립할 이유는 전혀 없다. 혹은 "정신과 혼백이라는 지적 능력과 그 작용을 갖고 있는 것들은 모두 기가 그렇게 한 것이다"라는 구절은 기가 육체 속에서 작용하는 독립적 원리임을 보여주는 것은 아닐까 생각할 수도 있지만 반드시 그렇게 생각할 필요는 없다. 기(氣)를 질(質)과 나란히 놓고 말하자면 기는 인간의 정신 작용을 관장하는 것이지만, 그렇게 나란히 놓지 않는 한 그것은 인간의 정신적·육체적 작용 전체와 관련된다.[4] 박사의 이런 오해가 생겨난 첫 번째 이유는 우리가 누차 말했다시피 역사주의의 편향에서 찾을 수 있겠지만, 그 두 번째 이유는 "기의 응결과 흩어

4) 각주 3을 보라.

짐에 의해 생사가 있다고 주자가 말했다 하더라도 그에게서 죽음은 단지 육체가 없어지는 것이 아니기 때문에, 이로부터도 기와 육체가 다른 것으로 여겨졌음을 알 것이다"라고 논한 곳에서 찾을 수 있다(다른 점에 대해서도 50면을 보라). 그런데 이것은 주자에게는 매우 고민스러운 의론이었을 것이다. 솔직히 말하면 주자라고 할지라도 죽음이 육체의 소멸은 아니라는 이 명백한 사실을 부정할 수는 없었을 것이다. 그런데 실제로 주자는 이에 대해 끝까지 모르는 체하고 넘어갔던 것은 아니었을까? 그리고 그런 태도는 과학이 아닌 자연철학에서는 오히려 불가피한 사항이다. 그리스의 자연철학을 서술할 경우 '유치하다'(kindlich)라는 말이 여러 번 사용되는 것도 그 때문이다. 박사의 해석은 현대적 의식을 주자에게 억지로 적용함에서 성립했던 것(오히려 역사주의를 포기하는 것)이라고 하지 않을 수 없다.

마지막으로, 기를 "형이하"(形而下)로 여기는 것을 사유의 혼란이라고 박사가 비난했던 까닭은 "형이하"에 대한 몰이해에서 기인한다. 분명 기는 위에 인용한 여러 조목들에서도 알 수 있듯이 무형(無形)일 것이다. 그러나 기는 동시에 형체를 가질 수 있다. 주자에게서 우주는 형체 없는 존재와 형체 있는 존재의 사이가 조금의 틈도 없이 바짝 붙어 있는 완전 연속적인 일자(一者)로 표상된다. 이 형체 없는 존재야말로 기 이외에 다름 아닌데 그것은 운동에 의해 점차 찌꺼기를 만들어 낸다. 이 찌꺼기가 형체 있는 것, 곧 질(質)이다.[5] "형이하"란 '형체를 지닐 수 있는 것'으로 해석되어야 한다. 이러한 의미 부여는 문자 그 자체만 보자면 부당할 것이다. 그러나 이 점을 비난하기 전에, 우리는 주자가 문자의 해석이 아니라 사상을 과업으로 삼았다는 점을 생각해야 한다. 박사의 해석은 이 점을 이해하지 못했기 때문에 생겨났던 것이다. 또한 미리 말해 두자면, 기가 "형이하"로 여겨진 하나의 이유로서 주자가 리와 기를 「계사전」의 도(道)와 기(器)에 '억지로' 끼워 맞추고자 했

5) 이 책 제1장 「주자의 '기'에 대해서」를 보라.

다는 것을 박사가 들고 있는 것은(56면), 중국 사상은 서로 관계없는 다종다양의 사상을 그대로 결합함에 의해 성립한다는 박사의 선입관이 드러난 것에 다름 아니다.

기에 대해서는 또 다른 곳에서도 많은 문제가 있지만 번쇄함을 피하기 위해 여기서는 더 이상 논하지 않겠다. 다만, 가장 마지막으로 지적해야 할 점은 박사가 음양 개념에 대해 그다지 주의를 기울이지 않는다는 사실이다. 기라는 존재론적 개념에는 일기(一氣)·이기(二氣)·오행(五行)의 세 가지가 있는데, 이기는 일기와 오행 사이에 놓여 있기는 하지만 단순히 중간적 존재인 것은 결코 아니다. 왜냐하면 모든 존재는 그대로 이기(二氣)로서 사유되기 때문이다. 그러나 이기라고 하더라도 음인 것과 양인 것이 서로 분리하여 있는 것은 결코 아니다. 그렇다고 해서 모든 존재가 음으로부터 양으로 또는 양으로부터 음으로 시시각각 끊이지 않고 변화해 가는 것도 아니다. 똑같은 것이라도 그것이 다른 어떤 것과 대비되어 짝지어지느냐에 따라서 어떨 때는 음이기도 하고 어떨 때는 양이기도 하다. 물론 마구잡이로 변하는 것이 아니라, 대비되고 짝지어지는 것이 한결같다면 그것도 한결같이 음이면 음, 양이면 양일 것이다. 하지만 고립된 존재로서 있지 않고 언제나 다른 것과 맺어져 있다는 점에 음양 개념의 특이성이 있다.[6] 일찍이 마르셀 그라네는 중국의 '좌우' 개념이 지닌 특이성을 논하면서 "중국사상은 속성의 반대인 것이 아니라, 대조 · 교호성 · 상호관련 · 신성결혼(神聖結婚)적 전환과 관련이 있다"는 예리한 통찰을 보여 주었다(Marcel Granet, *La pensée chinoise*, p.363 ét s.). 그라네의 이런 통찰이 정당하다면, 주자의 음양 개념은 중국 특유의 사유법을 가장 잘 반영한다고 말할 수 있을 것이다. 그런데 예리한 눈을 가진 박사가 이 점에 전혀 주의를 기울이지 않았던 것은 대체 어떤 이유에서였을까?

---

6) 上同.

3. 리에 대하여

다음, 리에 대해 생각해 본다.

박사는 리에 대해서도 꽤 많은 내용을 말하고 있지만 해석의 요점은 간단하다. 우주론의 뜻에서 리는 우주만물의 작용에 갖춰진 조리 · 법칙을 실체화했던 것임에 반해, 인간론의 뜻에서 그것은 "진정한 의미에서 본성 또는 본성의 본체"로서 선의 원리로 여겨진다고 박사는 말한다.

먼저 생각해야 할 점은 지금 서술했던 우주론적 의미에서 리의 해석(24면)이다. "묻기를, 리가 기 가운데서 발현한다는 것은 어떤 것입니까? 대답하기를, 예컨대 음양오행이 서로 착종하되 조리를 잃지 않는 것이 곧 리이다"(『朱子語類』 卷1, 제12조, "問, 理在氣中發現處如何. 曰, 如陰陽五行錯綜不失條理, 便是理.")라는 말은 그런 해석이 정당하다는 것을 입증하는 듯하다.(우리는 기를 존재 일반으로 이해한다) 그러나 이 때 리가, 존재가 그것에 따라 변화하고 운동하는 법칙 또는 동일성으로서의 인과율과 같은 것을 뜻한다고 해석하는 것에는 적잖은 문제점이 있다. 오히려 리는 일(一)과 타(他)를 구별하는 개별성이었다. 물론 리는 변화에 대해서도 인정되기는 한다. 하지만 주자의 경우, 변화는 리를 좇아서 리를 따라서 일어난다고 말하기보다 차라리 리에 의해서 리 때문에 일어난다고 생각했던 것처럼 보인다. "천하 만물에 이르면, 각각 그렇게 된 까닭과 그렇게 해야 할 원칙이 있으니 그것이 이른바 리이다"(『大學或問』, "至於天下之物, 則必各有所以然之故與其所當然之則"), "한 번 음이고 한 번 양인 까닭이 리이다"(『通書注』, "所以一陰一陽者理也"), "…그런데 그것의 움직임과 고요함에는 움직임과 고요하게 된 까닭인 리가 있기 마련이다"(『文集』 卷45, 「答楊子直」, "…而其動其靜, 則必有所以動靜之理焉.")라는 말은 그 점을 보여주기에 충분할 것이다. 이렇게 리가 법칙이라기보다 오히려 개별성이라고 한다면,[7] 박사의 해석은 잘못은 아니라 할지라도 적어도 오해를 일으킬 소지는 있다고 할 수 있을 것이다.

그런데 박사가 그 일부분을 인용하고 있는(24면) "도(道)는 곧 리이니, 사람이 함께 따라가는 것에 입각해서 말한다면 도라고 말하고 각각 조리를 갖는다는 측면에서 말한다면 리라고 말한다"(『文集』, "道卽理也, 以人所共由而言, 則謂之道, 以其各有條理而言, 則謂之理")는 조목은 리의 법칙성을 보여주는 곳이다. 그렇지만 박사도 인정하듯이 여기서 문제되는 것은 "사람의 도"이다. 리는 법칙이기는 하지만 도덕적 법칙이지 만물의 운동이 거기에 따라야 할 법칙은 아니다. 또한 "조리"에 대해 말하면 박사는 그것을 곧바로 '법칙'과 똑같은 것으로 여기는 것 같은데, "도는 통합적 명칭이고 리는 세부절목이다"(『朱子語類』 卷6, "道是統名, 理是細目"), "도는 길의 뜻이니 사람이 함께 따르는 길이고 리에는 각각 조리와 분계가 있다"(『朱子語類』卷6, "道訓路, 大概說人所共有之路, 理各有條理界辨"), "리는 조리와 분계가 있어서 각각 하나의 길을 따름으로써 각각 조리가 있으니 그것을 리라고 한다. 사람이 함께 따르는 것은 도라고 한다"(『朱子語類』 卷6, "理是有條辨, 逐一路子, 以各有條, 謂之理, 人所共有, 謂之道"), "리는 한 줄기 선과 같아서 조리가 있다. 마치 대나무 광주리처럼 위쪽으로 뻗어가는 줄기를 가리켜서 '이 줄기가 이렇게 간다'고 말하고 또 다른 줄기를 가리켜서 '이 줄기가 이렇게 간다'고 말한다."(『朱子語類』 卷6, "理和一把線相似, 有條理. 如這竹籃子相似, 指其上行蔑曰, 一條子恁地去, 又別指一條曰, 一條恁地去")를 종합해서 생각해 보면, 그것은 단순한 '조리'가 아니라 동시에 '개별성'을 함축하는 것임을 알 수 있다.[8] 생각건대 사물이 갖춘 개별성이 인간 행위에 의해 실현되어야 하는 것으로 여겨짐에 이르러 리는 법칙성을 획득하는 것이다. 이 점은

7) 理를 道라고 한다고 해서 반드시 理의 법칙성을 뜻하지는 않는다.

8) 조리와 개별성을 자각적으로 연관시켰던 학자로 대동원(戴東原)이 있다.

앞서 인용한『대학혹문』구절로부터도 알 수 있다.

리는 또한 한층 더 포괄적 의미를 함축한다. 그것은 리가 '의미'라는 사실이다.[9] 그러나 박사는 이 점에 대해 전혀 주의를 기울이지 않았고 그 결과 여러 가지 오해에 빠지고 말았다. 그 중 첫 번째는 형이상(形而上) 혹은 무형(無形)에 대한 것이다. 이 단어들은 문자 그대로 형체가 없다는 것을 뜻할 것이다. 그러나 마찬가지로 형체가 없는 존재인 기가 형이하(形而下)로 여겨지는 점을 생각한다면, 그것은 '형체를 취할 수 없다'는 것을 뜻한다고 말해야 한다. "리는 무형이고 기에는 찌꺼기가 있다."(『朱子語類』卷1, "理則無形, 氣便粗, 有渣滓")라고 하듯이, 무형과 '찌꺼기가 있음'이 대립된다는 것은 그 점을 보여준다. 그리고 리가 형체를 취할 수 없다는 점을 여러 번 반복하는 것은 그것이 유(有)의 범주로 파악될 수 없기 때문이다. 이렇게 생각해 볼 때 리가 무극(無極), "소리도 없고 냄새도 없다"는 말과 결부되는 사실을 상기한다면 우리는 그것이 얼마나 교묘한 상징인지를 알 수 있다. 박사가 이들 사실을 논하지 않았던(32-34면) 것은 그 상징성을 망각했기 때문이라 할 수 있다.

박사가 리의 성격을 충분히 이해하지 못한 결과 발생한 가장 중대한 오해는 인간론의 리에 대한 것이다. 곧, 주자에 따르면 우주에 편재하는 리와 기가 사람에게도 갖추어진다. 그러나 "아직 기가 있기 전에 이미 본성이 있고, 기가 있지 않더라도 본성은 언제나 있다"(『朱子語類』卷4, "未有此氣, 已有此性, 氣有不存, 而性却常存"), "사람과 만물이 아직 생겨나지 않았을 때 오직 리라고 말할 수 있을 뿐 아직 본성이라고 말할 수 없다, … 사람이 태어난 이후 리는 이미 형기 안에 내려와 있다"(『朱子語類』卷95, "人物未生時, 只可

---

9) 필자의 논문 「주자의 존재론에서 '리'의 성질에 대해」를 보라. 이 논문은 지금 생각해 보면 수많은 결점을 갖고 있지만(가장 큰 결점에 대해서는 이미 그 논문의 덧붙이는 말에서 지적했다), 기본적 생각은 지금도 변하지 않았다.

謂之理, 說性未得,…人生以後, 此理已墮在形氣之中")라고 하듯이, 사람에게는 태어나기 전부터 리가 있다. 그런데 여기서 태어난다는 것은 사람이 육체를 갖춘다는 의미일 터인데, 이런 뜻에서 "아직 태어나기 전"의 사람이라는 것은 무엇을 말하는 것인지, 그런 사람에게 리가 있다는 것은 어떤 상태에 있다는 것인지 알 수 없다. 이 점은 사후(死後)의 리의 소재와도 관련이 있다. 곧, 사람이 죽는다면 기는 흩어져 버리기 때문에 사후 기의 행방은 알 수 있지만 리가 어떻게 되는지는 알 수 없다. 이렇게 논하면서 박사는 주자의 사유가 전혀 엉터리라고 지적한다(60-66면).

이런 박사의 해석을 하나하나 논하는 것은 매우 번쇄하기 때문에, 두세 가지 중요한 점만 언급하고자 한다. 먼저 첫 번째로 지적해야 할 것은, 사람이 아직 태어나기 전에도 사람의 리가 있다고 말하는 것으로부터, 아직 태어나기 전의 사람이라는 존재를 주자가 상정했다고 결론내릴 이유가 전혀 없다는 점이다. 두 번째는 앞서 서술했던 것처럼 기에 대한 박사의 오해가 전체에 걸쳐 뿌리 깊이 남아있다는 점을 지적해야 할 것이다. 세 번째는 가장 중요한 점으로서, 박사가 리의 성격을 전혀 고려하지 않는다는 사실이다. 예컨대 사후 리의 행방과 같은 문제는 리의 성격을 고려해 볼 때 거의 문제가 안 되는 것이 아닐까? 주자는 "이른바 천지의 본성은 곧 나의 본성이니 어떻게 죽는다고 해서 갑자기 없어질 리가 있겠는가?"(『文集』 卷41, 「答連嵩卿」, "所謂天地之性, 卽我之性, 豈有死而遽亡之理.")라고 답할 수밖에 없었을 것이다. 사람이 아직 태어나기 이전의 리에 대해 말하자면, 마찬가지로 박사 자신이 인용하고 있는(26면) "만약 리의 측면에서 보자면 아직 사물이 없더라도 이미 사물의 리가 있으니, 다만 그 리만 있을 뿐 아직 그 사물이 실제로 있는 것은 아니다"(『文集』 卷46, 「答劉文叔」, "若在理上看, 則雖未有物, 而已有物之理, 然亦但有其理而已, 未嘗實有此物也")가 그 답일 것이다. 곧, 사람이 태어나기 전에도 리는 있지만 그 '존재'는 보통의 '존재'가 아니다. "리의 측면에서" 존재인 것이다. 이렇게 말하는 방식은 순환론처럼 보이지만 결코 그렇지는 않다. 그것은 리가 바로 '의미'임을 보여주기 때문이다. 실로 의미가 존재에 앞설 수 있다는 것은 존재론상에서가 아니라 의미론상에서 그러해야 할 것이다.[10)]

마찬가지로 박사가 인간론에서 리를 "진정한 의미의 본성 또는 본성의 본체"로 여겼던(57면) 부분을 보자면, "진정한 의미의 본성 또는 본성의 본체"를 박사가 전혀 설명하지 않았던 데에 항의를 제기하고 싶다. 더욱이 뒤집어 생각해 보면, 이런 사실은 박사가 '본성'이라는 개념을 가장 보편적 의미로, 곧 '성질'이라는 뜻으로 해석한다는 것을 암시한다. 그리고 그것은 우주론의 리를 조리·법칙으로 해석하는 태도와 일치한다. 왜냐하면 성질이란 행위가 보여주는 경향으로서 어떤 법칙적인 것이기 때문이다. 그런 박사의 해석이 전혀 부당한 것은 아니다. 그런데 이렇게 리와 동일시된 본성은 단순한 '성질'로 그치지 않는 특수한 함축을 지닌다는 사실에도 주의해야 한다.

이 경우에도 중요한 역할을 담당하는 것은 리의 '의미'적 성격이다. 곧, 사단설에 대한 주자의 해석[11)]에서 나타나듯이 리이자 본성인 인의예지(仁義禮智)는 '인의예지라는 작용'이 아니기 때문에, 그것은 단순한 행위 경향이 아니라 오히려 행위 하나하나가 지닌 의미를 부여하는 원리였다. 예컨대 어떤 행위가 바로 '측은'(惻隱)인 까닭은 그것이 본성인 어짊[仁]의 '싹'[端]이기 때문이다. 역으로, 어짊이라는 본성은 어떤 행위에 대해 '바로 그것은 측은한 것이다'라고 의미를 부여하는 원리이다. 단, 주자에게서 모든 행위는 완전하

10) 의미와 존재의 상호제약성은 주자에 의해 충분히 이해되었다. 다음 인용문을 보라. "어떤 이가 묻기를, '반드시 리가 있고나서 기가 있습니까?'라고 했다. 답하기를, '원래 선후로 말할 수 없지만 그 근원으로 밀고 올라가면 먼저 리가 있다고 해야 한다. 그러나 리도 또한 구체적 사물이 아니라 기 속에 존재하니 기가 없다면 리도 걸려 있을 곳이 없다.'라고 했다."("或問, 必有是理, 然後有是氣, 如何. 曰, 此本無先後之可言, 然必欲推其所從來, 則須說先有是理, 然理又非別爲一物, 卽存乎是氣之中, 無是氣, 則是理亦無掛搭處." 『朱子語類』 卷1, 제11조)

11) 이 책 제2장 「주자의 존재론에서 '리'의 성질에 대해」에 간단한 설명이 있다.

든 불완전하든 도덕의 의미를 지닌다. 바꿔 말하자면 모든 행위는 사단의 네 가지 감정 중 어디에든 속한다. 네 가지 감정에 의미를 부여하는 원리인 인의예지(仁義禮智)가 사람에게 원래 갖춰져 있는 것으로서, 즉 '본성'으로서 파악되는 근본적 이유가 여기에 있다. 인의예지가 본성이며 본성이 리라고 하는 의미는 이렇게 이해해야 한다.

"인의예지가 본성이라고 말하는 방식은 타당하지 않기 때문에, 그것들을 본성이라고 말할 것이 아니라 본성의 덕이라고 말하든지 아니면 인의예지의 작용이 본성에 갖춰져 있다는 식으로 말해야 했을 텐데, 주자가 굳이 '인의예지가 본성'이라고 말했던 까닭은 중국어 특유의 말하기 방식 때문이다. '본성이 리이다'라고 말하는 것도 또한 그것과 같은 방식으로, 실은 그 말은 '본성은 리 그 자체이다'라는 뜻이다"라고 박사가 논했던 것(66면)은 그의 이해가 충분치 않았음을 이야기한다.[12]

또한, 예컨대 "본성은 마음의 리이다"[13](『元亨利貞說』, "性者心之理也")라는 구절과 관련하여 논하는 곳(58-59면)에 따르면, 박사는 마음을 육체와 대립하는 정신과 같은 것으로 이해하고 있는 듯한데 여기에도 의문이 있다. 왜냐하면 앞에서 이미 말했다시피, 주자에서 정신과 육체는 결코 대립하는 두 가지 원리가 아니었기 때문이다. 그리고 이것은 주자 사상의 특징을 이루는 것이지 그 입장의 소박함을 보여주는 것이 결코 아니다. 정신과 육체를 두 가지 원리로 보지 않았던 주자의 말은 외려 인간존재의 본질을 보여준다고

---

12) 그렇지만 인의예지가 작용으로서 이해되는 경우도 없지는 않다. 예컨대 『논어』의 "孝弟也者, 其爲人之本與"에 대한 "'爲仁'은 '行仁'과 같다"는 주석이 그러하다. 그러나 이런 의미의 어짊이 본성으로 여겨지지 않았다는 것은 다음의 정자(程子)의 설명이 인용되어 있다는 점에서 드러난다. "무릇 인은 본성이며 효제는 작용이다. 본성 가운데 오직 인의예지 네 가지만 있을 뿐이니 어찌 효제가 있었겠는가? 그런데 인은 사랑을 위주로 하고 사랑은 부모사랑보다 중요한 것이 없다. 그러므로 '孝弟也者, 其爲人之本與'라고 했다."("蓋仁是性也, 孝弟是用也, 性中只有箇仁義禮智四者而已, 曷嘗有孝弟來, 然仁主於愛, 愛莫大於親, 故曰, 孝弟也者, 其爲仁之本與.")

13) 『元亨利貞說』, "性者心之理也."

나는 생각한다. 그리고 본성과 리의 관계는 이런 주자의 사유에 대한 면밀한 분석에 의해 더욱 새롭게 조명될 것이다. 또한 감히 내 예감을 말해 본다면, 주자의 존재론에서도 가장 어려운 문제 중 하나인 리와 기의 매개 문제 같은 것도, 정신과 육체에 대한 그런 사고방식을 통해서 해결의 길 중 하나를 발견할 수 있지 않을까? 그러나 여기서 이 문제를 깊이 파고들기에는 우리의 사색이 아직 미숙하다. 이 때문에 지금은 이 문제를 지적하는 것에서 그치고자 한다.

4. 나가며

이상으로 매우 솔직하게 나의 견해 일부를 피력하였고, 서두에서 말했던 불안감으로부터 나온 내 생각을 얘기했다. 문제의 소재를 명확히 하기에 급한 나머지 박사의 설명 중 훌륭한 곳에 대해서는 전혀 언급하지 않았고, 아울러 우리의 견해를 제시할 때도 너무 적나라했다는 혐의가 없지 않다. 특히 비판받아야 할 점은, 방금 말했던 것처럼 박사의 입장을 비판하는 입장 그 자체가 극히 미숙함을 우리 스스로 느끼고 있다는 사실이다. 이런 모든 점은 박사에 대해 매우 결례되는 일이 아닐 수 없다. 다만 향학의 열의를 품고서 그렇게 했던 것이니 잘못으로 여기지 않아주셨으면 하는 바람이다.

1940년 4월 초고, 7월 개고

『동방학보』(東方學報, 교토) 제11책, 제4권

5장
진백사의 학문

1. 명나라 초기, 비판적이며 자유로운 정신의 출현

명초의 사상계가 주자학 일색이었다는 것은 다시 단언할 필요도 없을 것이다. 국초 이래 정주학(程朱學)의 책이 과거시험 교과서로서 채택되었고, 영락(永樂) 연간에는 『사서대전』(四書大全), 『오경대전』(五經大全), 『성리대전』(性理大全) 등의 책이 조칙에 의해 편찬되었으며, 그 무렵인 영락 2년(1404)에 요(饒) 지방, 곧 지금의 강서성 파양현(鄱陽縣)의 주계우(朱季友)라는 사람이 송대 유학자를 비난하는 책을 바치자 대학사(大學士) 양사기(楊士奇)의 청에 의해 벌을 받은 사건이 있어났던 것은 당시 정주학의 세력을 이야기하기에 충분할 것이다. 그렇지만 이 시대에 정주학의 이론 그 자체가 심화하고 발전했다고는 할 수 없으며, 월천 조단(月川 曹端, 1376~1434), 경재 호거인(敬齋 胡居仁, 1434~1484) 등 뛰어난 정주학자라고 여겨지는 사람들도 사상으로는 이른바 아류(亞流)를 면치 못했다. 명초 사상사의 단계는 정주 아류의 시대라는 말로 정리될 수 있다.

이런 상황은 왕양명의 출현에 의해 결정적으로 깨졌다. 주자학으로부터 출발했으면서 마침내 그것을 부정했던 이 학자에 의해 정주 아류의 시대는 종말을 고하고 새로운 사상사의 단계가 시작한다. 로마가 하루아침에 이루어지지 않았듯이, 왕양명의 출현에도 그것을 예고하고 약속하는 듯 한 시대적 움직임이 선행했다. 그 움직임에 시동을 걸었던 사람은 우리가 여기서 연구하고자 하는 백사 진헌장(白沙 陳獻章, 1428~1500)에 다름 아니다.

이렇게 말하면서, 백사의 학문이 양명의 학문에 어떤 영향을 미쳤다고 우리가 주장하려는 것은 아니다. 백사가 죽었던 것은 효종(孝宗)의 홍치(弘治) 13년(1500년)으로, 이 때 양명은 20여세였다. 또한 백사의 제자 감천 담약수(甘泉 湛若水, 1466-1560)는 여러 차례 양명과 논쟁을 벌였다. 이런 사실로부터 백사와 감천이 양명에게 영향을 끼쳤다고 상정하는 학자가 있다. 뒤에 서술하다시피 과연 백사의 학문과 양명의 학문 사이에는 뚜렷한 유사점이 있다. 이 점을 본다면 그렇게 상정하는 것이 반드시 잘못은 아닌 듯 여겨진다. 그러나 양명의 편지 가운데에는 백사의 학문을 언급한 곳이 없고, 더욱 중요한 점은 두 사람이 그 뚜렷한 유사점에도 불구하고 본질적 차이를 갖는다는 사실이다. 따라서 두 사람 사이에 그런 영향 관계를 상정할 수 없다. 다만 두 사람은 정주학을 통째로 삼키지 않고 그것을 비판하였으며, 자신의 두뇌로써 사색하고자 했던 태도는 일치한다.

앞서도 서술했다시피, 양명이 주자학으로부터 출발하면서 마침내 그것을 부정했던 것은 매우 유명한 얘기지만, 백사도 동일한 과정을 거쳤던 사람이다. 백사는 뛰어난 주자학자였던 호거인과 함께, 역시 주자학자였던 강재 오여필(康齋 吳與弼)을 스승으로 삼았지만 결국 물러나서 스스로 사색했다는 것은 뒤에서 서술하는 대로이다. 이런 비판적 정신은 백사로부터 시작하는 이 시대의 시대정신이라고도 할 만하며, 백사와 동문수학한 일재 루량(一齋 婁諒)도 『명유학안』(明儒學案)이 지적하다시피 단지 스승의 설을 답습한 학자는 아니었다. 일재의 책은 『명유학안』이 저술된 시대에 이미 일실되었지만, 호거인은 루량을 이렇게 비난한다.

루극정(婁克貞)은 이렇게 말한다. "나는 육선생[역자 주: 육구연]과 비할 바가 아니다. 육선생은 이치를 궁구하지 않았지만 나는 기꺼이 이치를 궁구한다. 공보(公甫, 역자 주: 진백사)는 독서하지 않지만 나는 근면히 독서를 한다." 내가 보건대 그 역시 이치를 궁구하지 않았으며, 그의 독서는 단지 성현의 말씀으로 자기의 견해를 옹호하는 것을 [목표로 삼을] 뿐이니, 마음을 비우고서 성현의 의도를 추구하거나 자기를 버리고 그들을 따른 적은 없었다.[1]

『명유학안』은 이런 호거인의 평가에 바탕을 두고서, 일재의 학문은 스승의 설을 충실히 지켰던 것이 아니었다고 말한다. 일재 역시 비판적이며 자유로운 정신을 갖고 있었다는 점을 알 수 있다. 또한 『명유학안』은 다음과 같은 왕양명과 루량 사이의 일화를 전한다.

문성(文成; 왕양명)이 나이 열일곱 살에 신부를 맞아들이느라 신부 집으로 가던 길에 신(信) 땅을 지나가다가 선생(루량)에게 학문에 대해 물었고 깊이 깨달음을 얻었으니, 요강(姚江, 왕양명)의 학문은 선생이 발단이 된다.[2]

양명이 '풀 한 포기 나무 한 그루에도 지극한 이치가 있다'는 주자학적 명제에 바탕을 두고서 대나무의 이치를 궁구했지만[格][3] 전혀 얻은 바가 없었고 마침내 병에 걸렸던 것은 그 이후의 사건이며, 양명의 이 경험이 이후 주자학 부정의 계기가 되었다는 것은 유명한 사실이다. 그런 한에서 양명은 루량의 학문을 그대로 계승했다고 생각할 수 없지만, 그의 비판적이며 자유로운 정신은 루량에 의해 주입되었을지도 모른다. 이런 두 사람의 자

---

1) 『居業錄』, 卷七, 正誼堂本丁十二左, "婁克貞說, 他非陸子之比, 陸子不窮理, 他却肯窮理, 公甫不讀書, 他勤讀書. 以愚觀之, 他亦不是窮理, 他讀書只是將聖賢言語來護己見, 未嘗虛心求聖賢指意, 舍己以從之也."

2) "文成年十七, 親迎過信, 從先生問學, 深相契也, 則姚江之學, 先生爲發端也."

3) 대나무를 '격'(格)한다는 것은, 대나무의 이치를 궁구한다는 것이다(역자 주).

유사상가가 동시대에 출현했다는 것은 당시의 움직임을 잘 보여줄 것이다.

그러나 방금 인용한 호거인의 말로부터 알 수 있다시피, 루량은 "진백사는 독서를 하지 않지만 나는 열심히 독서를 한다"고 말하였다고 한다. 독서는 주자학의 공부 중 중심이기 때문에, 루량의 이 말은 자신이 백사에 비해서 한층 스승의 설에 충실하다는 것을 변호했던 말이었다. 그리고 호거인도 일단 그 점은 인정한다. 이로부터 백사는 루량에 비해 한층 자유로운 정신을 가졌음을 알 수 있다. 곧, 백사는 이 새로운 시대의 선두에 선 사람이며, 그 시대의 움직임에 시동을 걸었던 사람이라고 할 수 있다. 여기에 백사의 사상사적 의미가 있다.

2. 진백사의 학문적 이력

그렇다면 백사의 학문은 어떠한 것이었을까? 이를 알기에 매우 편리한 문헌이 있다. 곧, 「제학 조첨헌에게 보내는 답장」(復趙提學僉憲書)[4]이 그것인데, 매우 짧기는 하지만 백사의 학문적 이력이라 할 만한 내용을 포함하고 있으므로, 여기에 대해 해설을 가하기만 하면 그의 학문 거의 전체를 규명할 수 있다. 먼저 그것을 시도해 보자.

그의 신상 이력은 이렇게 시작한다.

> 저의 재질은 다른 사람에 미치지 못하니 나이 스물일곱 살이 되어서야 비로소 발분하여 오빙군(吳聘君)으로부터 배웠습니다. 그는 옛 성현의 가르침이 적혀 있는 책은 무엇이든 강독하였으나 들어갈 곳을 아직 알지 못하였습니다.[5]

4) 『白沙子全集』, 卷二, 康熙顧嗣協刻本, 丁二十左-二十一右.

5) "僕才不逮人, 年二十七始發憤, 從吳聘君學. 其於古聖賢垂訓之書, 蓋無所不講, 然未知入處."

오빙군은 앞서 서술한 오강재(吳康齋; 吳與弼)를 가리킨다. 백사는 선덕(宣德) 3년(1428)에 태어났기 때문에 나이 스물일곱 살이라면 경태(景泰) 5년(1454)이다. 이보다 앞서 백사는 정통(正統) 12년(1447) 향시(鄕試)에 합격하고 이듬해 13년(1448)과 16년(1451)에 두 번 회시(會試)를 치렀지만 낙제했다. 그래서 경태 5년에 과거시험 공부를 포기하고 오강재의 제자가 되었다. 강재는 성격이 엄격하여 찾아오는 학생들과 절대로 말을 섞지 않았으며 먼저 밭을 갈도록 시켰다고 하지만, 어떤 이유에서인지 백사에 대해서만은 태도를 달리 하여 아침저녁으로 더불어 강학하고 연구했다고 한다. 그러나 이 신상 이력이 말하듯이 백사는 스승의 설에 만족하지 못하여 겨우 반년 정도 오강재의 밑에 있었을 뿐이며, 결국 고향 백사촌(白沙村, 지금의 광동성 新會縣 북쪽 20리 지역)으로 돌아와 버렸다. 곧, 백사에 대한 강재의 학문적 영향력은 거의 없었으며, 주자학에 대한 백사의 반역은 여기에서 발단을 보이고 있다. 그러나 강재가 백사에게 학문상의 영향을 주지 않았다고 할지라도, 백사의 문인 동소 장후(東所 張詡)가 말했다시피 "격려와 분발의 노력은 강재로부터 많이 얻었음"[6]에 틀림없다. 그래서 『명유학안』은 "바퀴 살 없는 통나무 바퀴는 큰 수레의 시초이고, 쌓인 얼음은 모인 물이 이룬 것이니, 강재가 없었다면 어찌 후대의 성대함이 이루어졌겠는가?"[7]라고 말하여 강재의 공적을 기리면서, 그의 학안(學案)인 숭인학안(崇仁學案)을 개권(開卷) 첫 번째에 두었다.

신상이력은 계속해서 말한다.

> 백사에 돌아오자 두문불출하면서 오로지 수양법을 추구하였으나 가르쳐 줄 스승과 벗이 없었기 때문에 날마다 서책에 의지해서만 그것을 찾느라 잠자는 것

6) 『白沙子全集』, 卷首, 「白沙先生行狀」, "激勵奮發之功, 多得之康齋."

7) "椎輪爲大輅之始, 增氷爲積水所成, 微康齋, 焉得後時之盛哉."

과 먹는 것도 잊었습니다. 이렇게 한 지 몇 년이 지났지만 결국 체득하지 못하였습니다. '체득하지 못했다'는 것은 나의 마음과 리(理)가 아직 합치하지 못했다는 것을 말합니다.[8]

여기서 우리의 주의를 끄는 것은 "'체득하지 못했다'[未得]는 것은 나의 마음과 리가 아직 합치하지 못했다는 것을 말합니다"라는 구절이다. 오늘날의 말로 하자면 당시 백사의 이해가 개념적 이해에 머물렀다는 것이며, 한층 엄밀하게 말하면 관념이 실체가 되지 못했다는 것에 다름 아니다. 원문 '미득'(未得)이라는 용어는 어디에도 없는 말이지만 그는 이에 대해 이렇게 개념 분석을 덧붙인 것이다. 여기서 우리는 백사의 예리한 분석 능력을 확인할 수 있다. 그러나 그보다 중요한 것은 당시 백사의 관심이 어디에 있었는지를 알 수 있다는 점이다. 신상 이력은 당시의 노력을 "잠자는 것도 먹는 것도 잊었다"는 구절로 압축하여 보여주는데, 이것은 결코 단순한 수사적(修辭的) 형용만은 아니었던 것 같다. 그는 문자 그대로 밤에도 잠을 자지 않았고 조금 피곤하면 물로 발을 씻고서 또다시 공부했다고 한다. 그리고 독서의 범위는 천하 고금의 전적에 걸쳤고 불교·도교·패관소설(稗官小說)에까지 이르렀다고 한다. 이렇게 범위가 넓었던 것은, 필시 천하의 모든 책은 어떤 의미에서든 리(理)를 함축하고 있다는 주자학의 명제에서 비롯한 것일 터이므로, 이 점에서 백사는 아직 주자학의 지배에서 벗어나지는 않았다. 그런데 백사의 관심사는 독서에 의해 박식을 추구하는 것에 있지 않고, 독서로 얻어지는 리(理)에 대한 앎을 실체적 관념으로까지 높이는 데 있었다.

하지만 그것이 당시에는 실현되지 않았다. 백사의 고민은 바로 그것이

8) "比歸白沙, 杜門不出, 專求所以用力之方, 旣無師友指引, 惟日靠書册尋之, 忘寢忘食. 如是者亦婁年, 而卒未得焉. 所謂未得, 謂吾此心與此理, 未有湊泊脗合處也."

었으며, 그 고민은 사상의 새로운 전환이 나타나는 계기가 된다.

그래서 저 번잡함을 버리고 나의 핵심을 추구하였습니다. 오래도록 정좌를 하자 이 마음의 본체가 은연 중 드러나서 마치 어떤 것이 있는 듯 보였고, 일상생활의 다종다양한 행위가 저의 욕구대로 이루어지되 마치 말에 재갈을 물린 듯 [절제 있게] 이뤄졌습니다. 만물의 리를 체험으로 인식하여 성현의 가르침에 비추어 보니, 각각 두서와 경력이 있는 것이 마치 물에 수원(水源)이 있는 것 같았습니다. 그래서 기뻐하며 "성인이 되는 방법은 여기에 있구나!"라고 혼자서 말하였습니다. 제게 배우는 사람이 있으면 그때마다 그에게 정좌를 가르쳤습니다. 제가 경험했던 것 중 조금이라도 실제적 효과가 있는 것을 그에게 알려 주었지, 고원하고 헛된 이야기로 사람들을 오도하는 데 힘쓰지는 않았습니다.[9]

여기에서 백사는 주자의 학문과 결별한다. 그리고 이것은 물론 백사 스스로도 의식하고 있었다.

주자(周子)의 『태극도설』은 "성인은 그것을 중정(中正)과 인의(仁義)로써 안정시키고 고요함을 주로 한다"고 말하였습니다. 질문자가 "배워서 성인이 될 수 있습니까?"라고 묻자 "될 수 있다"고 대답하였으며, "무엇이 핵심입니까?"라고 묻자 "하나됨이 핵심이다, 하나라는 것은 욕구가 없다"라고 대답하였습니다. 『이정유서』는 "전일하지 않다면 곧바로 이룰 수 없고, 거둬들이지 못한다면 발산할 수 없다"고 말하였습니다. 또 정좌를 잘 배우는 사람에게 감탄하면서 "그로써 본성과 감정에 대한 배움을 이룰 수 있다"라고 하였습니다. 이정(二程)이 주자(周子)로부터 얻은 것을 주자(朱子)는 말하지 않았으나 상산(象山)에게는 있습니다. 이것이 저의 생각입니다.[10]

---

9) "於是舍彼之繁, 求吾之約. 惟在靜坐, 久之, 然後見吾此心之體, 隱然呈露, 常若有物, 日用間種種應酬, 隨吾所欲, 如馬之御銜勒也. 體認物理, 稽諸聖訓, 各有頭緖來歷, 如水之有源委也. 於是渙然自信曰, 作聖之功, 其在玆乎. 有學於僕者, 輒敎之靜坐. 蓋以吾所經歷, 粗有實效者告之, 非務爲高虛以誤人也."

10) 『白沙子全集』, 卷一, 「書蓮塘書屋册後」, "周子太極圖說, 聖人定之以中正仁義而主靜. 問者

이렇듯 자신의 학문이 주자를 따르지 않고 상산과 연결된다는 것을 인식하고 있었다.

그렇다면 정좌에 의해 도달한 경지는 어떤 것이었을까? 위 인용문에서 "이 마음의 본체가 은연 중 드러나서 마치 어떤 것이 있는 듯 보였고, 일상생활의 다종다양한 행위가 저의 욕구대로 이루어지되 마치 말에 재갈을 물린 듯 [절제 있게] 이뤄졌다"라는 말은 본디 어떤 현상을 가리키는 것일까? 이 말은 신비주의적 분위기를 갖고 있다. 위의 신상 이력 중 가장 끝부분에서 "고원하고 헛된 이야기로 사람들을 오도하는 데 힘쓰지는 않았다"라고 스스로를 변호했던 것은 이러한 약점 때문이었다. 호거인은 진백사를 이렇게 평했다.

> '이 마음의 광명을 볼 수 있다'는 말은 역시 불학(佛學)에 대한 이해 수준이 낮다는 것을 보여준다. 만약 수준이 높다면 '마음조차 이미 없어져 버렸다'라고 해야 한다. 지금 진공보(진백사)는 이미 높은 곳에 도달했고 극정(克貞; 루량)은 아직 도달하지 못했다.[11]

백사가 마음조차 부정했다고 말하는 것이 백사 학문의 어떤 점을 가리키는지 알 수 없지만, 여하튼 호거인이 백사를 신비가로 취급했다는 점은 분명할 것이다. 그리고 그것은 위에서 든 백사의 말이 신비주의적 분위기를 갖는다는 점으로부터 생각해 본다면 결코 우연은 아니다. 또한 동소 장후(東所 張詡)가 전하는 바에 따르면 백사는 학생들을 다음과 같이 가르쳤다고 한다.

曰, 聖可學歟. 曰, 可. 孰爲要. 曰, 一爲要, 一者無欲也. 遺書云, 不專一則不能直遂, 不翕聚則不能發散. 見静坐而歎其善學曰, 性静者可以爲學. 二程之得於周子也, 朱子不言, 有象山也. 此予之狂言也."

11)『居業錄』, 卷七, "見得此心光明, 亦是佛學之底者. 若高底, 連心都無了. 今陳公甫已到高處, 克貞未到."

> 그는 처음에 학생들이 언어와 행위의 말단에 의해 방해를 받지 않을까 걱정하였기 때문에 항상 훈계하여 말하기를 "눈과 귀의 지리한 작용을 제거하고, 비어 있고 원만하며 신묘불측한 정신을 온전히 하라"고 하였다. 그 후 학생들이 허무적멸에 빠져 버릴까 걱정하였기 때문에 또다시 항상 훈계하여 말하기를 "일상을 떠나지 말고 '솔개가 날고 물고기가 뛰는 것'의 오묘함을 보라"고 말했다.[12]

이 말에 의해 당시 백사의 학설이 얼마나 신비주의적 분위기를 띠었던가를 알 수 있다. 그러나 유가로서 신비가 취급 된다는 것은 치명적이었을 터이므로, 위 인용문에서처럼 백사는 그 후 자신의 설명방식을 바꿨다. 그렇지만 백사는 "유교와 불교는 같지 않지만 얽매이지 않는다는 점에서는 동일하다"[13]라고 말하여 유교와 선(禪) 사이의 유사성을 인식하는 한편, "선가의 말은 처음 보기에는 매우 좋지만 실제로는 애매모호하여 우리 유학과 같은 듯하면서도 다르다"[14]라고 말하여 유교와 선의 차이점을 강조하면서 암묵적으로 자신을 변호하고 있기도 하다. 그렇다면 이 말은 백사의 자기변명에 지나지 않는 것일까? 백사가 목표로 삼는 것은 신비주의적 직관이었던 것일까? 과연 그러하다면 백사의 입장에 개념 분석을 가하는 것은 불가능하다. 그럼에도 불구하고 우리가 개념 분석을 가하지 않는다면 그의 학설을 이해하는 것은 불가능하다. 아래에서 우리는 그것을 시도하고자 한다.

12) 『白沙子全集』, 卷首, 「白沙先生行狀」, "其始懼學者障於言語事爲之末也, 故恒訓之曰, 去耳目支離之用, 全虛圓不測之神. 其後懼學者淪於虛無寂滅之偏也, 故又恒訓之曰, 不離乎日用而見鳶飛魚躍之妙."

13) 『白沙子全集』, 卷二, "儒與釋不同, 其無累同也."

14) 『白沙子全集』, 卷三, "禪家語, 初看亦甚可喜, 然實是儱侗, 與吾儒似同而異."

3. 진백사의 「인술론」

진백사의 학문을 이해하기 위한 단서를 우리에게 제공해주는 것은 그의 「인술론」(仁術論)[15]이다. 「인술론」도 신비주의로 들리는 말을 포함하고 있지만 그러한 신비의 외피를 벗기고 고찰해 보면 그 글에서 중요한 것은 '어짊'[仁]을 '술'(術)이라는 개념과 연결시킨다는 점이다. '어짊이 술'이라는 명제는 일견 생소하게 들리지만, 백사에서 어짊은 주자의 경우처럼 깊은 의미를 갖는 것이 아니라 인간 일반에게 공통된 사랑이라는 본능적 작용을 뜻하며, 이 작용이 본능 그대로 무제약으로 작용하는 것이 아니라 '알맞음'[巧]이라는 성격을 갖는 것이었다.

> 맹자는 성인을 배웠다. 제나라 왕이 소 한 마리의 죽음을 차마 보지 못하였는데 맹자가 없었더라면 그 알맞음[巧]을 알지 못하였을 것이다. 왜냐하면 제나라 왕의 마음은 곧 성인의 마음이었기 때문이다. 성인은 그 마음을 해칠 수 없다는 것을 알았기 때문에 예(禮)를 제정하여 그것을 미리 배양하고자 했다. 소가 살아 있는 것을 보다가 마침내 그것이 죽는 것을 보거나, 소의 울음소리를 듣다가 마침내 그 고기를 먹는다면 매우 심하게 마음을 해칠 것이기 때문에 백정을 멀리 하였다. 무릇 백정의 예는 지극히 무거우며 폐할 수 없다. 이 마음의 어짊은 지극히 크고 해칠 수 없다. 군자는 이 마음으로 인해 예를 제정하였으니 두 가지 다 온전해질 것이다. 이보다 더 '알맞은 것'[巧]은 없다.[16]

그렇다면 알맞음이란 어떤 것인지 생각해 보면 그것은 결국 『중용』에서

---

15) 『白沙子全集』, 卷一.

16) "孟氏學聖人也. 齊王不忍見一牛之死, 不有孟氏, 不知其巧也. 蓋齊王之心, 即聖人之心. 聖人知是心之不可害, 故設禮以預養之. 以爲見其生而遂見其死, 聞其聲而遂食其肉, 則害是心, 莫甚焉, 故遠庖厨也. 夫庖厨之禮, 至重不可廢. 此心之仁, 至大不可害. 君子因是心制是禮, 則二者兩全矣, 巧莫過焉."

말하는 ‘시중’(時中)이었다.

성인은 백성에게 해를 끼치는 무리를 주살하고 그들을 쫓아 버렸지만 사예(四裔)[17]의 백성에게 무슨 죄가 있었겠는가? 또한 “살육하면 어짊을 해치고 보존하면 해악을 남겨둔다”고 말하기 때문에 성인의 어짊에는 권도(權道)가 있다. 그래서 그들로 하여금 머나먼 변경 지역에서 살도록 한다면 피해는 없어지고 악도 행해지지 않았을 것이다. 무릇 삶을 욕구하는 것이 인지상정이니 성인은 그들에게 삶을 부여했다. 죽음을 싫어하는 것이 인지상정이니 성인은 그들에게 죽음을 부여하지 않았다. 성인은 뭇 사람들이 싫어하는 것을 싫어하기 때문에 사예의 오랑캐들을 쫓아버려 제거하였으니 악이 행해지기 어렵게 되었다. 성인은 그로써 악을 던져 버렸으니 성인은 일거에 모든 경우에서 중도에 부합하였다.[18]

이렇듯 ‘알맞음’은 시중(時中, 상황에 딱 들어맞음)을 의미하는 것이다. 그러나 어짊을 무제약적으로 작용시키지 않고 ‘알맞게’ 작용시키도록 해야 한다는 것이 ‘어짊은 술이다’라는 명제가 뜻하는 바는 아니다. 어짊은 ‘본래부터’ 알맞음, 곧 시중의 성격을 갖는다는 것이 이 명제의 참된 내용이며, 반대로 ‘의식적으로’ 알맞고자 하는 것은 어짊이 아니라는 것이다. 곧, 가장 마지막에 인용한 문장에 이어 다음과 같이 논한다.

성인은 알맞고자 했던 적이 없다. 이 마음의 어짊은 원래부터 알맞으니 성인은

---

17) 유주(幽州), 숭산(崇山), 삼위(三危), 우산(羽山)의 네 개 변경 지역. 『書經』「舜典」은 “공공(共工)을 유주에 유배 보냈고 환두(驩兜)를 숭산으로 내쫓았으며 삼묘(三苗)를 삼위로 달아나도록 했고 곤(鯀)을 우산으로 유배 보냈다”고 한다(역자 주).

18) “聖人誅(사고전서본에는 誅가 因으로 되어 있다)民害而迸之, 四裔之民奚罪焉. 亦曰, 戮之則傷仁(사고전서본에는 ‘傷仁’ 두 글자가 궐문으로 표기되어 있다), 存(사고전서본에는 存이 有로 표기되어 있다)之遺害, 故聖人之仁有權焉. 使之遠寓(사고전서에는 寓가 禦로 되어 있다)魑魅, 則害去而惡亦不得施矣. 夫人情之欲在于生, 聖人即與之生. 人情之惡在于死, 聖人不與之死. 惡衆人所惡也. 聖人即迸除裔夷, 惡難施也. 聖人以投惡, 聖人一舉而迭中.”

그것을 작용시킬 뿐이다. 그러므로 천하에서 알맞음에 뜻을 두는 자들은 모두 저간의 사정을 파악할 수 없다. 주공이 쓴 글 금등(金滕)은 당시 군주를 크게 깨닫게 하였으니 후세의 일의 관점에서 본다면 지극히 알맞을 것이다. 그러나 주공이 어찌 의도를 가졌겠는가? 참으로 마음에 일임했을 뿐이다.[19]

또한 백사는 무의식적 알맞음을 '지극한 알맞음'[至巧]이라는 말로 표현하면서 이렇게 말한다.

옛날에 주공이 왕실을 돕고 제환공과 진문공도 역시 왕실을 도왔다. 그러나 주공이 태평을 이루게 하고 후세도 그 혜택을 입도록 했던 반면 제환공과 진문공은 전쟁을 종식시키지 못하고 화가 자기 몸에까지 이르렀던 까닭은, 제환공과 진문공이 의도를 작용시킨 반면 주공은 마음을 작용시켰기 때문이다. 그러니 지극히 어리석은 것은 의도를 갖는 것만 한 것이 없으며, 지극히 알맞은 것은 마음을 뛰어넘는 것이 없다.[20]

백사는 한 걸음 더 나아가서 '지극히 알맞음'의 작용은 사람에게만 갖추어진 것이 아니라 우주 그 자체, 자연 그 자체의 작용이기도 하다고 여긴다.

천도는 지극하여 마음이 없으나 그것이 천지 사이에 드러날 때에는 수만 가지 신기한 일이 일어나 이루 다 언급할 수가 없으니 지극히 알맞다. 그러나 모두 일원(一元)[의 氣의] 작용이다. 성인의 도는 지극하여 의도가 없으나 그것이 공업(功業)으로 드러날 때에는 신묘막측하여 다시 덧붙일 것이 없으니 참으로 지극히 알맞다. 그러나 모두 한 마음이 이룬 것이다. 마음이란 일원[의 기가] 깃드

---

19) "聖人未嘗巧也. 此心之仁自巧也, 而聖人用之. 故天下有意于巧者, 皆不得厠其間矣. 周公一金縢, 大發寤時主, 以後世事觀, 至巧矣. 周公豈有意耶. 亦任心耳."

20) "昔周公扶王室者也, 桓文亦扶王室也. 然周公身致太平, 延被後世, 桓文戰爭不息, 禍藏于身者, 桓文用意, 周公用心也. 是則至拙莫如意, 而至巧者莫踰于心矣."

는 곳이구나![21]

이것이 「인술론」의 최고 명제였다. 담약수(湛若水)는 백사의 학문을 자연(自然)의 학문이라는 말로써 그 특징을 표현하고 있는데[22] 과연 백사가 감천에게 주었던 편지에는 '자연'이라는 말이 들어 있다.

사람과 천지는 본체가 같으니 사시(四時)에 따라 운행하고 만물이 그로부터 생겨난다. 만약 한 곳에 정체되어 있다면 어떻게 창조[造化]의 주인이 되겠는가? 옛날 잘 배웠던 사람들은 항상 이 마음이 아무 것도 없는 곳에 있게끔 하여 곧바로 운용하도록 했을 뿐이다. 배우는 이들은 자연(自然)을 종지로 삼아야 하니 마음을 기울여 이 점을 이해해야 한다.[23]
이 학문은 자연을 종지로 삼는 것이다.[24]

또한 진백사는 동소 장후(東所 張詡)에게 출처진퇴의 일을 가르치면서 자연스러움을 강조한다.

다만 오늘 날 사건이 관계하는 경중과 대소를 꼼꼼히 살펴보고 천심(淺深)의 마땅함으로 짐작하면서, 때에 따라 굽히거나 펴고 도(道)와 함께 물러서거나 발흥하니, 주공이 동쪽에 거했던 일이나 공자가 미복(微服)을 입었던 것은 모두 자연에 순응하는 것으로 막힘이 없는 것이다.[25]

---

21) "天道至無心, 比其著於兩間者, 千怪萬狀, 不復有可及, 至巧矣. 然皆一元之所爲. 聖道至無意, 比其形于功業者, 神妙莫測, 不復有可加, 亦至巧矣. 然皆一心之所致. 心乎, 其此一元之所舍乎."

22) 『白沙子全集』, 「原序」.

23) 『白沙子全集』 卷2, "人與天地同體, 四時以行, 百物以生. 若滯在一處, 安能爲造化之主耶. 古之善學者, 常令此心在無物處, 便運用得轉耳. 學者以自然爲宗, 不可不著意理會."

24) 上同, "此學以自然爲宗者也."

25) 上同, "但須觀今日事體所關輕重大小, 酌以淺深之宜, 隨時屈信, 與道消息, 若居東微服, 皆順應自然, 無有凝滯."

아울러 진백사는 시문(詩文)을 말할 때에도 자연스러움을 얘기한다.

> 옛날에 글이 좋았던 사람들은 모두 안배의 흔적을 보이지 않았으니, 입에서 나오는 대로 말을 하여도 자연스러우며 오묘했다. 체제는 일관되지 않았다 하더라도, 자연에 근본을 두어 안배하지 않았다면 좋은 것으로 여겨졌다. 예를 들어 유자후(柳宗元)가 한퇴지(韓愈)에 미치지 못하는 까닭은 너무 안배했기 때문이다.[26)]

이처럼 백사에게서 자연스러움이 일체 행동의 모델이 되었던 것도 「인술론」의 최고 명제로부터 도출된 것이라 말하지 않을 수 없다.

「인술론」의 이 명제는 매우 신비주의적인 울림을 갖고 있다. 그러나 앞에서 서술했다시피 이 점을 잠시 괄호에 넣고 생각해 보면, 백사가 학문의 궁극 목적으로 여겼던 것은 요컨대 어짊을 술(術)로까지 고양시키는 데 있었다는 것, 그러나 어짊은 본래 이러한 술로서 인간에게 갖춰진 것으로 여겨졌다는 것을 알 수 있다. 하지만 「인술론」으로부터 그의 신상 이력으로 되돌아 가보면, 백사가 정좌에 의해 목표로 삼았던 것은 결코 신비적 직관이 아니라 요컨대 어짊을 술로까지 고양시키는 것이었다는 것을 상상할 수 있다. 그럼에도 불구하고 지금 말했다시피 술(術)이 어짊의 본래 성격으로 여겨졌다는 점에 그가 신비주의적 표현을 취했던 까닭이 있다. 자세히 말하면, "마음의 본체가 은연 중 드러나서 마치 어떤 것이 있는 듯 보였고, 일상생활의 다종다양한 행위가 나의 욕구대로 이루어지되 마치 말에 재갈을 물린 듯 [절제 있게] 이뤄졌다"는 것은, 마음의 작용인 어짊이 원래 술(術)이기도 하다는 것을 말함에 다름이 아니다.

---

26) "古文字好者, 都不見安排之跡, 一似信口說出自然妙也. 其間體制非一, 然本於自然不安排者, 便覺好. 如柳子厚比韓退之不及, 只爲太安排也."

4. 진백사와 주자의 차이

이상으로 그의 신상 이력에 대한 일단의 해설은 멈추려고 하지만 여기에 문제가 하나 있다. 위처럼 생각해도 괜찮다면 백사와 같은 사상은 이미 주자에게도 있었기 때문이다. 곧, 주자가 말하는 도심(道心)은 바로 백사가 말하는 '마음'이었다.[27] 주자는 인심과 도심을 이렇게 구별했다.

> 무릇 순임금과 우임금이 주고받을 때 말했던 인심(人心)과 사욕(私欲)이란 뭇 사람들이 말하는 사욕이 아니니다. 한 터럭이라도 무엇을 잡으려는 의도가 조금이라도 있다면 비록 '원래 도심이 발한 것이다'라고 말할 지라도 결국 인심의 경지를 벗어나지 못하니, 이른바 [程子의] "사람으로서 움직이면 거짓됨이 있다"는 말이다. 안자에게 선하지 않은 것이 있었던 것도 바로 이러한 이유 때문이다. 이미 "거짓됨[妄]이 있다"고 말한다면 사욕이 아니고 무엇이겠는가? 모름지기 이러한 의도가 없이 자연스럽고 여유롭게 도에 합치해야지 비로소 순수하게 도심이 된다.[28]

"무엇을 잡으려는 의도"란 선이든 악이든 그것을 실현하려고 하는 의지적 긴장을 보여주는 말이기 때문에, 지금 인용한 주자의 말은 결국 아무리 선한 행위라고 할지라도 그것을 선으로 의식하여 행하는 한 인심(人心)일 뿐 도심이 아니며, 도심이란 이러한 의지적 긴장을 수반하지 않고 자연스럽고 여유롭게 도에 합치한다는 것을 보여준다. 이렇게 본다면 주자의 '도심'이 백사의 '마음'과 일치하는 것은 분명하다. 더욱이 주자도 이런 도심이 마음의 본래 모습이라고 여겼다.

---

27) 이 점에 대해서는 제3장 「주자에서 습관의 문제」를 참고하라.

28) 『晦庵集』, 卷三十二, 「答張敬夫」, "蓋舜禹授受之際, 所以謂人心私欲者, 非若衆人所謂私欲者也. 但微有一毫把捉底意思, 則雖云本是道心之發, 然終未離人心之境, 所謂動以人則有妄. 顔子之有不善, 正在此間者, 是也. 既曰有妄, 則非私欲而何. 須是都無此意思, 自然從容中道, 才方純是道心也."

> 묻기를, "마음이라는 것은 모든 리를 갖추고 있으니 발한 선은 원래 마음에서 나온 것인데, 발한 불선(不善)한 것이 모두 기품과 물욕의 사사로움으로부터 나온 것이라도 역시 마음으로부터 나온 것 아닙니까?"라고 했다. 답하기를 "본래 마음의 본체는 아니지만 역시 마음으로부터 나온 것이다"라고 했다. 또 묻기를 "이것이 이른바 인심입니까?"라고 했다. 답하기를 "그렇다"고 했다.[29]

주자의 대답은 이른바 인심이 마음의 본래 존재 양식이 아니라는 것을 보여주는데, 이로부터 역으로 주자에게서 도심이 마음의 본래 존재 양식으로 여겨졌다는 것을 추측할 수 있다. 곧, 마음의 본래 존재 양식은 주자와 백사가 완전히 동일하게 생각했다고 보는 것이 가능하다. 본래의 존재 양식으로 되돌아가기 위해서 백사가 취한 방법이 정좌였다는 것은 앞서 서술한 대로인데, 이에 반해 주자는 독서를 주된 방법으로 삼았다. 자세히 말하면 주자의 방법은 독서에 의해 알게 된 것을 반복 연습하는 것이었다. 그래서 백사의 방법이 급진적[頓]이었다면 주자의 방법은 점진적[漸]이었다고 할 수 있다. 그런데 같은 목적에 관해서 이렇게 완전히 상반되는 방법이 취해졌던 것은 어째서일까? 여기에 생각해 보야 할 문제가 있다.

이 점을 생각해 볼 때 우리는 먼저 백사 그 자신으로부터 얘기를 들어보고자 한다. 백사는 무슨 이유로 독서를 배척하고 정좌를 택했을까? 앞에서 인용한 그의 신상 이력은 그 이유로서, 독서에 의해 얻어진 이치의 지견(知見)이 실체적 관념이 될 수 없었다는 점을 들었다. 하지만 어째서 그렇게 되었는지를 생각해 보지 않았기 때문에 그것은 충분한 답이 될 수 없다. "배움이 힘들고 혼란스럽다면 도(道)를 알 길이 없기 때문에 책을 봐서 지식을 넓히는 것은 정좌만 못하다"[30]라고 말하는 것이 하나의 답이다. 우리

---

29) 『朱子語類』, 卷五, 제33조, "問, 心之爲物, 衆理具足. 所發之善, 固出於心. 至所發不善, 皆氣稟物欲之私, 亦出於心否. 曰, 固非心之本體, 然亦是出於心也. 又問, 此所謂人心否. 曰, 是."

30) 『白沙子全集』, 卷三, "學勞擾則無由見道, 故觀書博識, 不如靜坐."

가 결론을 내리고자 할 때 이 말도 나름대로 의미가 있다는 것은 뒤에서 서술할 테지만, 문제해결의 실마리를 당장 얻는 데에는 그다지 도움이 되지 않는다. 왜냐하면, 어째서 "배움이 힘들고 혼란스러우면 도를 알 길이 없는지"에 대해 백사는 결국 아무 것도 알려주지 않기 때문이다.

이에 반해, 마음의 본래 존재 방식은 언어로 표현될 수 없기 때문이라는 것이 백사로부터 얻을 수 있는 두 번째 답이다. 그는 이렇게 말한다.

> 무릇 배움에는 축적하여 도달하는 것이 있고 축적해도 도달하지 못하는 것이 있으며, 말로 전할 수 있는 것이 있고 말로 전할 수 없는 것이 있다. (중략) 대체로 축적하여 도달하는 것은 말로 전할 수 있고, 축적해도 도달하지 못하는 것은 말로 전할 수 없다.[31]

또한 진백사는 이세경(李世卿)의 질문에 아래와 같이 답한다.

> [이세경은] 초여름에 백사에 와서 지금까지 7개월을 지냈는데 그 사이에 장관의 청을 받아 대운산에서 50여 일간 읍지(邑誌)를 편찬했고 나머지는 모두 백사에서 아침저녁으로 나와 함께 개념과 이치에 대해 논했다. 천지 사이에서 눈과 귀로 보고 들을 수 있는 것, 고금 상하의 전적에 실려 있는 것에 대해 이야기하지 않은 것이 없었다. 아직 이야기하지 못한 것은 이 마음의 통색(通塞)·왕래(往來)의 기틀과 끊임없는 창조의 오묘함이었으니 이것은 보고 들음으로 미칠 수 없는 것이었다. 이것은 앞으로 세경이 깊이 생각하여 자득해야 할 점이므로 감히 내가 말을 아낀 것은 아니다.[32]

---

31) 『白沙子全集』, 卷二, "夫學有由積累而至者, 有不由積累而至者, 有可以言傳者, 有不可以言傳者.…大抵由積累而至者, 可以言傳也, 不由積累而至者, 不可以言傳也."

32) 『白沙子全集』, 卷二, "自首夏至白沙, 至今凡七越月, 中間受長官聘, 修邑志于大雲山五十餘日, 餘皆在白沙朝夕與論名理. 凡天地耳目所聞見, 古今上下載籍所存, 無所不語. 所未語者, 此心通塞往來之機, 生生化化之妙, 非見聞所及. 將以待世卿深思而自得之, 非敢有愛於言也."

진백사의 이 말은 주목할 만하다. 여기서 우리는 마음의 본래 존재 방식을 언어로 표현할 수 없다고 생각했던 것이 백사로 하여금 돈(頓)의 방법을 택하도록 했고, 그것을 언어로 표현할 수 있다고 생각했던 것이 주자로 하여금 점(漸)의 방법을 택하도록 했음을 알 수 있기 때문이다. 물론 이것만으로는 문제가 해결되지 않는다. 그렇다면 어째서 동일한 것이 한편에서는 언어에 의해 알 수 있다고 여겨진 반면, 다른 편에서는 그렇게 생각될 수 없었는가 하는 문제가 새롭게 일어나지 않을 수 없다. 그리고 이 점에 이르면 우리는 이미 백사로부터 무엇을 알 수 있는 바가 없다. 그러면 우리는 이것을 어떻게 생각해야 할까? 같은 것에 대해 이렇게 상반된 설명이 성립할 수 있다는 것은, 마음의 존재 방식 그 자체의 성격으로부터 유래한다고 봐야 하지 않을까 필자는 생각한다.

우리는 일찍이 주자가 말한 도심이 습관의 결과로서 도달되는 것이라는 점을 지적했는데, 백사의 마음은 단지 그 작용 방식에서만 주자의 도심(道心)과 일치하는 것이 아니라 실은 습관의 결과인 점에서도 주자의 도심과 일치했던 것이 아닐까? 그것은 습관의 결과이기 때문에 처음에는 가르침의 대상이 될 수 있지만, 바로 그와 동일한 이유로 인해 최후에는 가르쳐질 수 없는 것이다. 그래서 같은 것에 대해서 전혀 상반되는 언설이 성립했고 더 나아가서 상반된 방법이 고안되었을 가능성이 있지 않을까 생각해 본다.

이런 생각은 매우 이상하게 들릴 것이다. 왜냐하면 백사는 정좌에 의해, 곧 돈(頓)의 방법에 의해 마음의 본래 상태를 획득할 수 있다고 분명히 말할 뿐더러, 획득의 단서를 언어에 의해 알 수 있다고 전혀 말하지 않기는 하지만, 그 역시 독서를 완전히 배척하지는 않았으며 본래의 마음을 획득한 이후에는 독서를 해야 한다는 듯한 어투로 말하기 때문이다.

무릇 배움은 스스로 체득하는 것을 중요하게 여긴다. 스스로 체득한 다음에 전적(典籍)으로써 넓힌다면 전적의 말은 나의 말이 된다. 그렇게 하지 않는다면 전적은 전적대로 나는 나대로 된다.[33]

이 말을 본다면, 백사의 마음이 습관의 결과 도달되는 것이라고 말하는 것은 이른바 즉자적(卽自的)으로 그렇다는 것이며 아직 대자적(對自的)으로 자각되지는 않았다고 말해야 할 것이다.

앞의 신상 이력에서 이야기하고 있듯이, 백사가 마음의 본래 존재 방식을 획득했던 것은 오랜 시간에 걸친 독서 이후의 일이었다. 독서로 얻은 이치에 대한 지견(知見)이 실체적 관념이 될 수 없었던 괴로움에서 빠져 나온 결과였다. 이것은 백사의 마음이 즉자적으로는 습관의 결과 도달된 것이었으리라는 우리의 상정을 뒷받침하기에 족하다. 그런데 습관에 의해 획득되어야 할 것을 정좌에 의해 획득되어야 한다고 여겼던 것은 상당히 무리가 아니었을까?

하지만 우리는 오히려 여기에 습관이 지닌 비밀이 존재한다고 생각한다. 일찍이 구로다 아키라(黑田亮, 1890-1947)가 지적했다시피 『역자논어』(役者論語)에는 이런 구절이 있다.

열심히 한다는 것은 자나 깨나 배역을 공부하고 연습에서 철두철미하게 노력하여, 무대에 나와서는 편안하게 해야 한다는 것이다. 연습에 힘을 다하고 열심히 한다는 것은, 편안하게 하더라도 조금도 틈이 없는 것이다. 연습과 공부에 마음을 다하지 않고 무대에서 어색함을 내비친다면 저열하고 상스럽게 되어 보는 사람들이 싫증을 내는 일이 일어난다. 하물며 연습이라는 것은 공연 첫째 날의 이틀 전에 해야 하는 일이다. 첫째 날의 하루 전은 차분히 쉬고, 이틀 전은 학습의 일을 마음으로 되새김질 한다. 이렇게 기운을 쉬게 하여 첫째 날을 시작한다

---

33) 『白沙子全集』, 卷首, 「白沙先生行狀」, "夫學貴乎自得也. 自得之, 然後博之以典籍, 則典籍之言, 我之言也. 否則, 典籍自典籍而我自我也."

면 첫째 날부터 안정되어 틈이 없게 된다. 전날에 허둥지둥 학습을 하고 밤을 새워 무언가를 괴롭게 행하여, 그 다음 날을 첫째 날로 여긴다면 서투른 일도 상당히 하지 않으면 안 된다. 이런 조목은 매우 중요한 일이다.[34)]

또, 그 책에는 아래와 같은 일화가 소개되어 있다.

어떤 예인(藝人)이 사카타 도쥬로(坂田藤十郎, 1669-1724)에게 묻기를 "나도 다른 사람도 첫째 날에는 대사가 약간 생각나지 않아 허둥지둥 댔습니다. 당신은 열흘이나 스무 날이 되어도 뛰어난 연기를 하십니다. 가르침을 받고자 합니다." 답하기를, "나도 첫째 날에는 마찬가지로 허둥댑니다. 그렇지만 겉보기에 괜찮은 연기를 하는 것처럼 보이는 까닭은, 연습할 때 대사를 잘 기억하되, 첫째 날에는 대사를 잊어버린 다음, 무대에서 상대방의 대사를 듣고 그 때 그 때 생각해 내서 대사를 말하기 때문입니다."

이것은 습관의 형성 과정을 잘 설명한 것으로서, 습관의 형성에는 부단한 학습이 필요할 지라도 어떤 단계에 들어서면 대상 그 자체를 잊어버리는 일이 필요하다는 것을 말한다. 백사가 정좌를 주장했던 것은 설사 자각적이지는 않았다 하더라도 이 점에서 유래하는 것이라고 생각한다.

이렇게 볼 때 비로소 앞에서 인용했던, "배움이 힘들고 혼란스럽다면 도를 볼 길이 없기 때문에, 책을 봐서 지식을 넓히는 것은 정좌만 못하다"라는 말이 갖는 의미도 분명해진다. 이 말은 독서는 다른 어떤 이유에 의해서가 아니라 그것에 수반하는 수고와 혼란스러움 때문에 배척되어야 하며, 정좌는 그런 폐단을 구제하고자 하는 것으로서 채택되어야 한다는 것을 보여 준다. 그리고 이런 사유 방식은 백사의 학문이 습관의 형성을 근저로 삼는다는 것을 반영한다. 이런 사유 방식이 올바르다는 것은 습관이라는 사

34) 『勘の研究』, 135-136면.

실에 대한 분석에 의해서만 납득될 수 있을 것이다. 또한 앞에서 언급했던 것처럼, 어짊이 술(術)로서 파악되었던 것도 어짊이 일종의 습관이라는 것의 단적인 증거이다. 왜냐하면 습관이야말로 술(術)이라는 개념에 고유한 것이기 때문이다. 백사가 어짊을 파악할 때, 힘[力], 작용[用] 등 어짊에 대해 생각할 수 있는 여타 개념들을 사용하지 않고, 습관을 고유한 내용으로 삼는 '술' 개념을 사용했다는 것은, 속된 말로 '말이 딱 맞아 떨어지는 것'이라고 생각한다.

이상과 같이 생각할 수 있다면, 주자의 학문과 백사의 학문은 모두 습관의 사실에 기반하면서도, 각각 그 일면을 강조했던 것이라고 말할 수 있다. 그러나 주자도 어떤 경우에는 정좌의 가치를 인정한다. 그러나 결국 주자는 정좌의 가치를 충분히 자각하지 않았다. 곧, 주자의 학문은 백사의 학문과 반대의 일면에 빠졌다고 말하지 않을 수 없다. 그리고 그것은 습관의 사실에 기반하여 사색하면서도, 그것을 충분히 자각하지 않았던 결과이다.

5. 진백사와 왕양명의 공통점

이에 반하여, 역시 어느 정도 자각하였는지 알 수는 없지만 적어도 즉자적으로는 습관의 이런 두 가지 면모를 동등하게 중시했던 것은 양명의 학문이었다. 양명의 학문이 어떠한 것이었는지 여기서 상세히 논할 겨를이 없으나, 그것이 백사의 학문과 상당히 유사하다는 점은 앞에서도 언급했던 대로이다. 곧, 두 사람은 먼저 주자를 비판하고 상산(象山)을 존중한다는 점에서 형식적으로 일치하고 있으며, 내용상에서도 두 사람이 목표로 삼았던 것은 동일하다. 양명의 학문은 천리를 보존하고 인욕을 제거한다는 명제에 의해 잘 표현된다. 그런데 인욕은 사욕이나 사의(私意)라고도 할 수 있으며, 그것은 어떤 행동이 선하다는 것을 알면서도 선을 행하지 않고 악하다는 것을 알면서도 악을 행하는 이기심, 나의 욕구만을 가리키는 것이 아니다.

"아름다운 여자를 좋아하듯이 좋아하고 악취를 싫어하듯이 싫어한다면 어떻습니까?" "이것이 바로 오로지 리(理)에 따르는 것이다. 천리가 마땅히 이러하다면 호오(好惡)를 발하는 사의가 본래부터 없을 것이다." "아름다운 여자를 좋아하듯이 좋아하고 악취를 싫어하듯이 싫어하는 것에 어찌 의도가 없겠습니까?" "하지만 그것은 진실한 의도[誠意]이지 사적 의도[私意]가 아니다. 진실한 의도는 다만 천리에 따를 뿐이다. 물론 천리에 따른다면 조금의 의도도 붙여서는 안 된다. 그러므로 화내거나 좋아하는 바가 있다면 올바름을 얻지 못하게 되니 반드시 툭 트이게 하여 공적으로 되어야 한다.[35]

또한 왕양명은 이렇게 말한다.

의도를 갖고서 선을 좋아하고 악을 싫어하는 것은 또 다시 그러한 생각을 많아지게 하므로 '툭 트이게 하여 공적으로 된 것'이 아니다.[36]

선을 행하고 악을 제거하려는 의지적 긴장조차 사의(私意)로서 파악되고 있다. 이곳에서 이미 나타나고 있듯이, 양명이 목표로 삼는 것 역시 무의식 속에서 모든 행위가 올바르게 되는 경지였다고 할 수 있다.

묻기를 "변화에 대한 성인의 대응이 무궁한 까닭은 역시 [성인이] 미리 강구했

---

35) 『傳習錄上』(四部叢刊本), "曰, 如好好色, 如惡惡臭, 則如何. 曰, 此正是一循於理. 是天理合如此, 本無私意作好作惡. 曰, 如好好色, 如惡惡臭, 安得非意. 曰, 却是誠意, 不是私意. 誠意只是循天理. 雖是循天理, 亦着不得一分意. 故有所忿懥好樂, 則不得其正, 須是廓然大公."

36) 上同, "一向着意去好善惡惡, 便又多了這分意思, 便不是廓然太公."

기 때문이 아닙니까?"라고 했다. 선생께서 말하기를 "어찌 그렇게 많이 강구했겠는가? 성인의 마음은 맑은 거울과 같다. 오직 하나의 밝음이니 자극에 따라서 반응하여, 비추지 않는 사물이 없다."[37]

또 이렇게 말한다.

당후가 "의지를 세우는 것은 항상 선한 생각을 보존하여 선을 행하고 악을 제거하는 것 아닙니까?"라고 물었다. "선한 생각이 존재할 때 곧 천리이다. 이 생각이 곧 선한데 다시 무슨 선을 생각하겠는가? 이 생각이 악이 아닌데 다시 무슨 악을 제거하겠는가? 이 생각은 마치 나무의 뿌리 · 싹과 같다. 뜻을 세우는 사람은 오래도록 이 선한 생각을 세워야 할 뿐이다. '마음이 욕구하는 대로 따르더라도 척도를 넘지 않는다는 것'은 의지가 무르익은 경지에 이르렀다는 것일 따름이다.[38]

위의 두 인용문은 모두 무의식 속에서 모든 행위가 올바르게 되는 경지가 양명의 목표였다는 것을 보여준다. 더욱이 이런 경지가 마음의 본래 존재 방식이라고 여기는 것도 백사의 경우와 같다.

천하의 인심은 처음에는 성인과 다를 바가 없지만 다만 그 사이에 '나'라는 사적 관념이 있어서 물욕의 차단에 의해 [나와 대상이] 단절된다. [그래서] 큰 사람도 작아지고 트인 사람도 막혀 버리게 된다. 사람들은 각각 마음을 갖고 있어서 부자(父子)와 형제를 마치 원수처럼 보는 사람도 있게 되니, 성인은 그 점을 걱정하였기 때문에 천지만물일체의 어짊[仁]을 미루어서 천하를 가르쳐, 그들로 하여금

37) 上同, "問, 聖人應變不窮, 莫亦是豫先講求否. 先生曰, 如何講求得許多. 聖人之心, 如明鏡. 只是一箇明, 則隨感而應, 無物不照."

38) 上同, "唐詡問, 立志是常存箇善念, 要爲善去惡否. 曰, 善念存時, 即是天理. 此念即善, 更思何善. 此念非惡, 更去何惡. 此念如樹之根芽. 立志者, 長立此善念而已. 從心所欲, 不踰矩, 只是志到熟處."

사욕을 극복하고 차단을 제거하여 마음의 동일한 본체를 회복하도록 하였다.[39]

이 구절은 성인의 마음이 마음의 본래 존재 방식이라는 점을 이야기한다. 또한 양명의 학문 중심을 이루는 개념인 양지(良知)가 지금 말한 '무의식 속에서 모든 행위를 올바르게 하는 것'이라는 인간에 본유된 능력으로 나타난다는 점도 주지의 사실이다.

지각 능력을 완성시키려는 성인의 노력은 "지극히 성실하여 쉼이 없다." 양지의 본체는 밝은 거울처럼 밝아서 한 조각 어두운 곳도 없다. 예쁜 사람이나 추한 사람이 다가 오면 그 대상에 따라 형체를 나타내지만 밝은 거울은 더러운 것을 남긴 적이 없다. 이른바 "감정이 만사에 따르되 아무런 감정이 없다"는 것이다. "머무는 곳이 없이 마음을 낳는다"(『金剛經』)는 말이 불교에 있는데 잘못은 아니다. 밝은 거울이 외물에 반응할 때 예쁜 사람은 예쁘게 비추고 추한 사람은 추하게 비추니 한 번 비추어도 모두 참되다. 이것이 곧 "마음을 낳는다"는 것이다. 예쁜 사람을 예쁘게 비추고 추한 사람을 추하게 비추되, 한 번 지나가면 남기지 않는 것, 이것이 "머무는 곳이 없다"는 것이다.[40]

또한, "양지와 양능은 어리석은 남녀도 성인과 더불어 동일하지만, 오직 성인만이 지각 능력을 완성시켰고 어리석은 남녀는 그러지 못했을 뿐이다"[41]라고 말하는 것으로부터 양지가 그러한 것이라는 점을 알 수 있다.

---

39) 『傳習錄中』, "天下之人心, 其始亦非有異於聖人也, 特其間於有我之私, 隔於物欲之蔽. 大者以小, 通者以塞. 人各有心, 至有視其父子兄弟如仇讐者, 聖人有憂之, 是以推其天地萬物一體之仁以教天下, 使之皆有以克其私去其蔽, 以復其心體之同然."

40) 上同, "聖人致知之功, 至誠無息. 其良知之體, 皦如明鏡, 略無纖翳. 姸媸之來, 隨物見形, 而明鏡曾無留染. 所謂情順萬事而無情也. 無所住而生其心, 佛氏曾有是言, 未爲非也. 明鏡之應物, 姸者姸, 媸者媸, 一照而皆真. 即是生其心處. 姸者姸, 媸者媸, 一過而不留, 即是無所住處."

41) 上同, "良知良能, 愚夫愚婦, 與聖人同. 但惟聖人能致其良知, 而愚夫愚婦不能致."

6. 진백사와 왕양명의 차이점

이상과 같이 말할 수 있다면, 백사의 학문과 양명의 학문은 목표로 삼는 바가 결국 일치한다. 그러나 궁극에 도달하는 방법의 면에서 두 사람은 같지 않다. 앞에서 말했다시피, 그 목적을 위해 백사가 취한 방법은 정좌였지만 양명이 취한 방법은 독서를 포함한 '일상속의 연마'[事上磨鍊]였다.

> 성인이 육경을 조술했던 까닭은 단지 인심을 바르게 하고 '천리를 보존하며 인심을 제거하기' 위해서였을 뿐이다.[42]
>
> [『논어』의 "배워서 때때로 익힌다고"고 할 때의] 배움이란 인욕을 제거하고 천리를 보존하는 것을 배우는 것이다. 인욕을 제거하고 천리를 보존하는 것에 종사한다면 저절로 선각자에 비추어 바르게 행동하고 성현의 가르침에 비추어 생각하게 되며, 저절로 수많은 토론 · 사색 · 반성 · 극기의 노력을 하게 된다. 그러나 이런 것들은 이 마음의 인욕을 제거하고 우리 마음의 천리를 보존하는 것에 불과할 뿐이다.[43]
>
> 인욕을 제거하고 천리를 보존하는 데 노력한다면 반드시 인욕을 제거하고 천리를 보존하는 방법을 찾게 될 것이고, 그런 방법을 찾는다면 반드시 선각자에 비추어 바르게 행동하고 옛 가르침에 비추어 생각하게 될 것이다.[44]
>
> 성현의 가르침은 사람들에게 인욕을 제거하고 천리를 보존하는 방법을 가르쳐 준 것이었는데 오경과 사서가 그러한 것일 뿐이다.[45]

왕양명은 이렇듯 독서의 중요성을 인정하지만, 여기에 덧붙여 중요한

---

42) 『傳習錄上』, "聖人術六經, 只是要正人心, 只是要存天理, 去人欲."

43) 上同, "學是學去人欲存天理. 從事於去人欲存天理, 則自正諸先覺, 考諸古訓, 自下許多問辨思索存省克治工夫. 然不過欲去此心之人欲, 存吾心之天理耳."

44) 『全書』, 卷七, 「示弟立志說」, "務去人欲而存天理, 則必求所以去人欲而存天理之方, 求所以去人欲而存天理之方, 則必正諸先覺, 考諸古訓."

45) 上同, "聖賢垂訓, 莫非教人去人欲而存天理之方, 若五經四書是已."

방법으로서 '일상속의 연마'라는 것을 들고 있다.

> 어떤 관리가 오랫동안 선생의 학문을 청강하다가 말하기를 "이 배움은 참 좋습니다. 그런데 장부를 작성하는 일과 송사(訟事)는 지극히 번잡하여 배움이 될 수 없습니다"라고 했다. 선생께서 말하기를, "내가 언제 자네더러 장부 일과 송사에서 벗어나 아무 것도 없는 공간에서 강학하라고 가르쳤던가? 자네에게는 이미 관리의 일이 있으니 관리의 일에 입각해 배움을 하는 것이 곧 진정한 격물(格物)이라네. (중략) 장부 일과 송사는 실제의 배움 아님이 없기 때문에, 만약 구체적 사물과 사건으로부터 벗어나서 배운다면 그것은 도리어 공허한 것이네."[46)]
>
> 사람은 반드시 일속에서 연마하고 수양을 해야지 유익하다. 만약 정좌만 좋아한다면 일을 만났을 때 곧바로 혼란스러워지고 종내는 멀리 나아가지 못한다. 고요할 때의 수양은 마음을 집중시키고 있는 듯이 보일지라도 실은 마음을 잃어버리게 될 것이다.[47)]

양명의 방법은 이 때문에 백사의 방법과 같지 않고 오히려 주자의 방법과 가깝다. 그러나 양명도 정좌를 완전히 배척했던 것은 아니다.

> 유군량이 산속에서 정좌를 하려고 했다. 선생이 말하기를 "자네가 만약 외물을 싫어하는 마음을 갖고 산속에 가서 정좌를 하려 한다면 그것은 오히려 교만하고 게으른 기(氣)를 기르게 될 것이다. 자네가 만약 외물을 싫어하지 않는다면 다시 고요한 곳에서 함양을 해도 좋다.[48)]

---

46) 『傳習錄下』, "有一屬官, 因久聽講先生之學曰, 此學甚好, 只是簿書訟獄繁難, 不得爲學. 先生聞之曰, 我何嘗教爾離了簿書訟獄, 懸空去講學. 爾旣有官司之事, 便從官司的事上爲學, 纔是眞格物.…簿書訟獄之間, 無非實學, 若離了事物爲學, 却是著空."

47) 『傳習錄下』, "人須在事上磨鍊做功夫, 乃有益. 若只好靜, 遇事便亂, 從無長進. 那靜時功夫, 亦着似收斂, 而實放溺也."

48) 『傳習錄下』, "劉君亮要在山中靜坐. 先生曰, 汝若以厭外物之心, 去求之靜, 是反養成一箇驕惰之氣了. 汝若不厭外物, 復於靜處涵養, 却好."

그렇기는 하지만 양명은 일찍이 도교와 불교에 탐닉했던 적이 있기 때문에 이렇게 정좌를 용인했던 것도 그러한 시대의 산물이라고 할 수 있을 것이다. 그러나 연보(年譜)에 따르면 위 인용문은 양명 만년의 일을 기록한 것이라고 한다. 이는 양명의 정좌에 대한 용인이 그의 학문 근저와 깊이 연관되어 있다는 것을 생각하게 한다. 뒤집어서 생각해 보면, '일상속의 연마'는 일단 정좌에 상대하여 제시된 것이지만, 실제로는 동정(動靜)을 관통하는 수단으로 여겨지고 있다. "모름지기 사람은 일속에서 연마해야 굳게 설 수 있으며, '고요할 때도 안정되고 움직일 때도 안정될 수 있다.'(『程氏文集』, 卷二, 「答橫渠張子厚先生書」)"[49]라고 말하는 것은 그 의미가 아닐 수 없다.

이상과 같이 볼 수 있다면, 양명의 학문과 백사의 학문은 뚜렷한 유사성에서도 불구하고 본질적 차이가 있음을 알 수 있다. 한 걸음 더 나아가 백사와 주자에 대해 앞에서 논했던 바를 함께 생각해 본다면, 양명학의 독자성이 한층 분명해진다. 곧, 우리는 앞에서 주자의 학문과 백사의 학문은 모두 습관의 사실에 기반하면서 각각 그 일면만을 강조했던 것이라고 보았는데, 양명의 학문은 적어도 즉자적으로는 그 두 가지 면을 모두 중시했다고 앞서 결론내릴 수 있다. 이런 결론이 필시 견강부회는 분명히 아닐 것이라고 생각한다. 게다가 이 결론을 더욱 강화하는 사실이 있다. 그것은 곧, 양명이 정좌를 하나의 학문 수단으로 인정하기에 이르렀다는 점이다. 이 점을 곧바로 분명히 하기는 힘들지만, 다음의 두 조목은 그에 대한 해석의 실마리를 제공해 준다.

하루는 배움을 위한 공부에 대해 논했다. 선생께서 말하기를 "사람들에게 배움을 가르칠 때 한 쪽 편향을 고집하도록 해서는 안 된다. 처음 배울 때 마음은 원숭이

49) 『傳習錄上』, "人須在事上磨, 方立得住, 方能靜亦定, 動亦定."

처럼 뛰놀고 의도는 말처럼 날뛰니 그것들을 매어서 안정시킬 수 없다. 사려하는 바는 대부분 인욕 일변도이기 때문에 그들에게 정좌를 가르쳐서 사려를 멈추도록 해야 한다. 오래 지나면 그 마음과 의도가 조금 안정되지만, 이번에는 공허 속에서 고요하게 지키려고만 하여 마치 고목과 재처럼 되니 역시 소용이 없다. 그래서 그들에게 성찰과 극기를 가르쳐야 한다."[50)]
일상의 공부는, 사려가 들끓는 것을 느끼면 정좌해야 하고, 책 보는 것에 의욕이 없다고 느껴지면 더욱 책을 봐야 한다. 이것은 병에 따라 약을 처방하는 것이다.[51)]

이런 말은 정좌를 단지 일시적 방편으로 이해하도록 하는 경향을 띤다. 그러나 앞에서 말했다시피 정좌는 '일상 속 연마'의 본질적 요소였다. 이 때문에 우리는 이들 말로부터 정좌를 방편으로 이해하도록 하는 뉘앙스를 빼내서 생각해야 한다. 그렇게 할 때 우리는 '일상 속 연마'의 본질적 요소인 정좌가, 선이든 악이든 그것을 실현하려고 하는 의지적 긴장과, 선을 목적으로 삼으면서도 걸핏하면 자의(恣意)에 빠지도록 하는 작위를 제거하기 위한 수단으로서 여겨지고 있었다는 것을 이들 언설로부터 알 수 있다. 곧, 정좌는 선에 있어서조차 부정되어야 할 의지적 긴장으로부터 해방되려고 하는 것, 다시 말해서 대상의 망각이었다.

그런데 양명의 다음과 같은 말을 보자.

성찰과 극기의 공부는 중단되어야 할 때가 없다. 예를 들어 도적을 제거하려면 반드시 쓸어버려서 깨끗이 하려는 의도가 있어야 한다. (중략) 항상 고양이가 쥐를 잡듯이 해야 한다. 눈으로 보고 귀로 듣자마자 곧바로 생각이 하나 싹터 움직이는데, 그 때 곧바로 그것을 극복하고 제거하여 싹둑 잘라 버려야 하며, 잠시라도 그것에게 기회를 허용해서는 안 되고 숨겨 두어서도 안 되며 그것에게 출로를 내주

50) 『傳習錄上』, "一日論爲學工夫. 先生曰, 教人爲學, 不可執一偏. 初學時, 心猿意馬, 拴縛不定. 其所思慮, 多是人欲一邊, 故且教之靜坐息思慮. 久之, 俟其心意稍定, 只懸空靜守, 如槁木死灰, 亦無用. 須教他省察克治."

51) 上同, "日間工夫, 覺紛擾則靜坐, 覺懶看書, 則且看書. 是亦因病而藥."

> 어서도 안 된다. 그래야 비로소 참된 공부이며 비로소 깨끗이 쓸어버려서, 극복할 만한 사욕이 없는 경지에 이르게 되고 저절로 경건한 때가 있게 된다.[52]

이렇듯 '일상 속 연마'는 부단하게 행해져야 하는 것이다. 그럼에도 불구하고 대상의 망각인 정좌가 이 '일상 속 연마'의 본질적 요소 중 하나였다. 그것은 본디 어떤 이유에 바탕을 두고 있을까? 우리는 '양명이 목표로 삼았던 것이 적어도 즉자적으로는 습관에 의해 획득되어야 하는 것이었기 때문이다'라는 말 이외에 어떠한 해답도 발견할 수 없다. 그래서 우리가 앞에서 미리 내렸던 결론은 여기에서 하나의 뒷받침을 발견하게 된다.

이런 결론 중 '어느 정도 자각했는지는 알 수 없지만 적어도 즉자적으로는'이라고 일부러 판단했던 까닭은, 그런 결론을 내리기에 매우 조심스러웠기 때문이다. 곧, 양명이 목표로 삼았던 것이 습관에 의해 획득될 수 있는 것이라는 점은 양명 스스로도 자각했을 것이다. 그러나 이것을 말하는 것은 실천 이론으로서는 허락될 수 있을지라도, 실천 이론의 근거인 존재론의 입장으로부터는 허락되지 않는다. 왜냐하면 그것은 획득될 수 있고 또 획득되어야 할 것이라기보다, 본래 존재하는 것으로서 설명되어야 한다는 것이 존재론의 요청이기 때문이다. 그러므로 양지가 습관의 형성에 의존한다는 것은 양명 스스로도 자각하고 있었지만, 단지 실천 이론일 뿐 아니라 동시에 존재론이고자 한 양명의 입론으로부터 보면 그것을 표현해야 할 여지는 없었으리라고 말할 수 있을 것이다. 앞에서도 인용했던 "마음이 욕구하는 대로 따르더라도 척도를 넘어서지 않는다는 것은 단지 의지가 무르익은 것일 뿐이다"[53]라는 말은 습관에 대한 자각이 미약하나마 반영되었던 것

---

52) 上同, "省察克治之功, 則無時而可間. 如去盜賊, 須有箇掃除廓清之意.…常如猫之捕鼠. 一眼看着, 一耳聽着, 纔有一念萌動, 即與克去, 斬釘截鐵, 不可姑容與他方便, 不可窩藏, 不可放他出路. 方是眞實用功, 方能掃除廓清, 到得無私可克, 自有端拱時在."

53) "從心所欲, 不踰矩, 只是志到熟處."

이라고 생각한다.

양명의 양지가 습관에 의해 형성되는 것이라고 말하는 것이 잘못이 아니라고 한다면, 양명의 학문은 주자의 학문과 백사의 학문과 더불어 공통의 지반 위에 서 있을 터이며, 습관의 사실은 이들 세 사람의 사유 원동력이었다고 말할 수 있다. 주지하다시피 이들 세 사람의 체계, 그 가운데에서도 주자의 체계와 양명의 체계 사이에는 상당한 차이가 있다. 그렇지만 사색의 원동력에서 이러한 공통점이 있다는 것은 중국적 정신의 한 특성을 보여주는 것으로서 주목할 만하다. 게다가 이 두 가지 사실은 단지 모순의 관계에서만 파악되어야 할 것이 아니라, 그 두 가지는 표면적 모순에도 불구하고 내면적 필연성으로써 연결되어 있는지도 모른다. 이 점에서 습관의 현상은 한층 더 깊이 분석될 필요가 있다. 하지만 이 문제는 백사에 대해서보다는 주자와 양명에 대해서 다루어져야 할 것이기 때문에 여기서는 다루지 않는다. 다만 여기서 상기해야 할 것은 니시다 기타로(西田幾多郎) 박사의 "하늘, 땅, 그리고 사람의 삼재(三才) 사이에서 사유되는 동양의 도(道)나 리(理)는 이론적인 것이 아니라 오히려 기술적 성질을 갖는 것은 아니었을까 나는 생각한다"[54]는 말이다. 박사가 말한 의미가 어느 쪽이었는지는 천학비재의 나 같은 사람이 쉽게 엿볼 수 없는 것이지만, 만약 습관이 기술이라는 개념에 고유한 것이라고 한다면 나의 예상은 박사의 직관과 단적으로 일치하는 것이 아닐까?

(1943년 3월)

『지나학』(支那學) 제11권 제1호

54) 『思想』 제248호, 「지식의 객관성에 대해서(1)」(知識の客觀性について(一)).

6장
양명학의 성격

1. 양명의 성인 개념

주자를 집대성자로 여기는 송학(宋學)이 근세 중국에 부여한 확신 중 하나는, 어떤 사람이라도 학문만 한다면 성인(聖人)이 될 수 있다는 것이었다. 이 논문의 주제인 양명의 학문은 주자의 학문과 뚜렷한 차이를 갖고 있지만 그것과 동일한 확신 위에 서 있으며, 그의 학문이 그 확신으로부터 출발했다는 것은 양명학의 성격을 알려고 할 때 빠뜨릴 수 없는 점이다. 주지하다시피, 양명은 학문의 노정에서 이런 확신에 동요를 일으켰던 적도 있었다고 한다. 그러나 결국 그 확신을 되찾았기 때문에 그의 사유는 강력하게 앞으로 나아갈 수 있었다.

그러면 양명에게 성인은 어떤 존재였을까? 양명의 학문은 여러 번 변천하여 성립 전과 성립 후에 각각 세 번씩 변화했다는 설조차 있다.[1] 그의 성인 개념도 처음부터 고정되어 있었을 리는 없고 사유의 발전에 따라 내용에서 변화가 있었을 것이다. 그리고 변화의 흔적을 추적하는 것이 가능하다면 그것이 극히 흥미로운 주제가 되리라는 것은 다시 말할 필요도 없다. 그러나 그런 시도는 사실상 불가능하다. 우리가 알 수 있는 것은 양명학이 성립된 후 어

1) 『明儒學案』, 卷十.

느 시기인가에 확립된 개념들일 뿐이다. 뒤집어서 생각해 보면, 양명의 학문은 성립 후에도 변화했다고 말할 수 있지만 근본적 변화가 있었던 것은 아니라고 할 수 있다. 성립 후 세 번 변했다고 말하는 학자들도, 양명학 성립의 기원이라고 여겨지는 '심즉리'(心卽理)설이 양명학의 진수라는 것을 부정하지는 않는다.[2] 이것은 이른바 삼변설(三變說)이 근본적 변화를 뜻하는 것은 아니라는 사실을 보여준다. 따라서 이 무렵 성인 개념의 내용에 어떤 변화가 있었다 하더라도 그것은 근본적 변화는 아니었다고 할 수 있다. 때문에, 우리가 알 수 있는 개념이 어느 시기에 속하든 그 시기를 문제로 삼는 것은 그다지 중요한 일이 아니다. 설사 그것의 자각적 성립이 비교적 뒤의 일이라고 하더라도, 심즉리설은 이미 그것을 함축하고 예측하는 것이었다고 생각한다.

그렇다면 양명의 성인 개념이 어떤 내용을 담는지 말하고자 할 때, 성인의 성인된 까닭은 천리에 순수하다는 데 있는 것이지 재력(才力)에 있지 않다는 한 마디 말로 요약된다. 양명은 이 점을 설명하기 위해 유명한 '순금'[精金]의 비유를 사용한다. 순금이 순수한 까닭은 구리나 납 등의 잡스러운 금속이 섞여 있지 않기 때문이지 그 중량의 경중과는 관계가 없다. 마찬가지로 성인이 성인된 까닭은 천리에 순수하고 인욕의 잡스러움이 없기 때문이지, 그 재력(才力)의 대소와 관계가 없다. 재력에 대해 말하자면 요순은 만 일(鎰), 문왕과 공자는 구천 일(鎰), 우왕 · 탕왕 · 무왕은 칠팔천 일, 백이 · 이윤은 사오천 일이지만, 모두 천리에 순수하다는 점에서는 차이가 없으므로 모두 성인이라고 할 수 있다.[3] 요순의 만 일에 대해 공자를 구천 일이라고 보는 까닭은, 공자는 요순을 조술하였고 문왕과 무왕을 현창했다고 전해지

---

2) 上同.

3) 『傳習錄上』, "先生曰, 聖人之所以爲聖, 只是其心純乎天理, 而無人欲之雜. 猶精金之所以爲精, 但以其成色足而無銅鉛之雜也. 人到純乎天理, 方是聖. 金到足色, 方是精. 然聖人之才力, 亦有大小不同. 猶金之分兩有輕重. 堯舜猶萬鎰, 文王孔子猶九千鎰, 禹湯武王猶七八千鎰, 伯夷伊尹猶四五千鎰. 才力不同, 而純乎天理則同, 皆可謂之聖人."

듯이, 공자가 요순의 조술자로 여겨진 것에 바탕을 뒀던 것이 아닐까 생각한다. 이렇게 공자를 요순보다 낮게 보는 것에 대해 제자들 사이에서 이론(異論)이 있었다. 그러나 양명에 따르면, 성인의 중량을 다투는 것은 외형에 사로잡힌 사고방식일 뿐이며, 외형을 벗어나서 말한다면 요순의 만 일도 많은 것이 아니고 공자의 구천 일도 적은 것은 아니라고 한다. 성인 개념에서 근본적인 점은 정일(精一; 순수함과 한결같음)이라고 할 수 있을 지언정 다과(多寡)는 아니고, 천리에 순수한 것이라고 말할 수 있을 지언정 역량과 기백의 차이는 아니라고[4] 그는 말한다. 이런 견지에서, '성인은 알지 못하는 것이 없고 할 수 없는 것이 없다'는 말에 대해서도, 그것은 지식과 재능의 의미가 아니라[5] 천리를 알고 천리에 따를 수 있다는 의미에서 해석되어야 한다고[6] 그는 여긴다. 성인을 "태어나면서부터 아는 자"[生知]라고 말하는 것은 의리(義理)를 가리켜서 말한 것이지 예악명물(禮樂名物)을 갖고서 말한 것은 아니라고 하면서,[7] 성현에게는 공업(功業)과 절기(節氣)가 없는 것은 아니지만 성현이라고 이름 붙여진 까닭은 그 때문만은 아니라고 하는데,[8] 모두 같은 입장으로부터 나온 말이다.

2. 천리에 순수하다는 것의 의미

이렇듯 성인 개념의 핵심은 천리에 순수한 것이라고 하는 점에 있다. 그

4) 上同.

5) 上同, "後世不知作聖之本是純乎天理, 却專去知識才能上求聖人."

6) 『傳習錄下』.

7) 『傳習錄中』, "謂聖人爲生知者, 專指義理而言, 而不以禮樂 `名物之類, 則是禮樂 `名物之類無関於作聖之功矣, 聖人之所以謂之生知者, 專指義理而不以禮堤名物之類, 則是學而知之者, 亦惟當學知此義理而已."

8) 『傳習錄下』.

렇다면 그것은 구체적으로 어떤 내용을 가리킬까? 이것을 밝히기 위해서는 그것이 소극적으로는 '인욕에 사로잡히지 않는 것'으로 규정된다는 사실에 주의해야 한다. 이른바 인욕은 또한 사욕(私欲), 사의(私意), 혹은 단순하게 사(私)로도 불리는데, 그것은 일단 행위로 하여금 객관적 올바름을 얻지 못하도록 하는 힘으로서 이해된다. 예컨대, 성인의 마음은 천지만물을 한 몸으로 여겨서 모든 살아 있는 존재를 형제와 어린아이처럼 친히 여기는 데 반하여, 천하의 인심은 본래 성인과 다를 바가 없지만 '내가 있다'는 사욕에 의해 가려지고 물욕의 어두움에 의해 격절되기 때문에, 부자와 형제를 원수처럼 대하는 사람조차 있게 된다고[9] 말하는 것은 바로 그 경우를 가리킨다.

그러나 행위가 객관적 올바름을 얻었다고 하더라도 그 동기에서 순수하지 않다면 그 또한 사의(私意)로 여겨진다. 예를 들면, 다섯 패자가 오랑캐를 물리치고 주나라 왕실을 드높였던 것은 모두 사심에서 이루어졌기 때문에 리(理)에 들어맞는다고 말할 수 없지만, 사람들이 다섯 패자의 행위가 리에 부합한다고 말하는 까닭은 사람들의 마음이 아직 순수하지 않기 때문이다. 그래서 그들은 종종 다섯 패자의 공적을 흠모하여 외면만 그럴듯하게 보이도록 행동하려고 한다며[10] 양명은 비판한다. 동기가 불순하다는 것은, 선하기 때문에 선을 행하고 악하기 때문에 악을 제거하고자 한다는 것과 반대이다.

하지만 우리는 선하기 때문에 선을 행하고 악하기 때문에 악을 제거하고자 한다는 의지적 긴장조차 사의(私意)로서 파악되고 있다는 것을 알아야 한다. 본래 그것은 선하기 때문에 선을 행하고 악하기 때문에 악을 제거하고

9) 『傳習錄中』, "夫聖人之心, 以天地萬物爲一體, 其視天下之人, 無外内遠近. 凡有血氣, 皆其昆弟赤子之親, 莫不欲安全而教養之, 以遂其萬物一體之念. 天下之人心, 其始亦非有異於聖人也, 特其間於有我之私, 隔於物欲之蔽, 大者以小, 通者以塞, 人各有心, 至有視其父子兄, 弗如仇仇者. 聖人有憂之, 是以推其天地萬物一體之仁以教天下, 使之皆有以克其私, 去其蔽, 以復其心體之同然."

10) 『傳習錄下』, "如五伯攘夷狄, 弁周室, 都是一箇私心, 使不當理, 人卻說他做得當理, 只心有未純, 往往悅慕其所爲, 要來外面做得好看, 卻與心全不相干."

자 한다는 것 자체를 배척하는 것은 아니다. 아니, 그것은 성인된 까닭으로 여겨진다. '아름다운 외모를 좋아하고 악취를 싫어하듯이 선을 좋아하고 악을 싫어한다면 성인'[11]이라고 말하는 것은 그런 의미에서이다. 단, 이 때 의지적 긴장을 수반하는 것은 사의로서 배척된다. 곧, 아름다운 외모를 좋아하고 악취를 싫어하는 것은 오로지 리에 따르는 것이며 그렇게 하는 것이 천리이므로 여기에는 사의(私意)가 없다는 양명의 의견에 대해서, 그러나 좋아하고 싫어하는 것은 '의도'[意]라고 말하지 않을 수 없는 것 아닌지 제자는 논박하고 있는데, 이에 대해 양명은 그것은 '진실한 의도'[誠意]이기 때문에 사의(私意)는 아니고, '진실한 의도'는 단지 천리에 따르는 것이며, 천리에 따른다는 것은 조금의 의도도 개입시키지 않는 것이라고 대답했다.[12] 또 다른 곳에서는 이렇게 말한다. 배움 공부에 깊고 얕음의 차이가 있어, 처음에는 착실하게 의도를 내어 선을 좋아하고 악을 싫어해야 비로소 선을 행하고 악을 제거할 수 있다. 이렇게 착실하게 의도를 내는 것이 성실함이다. 그러나 원래 마음의 본체는 구체적 사물이 아니라는 것을 알지 못하고 오로지 의도를 내어 선을 좋아하고 악을 싫어하려고 한다면, 이번에는 그런 의도가 너무 많아지기 때문에 '툭 트여 매우 공적인 것'[廓然太公]의 경지가 되지 못한다고 말한다.[13] 이런 예는 선을 좋아하고 악을 제거하려는 의지적 긴장조차 사의로 파악되고 있었던 것의 증거이다. 그것이 어째서 배척되지 않으면 안 되었는지에 대해서는 약간의 설명도 덧붙이지 않았지만 말이다.

사의가 이상과 같은 것이라고 한다면, 천리에 순수하다고 하는 것이 어떤 것을 가리키는지는 저절로 분명해진다. 그것은 사의의 세 가지 의미에 대응

---

11) 『傳習錄下』, "先生嘗謂, 人但得好善如好好色, 惡惡如惡惡臭, 便是聖人."

12) 『傳習錄上』, "曰, 如好好色, 如惡惡臭, 則如何. 曰, 此正是一循於理. 是天理合如此. 本無私意作好作惡. 曰, 如好好色, 如惡惡臭. 安得非意. 曰, 卻是誠意, 不是私意. 誠意只是循天理. 雖是循天理, 亦看不得一分意."

13) 『傳習錄上』, "一向着意去好善惡惡, 便又多了這分意思, 便不是廓然太公."

하여 세 가지 측면으로부터 생각할 수 있다. 사의의 첫 번째 의미에 대응하는 측면은, 모든 행동이 '올바름의 반대 방향으로 나아갈 가능성을 수반하지 않으면서' 객관적 올바름을 실현하는 것이다. 두 번째 의미에 대응하는 측면은, 모든 행위가 객관적 올바름을 실현하는 것이 '마음 그 자체의 요구'에 뿌리 내리는 것이다. 세 번째 의미에 대응하는 측면은, 모든 행위가 '무의식' 속에서 객관적 올바름을 실현하는 것이다.

어떤 행위든지 그 실현이 올바름의 반대 방향으로 나아갈 가능성을 수반하지 않는다면, 그 행동은 마음 그 자체의 요구에 기반하고 있을 것임이 당연하다. 또한 그 행동이 마음 그 자체의 요구에 기반하고 있는 것이라면, 그것을 실현하고자 하는 의식적 노력을 필요로 하지 않을 뿐 아니라, 역으로 그런 의식적 노력이 필요한 한 그 행동은 마음의 요구에 뿌리내리고 있다고 말하기 힘들 것이다. 이렇게 본다면 위에서 열거한 세 가지 측면의 첫 번째는 두 번째로 귀결되고 두 번째는 세 번째로 귀결된다. 곧, 천리에 순수하다는 것은 요컨대 모든 행위가 무의식 속에서 객관적 올바름을 실현하는 것을 뜻한다고 봐도 틀림이 없다. 성인은 변화에 무궁하게 반응한다고 여겨지며, 성인의 마음은 밝은 거울과 같아서 자극에 따라 반응하며 비추지 않는 것이 없다[14]고 말하는 것도 그런 의미이다. 이른바 마음이 욕구하는 바에 따르더라도 척도를 넘지 않는 경지가, '뜻을 세움'[立志] 곧 성인이 되고자 하는 뜻을 세우는 것의 결과로서 설명되고 있는 것도[15] 같은 사태를 가리키는 말일 것이다.

이상과 같이 말할 수 있다면, 양명의 성인 개념은 반드시 양명에게만 있었던 것이 아니다. 다른 사람들은 잠시 제쳐두더라도, 보통 양명의 선구자로

---

14) 上同, "問, 聖人應變不窮, 莫亦是豫先講求否. 先生曰, 如何講求得許多. 聖人之心, 如明鏡. 只是一箇明, 則隨感而應, 無物不照."

15) 上同, "唐詡問, 立志是常存箇善念, 要爲善去惡否. 曰, 善念存時, 卽是天理. 此念卽善, 更思何善. 此念非惡, 更去何惡. 此念如樹之根芽, 立志者, 長立此善念而已. 從心所欲, 不踰矩, 只是志到熟處."

칭해지는 백사의 성인 개념, 그 뿐만 아니라 양명에 의해 부정되었다고 여겨지는 주자의 성인 개념조차 양명의 그것과 완전히 일치한다. 하지만 이 점에 대해서는 얼마 전 다른 측면에서 논한 적이 있기 때문에[16] 여기서 다시 상세한 설명을 가하려고 하지 않겠다. 다만 주자의 사유를 움직였던 성인 개념은 그 반대자인 백사와 양명의 사유도 움직였다고 말하지 않을 수 없을 것이다.

3. 양명의 주자학 비판과 용장(龍場)의 깨달음

그렇다면 양명이 주자의 학문을 부정하고 새로운 입장에 섰다는 역사적 사실은 어떻게 해석해야 할까? 결론을 미리 말하는 것이 허용된다면, 두 사람은 그 근저에서 동일하다고 할 수 있지만, 다만 이론 구성상에서 방향의 역전이 있었던 것에 불과하다고 할 수 있다. 원래 양명이 주자의 학문을 부정하기에 이르렀던 최초의 동기는, 사물에는 표리정조(表裏精粗)의 차이가 있음에도 불구하고 풀 한 포기 나무 한 그루도 모두 지극한 리(理)를 포함한다는 주자학적 명제에 입각하여 문 앞 대나무의 리를 궁구했지만 체득한 바도 없이 도리어 병에 걸렸던 양명 자신의 경험에 있었다는 것은 잘 알려진 사실이다. 이 경험은 사실 주자학의 희화화(戱畵化)라고 할 만한 것으로서, 주자학이 과연 그런 공부를 요구했는지 어떤지 의문이라는 것은 뒤에서 서술할 것이다.

그렇다 하더라도 그런 희화화를 허용하는 데에 주자의 리(理) 개념의 특징이 있었다. 주자의 리를 한 마디로 말한다면, 주관을 떠나 순수하게 객관적 태도로 추구해야 할 행위의 법칙이었다. 그리고 이것을 아는 것이 이른바 궁리(窮理)에 다름 아니다. 하지만 주자도 단지 이 단계에서 끝내려고 했던

---

16) 제5장 「진백사의 학문」(陳白沙の學問)을 보라.

것은 아니다. 이 단계에서 리와 마음은 아직 하나가 아닌데, 학습에 의해 그 두 가지가 하나가 되는 경지에 도달하려는 것이 주자의 목표였다.[17] 앞서의 경험을 하던 때 양명이 그 점에 주의했는지 여부는 극히 의문스럽다.

그 후 양명은 성현에게는 성인만의 분한(分限)이 있고 자신은 도저히 성현이 될 가망이 없다고 생각하여 사장(辭章)의 학문으로 나아갔다. 그렇지만 사장학만으로는 지극한 도(道)에 통할 수 없다는 자각 때문에 그는 괴로워하게 되었다. 하루는 주자의 상소문 가운데에, 경건함에 머물고 의지를 견지하는 것이 독서의 근본이며, 차례에 따라 정밀함을 다하는 것이 독서의 법도라는 구절이 있는 것을 보고, 종래 이 방법에 의거하지 않았던 것이 리를 체득하지 못한 원인이라고 왕양명은 깨닫는다. 그래서 그는 '마땅히 그래야 할' 차례에 따라 점차 젖어드는 방법을 추구하였다. 하지만 리와 마음은 아무리해도 두 가지로 나뉘어 있는 듯이 느껴졌고 번뇌의 결과 또다시 병에 걸렸기 때문에, 그는 더욱 더 성현이 될 자격이 없다고 생각하였다. 그러다가 우연히 도사(道士)가 양생(養生)을 얘기하는 것을 듣고서 세상을 버리고자 하는 생각을 품기까지 했다고 한다.

여기서 중요한 점은, 마땅히 그래야 할 차례에 따라 점차 젖어드는 것을 추구했음에도 불구하고, 리와 마음이 아무리해도 두 가지로 나뉜 듯이 느껴졌다고 하는 부분이다. 이것은, 양명도 주자와 마찬가지로 리와 마음이 하나인 경지를 목표로 삼았지만, 체험의 사실로서 쉽게 실현할 수 없었던 점에 양명의 고민이 있었다는 것을 보여준다. 그리고 그것이 이후 주자학으로부터 벗어나 새로운 이론을 구성하는 계기가 되었을 것이다. 그 새로운 이론이란 두 말할 나위 없이, 나의 본성은 성인의 도(道)를 스스로 갖추고 있으니 리를 사물에서 구하는 것은 잘못이라고 하는, 이른바 용장(龍場)의 각오(覺悟)에서 시작하는 심즉리설(心卽理說)이다.

---

17) 이 책 제3장 「주자에서 습관의 문제」를 보라.

체험의 사실로서 보자면 용장의 각오는 리와 마음이 하나인 경지에 비로소 들어섰다는 것을 뜻하고, 자각의 내용으로 보자면 주자가 배움의 '결과'라고 보았던 이 사태를 양명은 인간의 '본래성'으로 생각했던 것을 뜻한다. 원래 "마음은 곧 리"라고 여겨질 때, 리는 행위로 실현되어야 할 객관적 올바름인 것이며 그런 한에서 양명의 "리"가 주자의 "리"와 일치한다는 것은, 그의 이론 정립 과정에 비추어 봐도 당연히 예상할 수 있다. 그러나 단지 그것만으로는 아직 리라고 말할 수 없으며, 그것이 리라고 여겨질 수 있기 위해서는 그것이 동시에 마음의 표현이기도 하다는 조건을 갖추어야 한다는 것이 심즉리설의 주장이었다.

4. '심즉리'설

앞에서도 인용했다시피, 다섯 패자의 업적을 세상 사람들은 리에 합당하다고 말하지만, 그것은 사실 사의(私意)이므로 리에 합당한 것이 아니라고 양명은 말했는데, 이런 말이 그 증거가 된다. 또한 "부모를 섬길 경우, 겨울에 이부자리를 따뜻하게 하고 여름에 시원하게 하여, 봉양하는 것이 마땅함을 얻어야 비로소 지극히 선하다"고 하는 말을 비판하면서, 단지 그렇게 적절하다는 이유만으로 그런 행동을 지극히 선하다고 말한다면 배우가 그것을 연기하더라도 역시 지극히 선하다고 말할 수 있겠느냐고 말함으로써, 마음이 지극한 천리에 대해 순수한 것이야말로 지극한 선이라고 단정하는 것도[18] 같은 사상에 바탕을 둔다.

18) 『傳習錄上』, "愛問, 知止而後有定, 朱子以爲事事物物皆有定理, 似與先生之說相戾. 先生曰, 於事事物物上求至善, 卻是義外也. 至善是心之本體. 只是明明德到至精至一處便是. 然亦未嘗離卻事物. 本註所謂, 盡夫天理之極, 而無一毫人欲之私者, 得之."

그러나 리가 마음의 표현이 아닐 경우 리라고 여겨질 수 없다고 말한다면, 리가 마음 밖에 존재할 수 없다고[19]는 말할 수 있을 지라도, "마음이 곧 리"라고까지 말할 수는 없을 것이다. "마음이 곧 리"라고 말한다면, 역으로 '마음은 항상 리로서 표현된다'는 의미도 성립할 것이기 때문이다. 그런데 양명은 바로 그런 사고방식을 갖고 있었던 것 같다. 예를 들면, 정자(程子)의 "재물위리"(在物爲理; 사물로 드러나는 것이 이치이다)라는 말을 비판하면서, "재"(在)자 앞에 "심"(心)자를 덧붙여야 한다고 주장한다. 그렇게 하면 "마음이 사물에서 드러난 것이 리이다"가 된다. 예를 들면, 이 마음이 부친을 섬길 때 드러나는 것이 효(孝)라는 리이며, 임금을 섬길 때 드러나는 것이 충(忠)이라는 리이다.[20]

또한 사람의 마음은 보고 듣고 말하고 움직일 수 있는 것으로서, 그것이 곧 본성이며 천리라고 한다. 이런 본성이 있어야지 생명 현상이 있을 수 있고, 그 본성의 생명의 이치가 어짊이다. 그것이 눈으로 발한다면 보는 것이 가능하고, 귀로 발한다면 듣는 것이 가능하며, 입으로 발한다면 말하는 것이 가능하고, 사지로 발한다면 움직이는 것이 가능하다고 한다. 그래서 모든 것은 천리가 발생시킨 것이라고도 말한다.[21] 이것은 앞의 말과 약간 표현이 다르지만 의미는 결국 동일하다고 할 수 있다.

이렇게 심즉리설의 궁극은 '마음이 항상 리로 표현된다'는 것에 있었다. 그런데 '학습의 결과 마음과 리가 하나가 된다'는 주자학적 경지는 바로 그것과 일치한다. 그러므로 심즉리설의 제창은 이런 사태가 체험의 사실로서 성립한다는 점과 아울러, 주자가 학문의 궁극이라고 보았던 것을 양명은 사람

---

19) 上同, "愛問, 至善只求諸心. 恐於天下事理, 有不能盡. 先生曰, 心卽埋也. 天下又有心外之事, 心外之理乎."

20) 『傳習錄下』, "在物爲理, 在字上當添一心字. 此心在物則爲理, 如此心在事父則爲孝, 在事君則爲忠之類."

21) 『傳習錄上』, "這視聽言動, 皆是汝心. 汝心之動發竅於目. 汝心之聽發竅於耳. 汝心之言發竅於口. 汝心之動發竅於四肢."

의 본래성으로 파악했다는 점을 뜻한다. 이런 점에서 이론 구성상에서 방향의 역전이 일어났다고 말할 수 있다.

그렇지만 이것을 인간 본래의 모습으로 보는 사유방식이 주자에게 없었던 것은 아니다. 그의 복초(復初)의 개념은 그런 사유방식을 배경으로 삼는다. 또한 주지천(朱止泉)이라는 사람은, 주자의 격물(格物)의 학은 심즉합일(心理合一)의 입장에 선 것이라고까지 주장했다.[22] 이런 해석은 분명 지나친 것이며 역사적인 주자의 입장을 파악했던 것이라고 말하기는 힘들지만, 그런 해석이 생겨날 수 있었던 것도 결코 우연은 아니며, 심리합일설로까지 나아갈 만한 맹아는 이미 주자의 사상 속에 존재했다고 할 수 있다.

반대로 마음과 리의 합일을 인간의 본래 모습이라고 본 양명도, 그런 이유 때문에 학문을 폐하고자 하지는 않았다. 아니, 사실은 그와 반대로 성인은 "태어나면서부터 알며 행위를 편안하게 하지만"[生知安行], 성인은 조금의 장애도 없는 것처럼 양지를 보전해야 하고 "저절로 그러하게 쉬지 않으면서"[自然不息] 세심하게 주의를 기울였으므로, 성인은 이 점에서 "배워서 아는 사람"[學知]이라고 여겨져야 한다고까지 말하여[23] 양명은 학문의 중요성을 새삼 강조하고 있다.

이 말이 우리가 앞에서 분석했던 성인 개념을 부정하는 것은 아니다. 자세히 말한다면, 성인이 행위 하나하나를 선하게끔 하면서 의식적 노력을 기울인다는 것을 뜻하는 것은 아니다. 양지를 보존하는 행위가 "저절로 그러하게 쉼이 없다"는 성격을 갖는다고 여겨졌던 것은 그 증거가 된다. 왜냐하면 그러한 행위에 의지적 긴장이 존재하지 않는다는 점을 보여주기 때문이다. 그럼에도 불구하고 이런 행위가, 보통 의지적 긴장을 포함하는 것이라고 여겨지는 학(學) 개념과 결부된다는 것은, 양명의 학의 개념이 실은 보통의

---

22) 『文集』, 卷七, 「朱子格物說辨一, 二」를 보라.

23) 『傳習錄下』.

학의 개념과 완전히 일치하지 않은 결과일 것이다. 그러나 이 점은 뒤에서 다시 언급하기로 한다.

여하튼 "타고나면서 알고 행위에 편안한" 성인조차 "배워서 아는 사람"으로 파악하는 위의 말이, 양명의 학문 중시를 반영한다는 것은 부정할 수 없다. 이렇게 마음과 리가 하나가 되는 경지를 인간의 본래성으로 보는 사고방식이 한편에서는 주자에게도 존재하고, 학문의 필요성을 인정하는 사고방식이 양명에게도 존재했지만, 이론 구성의 측면에서 주자가 그런 사고방식을 위주로 하지 않았던 것에 반해, 양명은 그것을 전면에 내세워 학문 개념을 그 입장으로부터 다시 생각하고자 했던 것이다. 여기에 두 사람의 근본적 차이가 있다.

이 차이는 다음과 같이 표현된다면 더욱 적절할 지도 모른다. 요컨대, 주자와 양명은 동일한 체험에 입각해 있었으나, 주자가 그것에 도달하기까지의 과정을 따라서 이론을 구성했던 것에 비해, 양명은 그 체험 자체로부터 출발하여 이론을 구성하였다는 것이다. 그래서 주자는 아래로부터의 이론이라고 할 수 있고 양명은 위로부터의 이론이라고 할 수 있을 것이다. 또한, 만약 이 차이를 표현할 때 중국사상사 내부에서 발생했던 범주를 이용할 필요가 있다면, '도문학'(道問學)과 '존덕성'(尊德性)의 범주를 빌릴 수 있다. 원래 주자와 육상산의 차이점을 보여주기 위해 『중용』으로부터 빌려온 이 범주를 무조건 주자와 양명의 경우에 적용하는 것이 매우 위험하다는 것은 뒤에서 서술하는 대로이다. 그러나 아래로부터의 이론은 학문의 사실 분석으로부터 출발하고, 위로부터의 이론은 덕성의 실체에 대한 분석으로부터 출발한다. '도문학', '존덕성'의 범주를 이런 의미로 사용하는 것이 허용된다면, 그것은 주자와 양명의 입장에 특징을 부여하는 편리한 범주가 될 것이다.

5. 양명의 "물(物)" 개념

그렇다면 양명의 방향 전환은 어떤 귀결을 수반했을까?

먼저 들어야 할 것은 "물"(物) 개념의 변화이다. 원래 주관을 떠나 순수하게 객관적인 것으로서 리를 추구해야 한다는 주자의 입장에서는 "물"이 마음으로부터 독립한 것으로 여겨지고, 마음의 유무에 상관없이 존립하는 어떤 존재로 여겨졌다는 점은 두 말할 나위도 없다. 이에 반하여 양명에서는 리가 실은 마음의 표현이라고 여겨지기 때문에, 주자의 "물" 개념이 이미 유지될 수 없다는 것은 당연한 귀결이다. 곧, 양명은 리는 마음을 벗어나서 존재할 수 없다는 명제에 기반하여, "물"은 마음을 벗어나서 존재할 수 없다는 명제를 세우고 있다.[24] 또한 마음과 본성을 동일시하여, 리는 본성 밖에서는 존재할 수 없으며 "물"도 본성 밖에서 존재할 수 없다[25]고 서술한다.

그렇다면 그것은 어떤 의미일까? 양명은 사물이 마음 밖에 있을 수 없다는 명제를 설명하면서, 몸의 주재자는 마음이고 마음이 발한 것은 의도[意]이며, 의도가 있는 곳은 "물"이라고 말한다.[26] 또한, 사물이란 "사"(事)인 것으로서, 부모를 섬길 때 의도를 사용한다면 부모 섬기는 것이 하나의 "물"(物)이 되고, 백성을 다스릴 때 의도를 사용한다면 백성 다스리는 것이 하나의 "물"이 되며, 독서할 때 의도를 사용한다면 독서가 하나의 "물"이 되고, 송사를 담당할 때 의도를 사용한다면 송사가 하나의 "물"이 된다[27]고 설명한다. 그래서 양명이 말하는 "물"(物)은 상식적 의미의 사물이 아니라 사(事; 일, 현상, 사태)였다.

---

24) 『傳習錄上』, "所以某說無心外之理, 無心外之物."

25) 『傳習錄中』, "天下無性外之理, 無性外之物."

26) 『傳習錄上』, "身之主宰便是心. 心之所發便是意. 意之本體便是知. 意之所在便是物."

27) 『傳習錄中』, "如意用於事親, 卽事親爲一物, 意用於治民, 卽治民爲一物, 意用於讀書, 卽讀書爲一物, 意用於聽訟, 卽聽訟爲一物."

그렇기는 하지만 그에게 상식적 의미의 사물 개념이 없었다고는 말할 수 없다. 어느 때인가 제자가 바위 속의 꽃나무를 가리키면서, 사물은 마음을 벗어나서는 있을 수 없다고 말하는데 이 꽃나무는 깊은 산 속에 있어서 스스로 피고 지니 내 마음과 관계없는 것이 아닌가라고 물었다. 이에 대해 양명은, 네가 이 꽃을 보지 않을 때에 이 꽃은 너의 마음과 함께 고요함 속으로 귀결하고, 네가 이 꽃을 보게 될 때에는 이 꽃이 일시적으로 명백하게 되니, 이로부터 이 꽃은 너의 마음 밖에 있지 않음을 알게 된다고 답했다.[28] 또한, 하늘은 나의 영명(靈明)이 없다면 그 높음을 숭앙받지 못하고 땅은 나의 영명이 없다면 그 깊이가 측량되지 못하며, 귀신은 나의 영명이 없다면 길흉화복을 변별하지 못하기 때문에, 나의 영명을 떠나서는 천지와 귀신조차 존재하지 않는다[29]고도 말한다. 이런 사례는 양명의 "물"(物) 개념에도 상식적 의미가 있었음을 보여준다.

그러나 이런 의미가 그 개념의 핵심일 수는 없다. 그 핵심은 어디까지나 "사"(事)에 있었다. 선대 유학자들은 격물(格物)을 천하 만물을 격(格)하는 것이라고 해석하지만, 천하 만물을 격하는 것이 어떻게 가능하겠으며, 또한 풀 한 포기 나무 한 그루도 모두 리를 갖는다고 말하지만 지금 어떻게 격(格)하면 좋겠는가? 또한 설사 초목을 격하는 것이 가능하다고 할지라도 어떻게 되돌이 켜 자신의 의도를 성실하게 할 수 있겠는가라고 말하면서, 자신은 격(格)자를 정(正)의 의미로, 물(物)을 사(事)의 의미로 해석한다고 서술했던 것[30]은 그 증거이다. 또한 리(理)가 마음 밖에 존재할 수 없고 "물"도 마음 밖

---

28) 『傳習錄下』, "先生遊南鎭, 一友指巖中花樹問曰, 天下無心, 外之物. 如此花樹, 在深山中自開自落, 於我心亦何相關. 先生曰, 你未看此花時, 此花與汝心同歸於寂. 你來看此花時, 則此花顔色一時明白起來. 便知此花不在你的心外."

29) 上同, "我的靈明, 便是天地鬼神的主宰. 天没有我的靈明, 誰去仰他高. 地没有我的靈明, 誰去俯他深. 鬼神没有我的靈明, 誰去辯他吉凶災祥. 天地鬼神萬物, 離卻我的靈明, 便没有天地鬼神萬物了."

30) 上同, "先生曰, 先儒解格物爲格天下之物, 天下之物如何格得. 且謂一草一木亦皆有理, 今如何去格. 縱格得草木來, 如何反來誠得自家意. 我解格作正字義, 物作事字義."

에 존재할 수 없다고 말하는 대신, 리는 마음 밖에 존재할 수 없고 "사"(事)도 마음 밖에 존재할 수 없다고 말했던 것[31]도 사(事)로서의 물(物)의 의미를 반영하는 것이 아닐 수 없다. 이렇게 물(物)은 "사"이지만 "사"는 항상 그것과 관계되는 외적 대상을 갖는다. 말하자면 사(事)는 외적 사물에 부착된다. 여기서 사로서의 물(物)이 상식적 물(物)로서도 생각될 수 있는 계기가 있었던 것이며, 사로서의 물 개념을 극도로 밀고 나아간 것이 위와 같은 관념론이라고 할 만한 존재론적 사변이었다고 생각한다.

그렇지만 그렇게 단순한 관념론이라고 평해 버려도 괜찮을지는 의문이다. 뒤에서 설명하다시피, 양명은 먼저 마음이 있고 난 다음에 행위가 있다는 식으로 말하지 않고, 행위가 곧바로 마음이며 행위를 빼버리고 마음이 따로 있는 것이 아니라고 한다. 이 점은 외적 사물의 경우에 대해서도 말할 수 있다. 곧, 사물의 존재는 마음의 존재에 의거해야 하지만, 역으로 사물의 존재를 제거하면 마음의 존재도 없어져 버린다는 사고방식이 이루어지고 있었던 것이다. 그러므로 먼저 마음이 있고 난 다음에 사물이 있다고 하는 소박한 관념론의 사고방식이 이루어졌던 것이 아니라는 점을 생각하게 한다. 위에서 인용한 꽃나무에 대한 언설이 관념론으로 보이는 까닭은, 사실 우리 자신이 마음에 대한 소박한 실체론에 빠져있기 때문에 다름 아니다.

여하튼 양명의 "물" 개념의 핵심은 어디까지나 사(事)에 있었으며, 외적 사물은 2차적 의미밖에 지니지 못했다. 환언하면, 양명으로서는 격물의 해석이 가장 중요한 문제였지 외적 사물과 관련된 존재론적 사변은 관심의 중심에 있지 않았다고 말해야 하지 않을까? 앞서 인용한 양명의 주자(朱子) 격물설(格物說) 비판에서 "물" 개념으로부터 상식적 물(物)의 의미를 탈각시키고 그

31) 『傳習錄上』. "先生曰, 心卽理也. 天下又有心外之事, 心外之理乎." 마음 밖에 물(物)이 없고, 마음 밖에 사(事)가 없으며, 마음 밖에 이치는 없다는 표현도 없는 것은 아니다.(『全書』, 卷4, 「與王純甫書二」)

것을 오로지 사(事)의 의미로 해석하고자 한 사실은 우리를 이러한 해석으로 이끌어간다. 만약 양명의 관심이 존재론적 사변에 있었다면, 그의 격물설에서도 상식적 의미의 "물" 개념이 어떤 형태로든지 드러나 보존되었을 것이다.

하지만 그가 주자 비판에서 말하듯이, 주자의 "물" 개념이 상식적 의미의 "물"이었는지 여부를 생각해 보자면 그것 역시 의심스럽다. 도대체가 그의 비판은 일종의 곡해에 기반하고 있으며 주자의 학문에 대한 희화화에 다름 아니다. 우리가 이렇게 말하는 까닭은, 양명이 풀 한 포기 나무 한 그루라는 극단적 예를 취했다는 것 때문만은 아니다. 양명은 다른 곳에서, 리를 사사물물(事事物物)에서 구하는 것은 효(孝)의 리를 부모에게서 구하는 것과 같다[32]고 말하고 있다. 이것은 위의 주자 비판으로부터 자연스럽게 도출된 말이라고 여겨지는데, 우리는 그것이야말로 곡해라고 평가하고자 한다. 이렇게 말하는 까닭은 주자의 궁리(窮理)가 효의 리를 부모에서 찾는 종류였다고 한다면 그것은 정말로 난센스라고 하지 않을 수 없기 때문이다. 주자의 궁리는 오히려 효의 리를 '부모 섬김'에서 구했던 것이라고 여겨져야 한다. 주자가 물(物)은 사(事)와 같다고 분명히 말했던 점[33]으로부터 보면 그렇게 해석하지 않을 수 없다. 물론 주자의 물(物)이 양명이 곡해했던 식의 의미를 갖지 않았던 것은 아니다. 그러나 그것은 물(物)이 사(事)와 연계된 대상으로서 여겨졌을 때에만 그러하며, 개념의 핵심이 사(事)에 있다는 점은 양명의 경우와 동일하다.

그렇다면 주자가 그것을 마음과 독립된 것으로 생각했음에 비하여, 양명은 그것을 마음과 결부시켜 생각했던 것은 어떤 이유에서일까? 부모 섬김을 예로 들어 말한다면, 양명은 부모를 섬긴다는 현실적 행위 밖에 따로 부모 섬김의 '일반적' 행위가 존재하지 않는다고 생각했음에 반하여, 주자는 개개의 부모 섬김 행위를 떠나 부모 섬김의 '일반적' 행위를 사유했기 때문이라고

---

32) 『傳習錄中』, "夫求理於事事物物者, 如求孝之理於其親之謂也."

33) 『大學章句』, "致知在格物注".

필자는 생각한다. 환언하면, 주자의 "물"(事)은 개념적이며 양명의 그것은 행위적이었다. 그것이 위와 같은 의견 차이를 초래했다고 필자는 생각한다. 개념으로서의 부모 섬김은 마음을 벗어나더라도 생각될 수 있다. 그러나 행위로서의 부모 섬김은 마음을 벗어나서 생각될 수 없다. 위와 같은 의견 차이가 생겨났던 까닭은 당연하다고 하지 않을 수 없다.

6. 마음과 "물(物)"의 합일 관계

하지만 여기서 주의해야 할 점은, 이상과 같이 "물"이 마음 밖에 있을 수 없다고 설명하는 이면에서, 역으로 마음은 "물"을 떠나서 추구될 수 없다고 설명된다는 점이다. 예를 들면, 구체적 사건과 사물 속에서 지극한 선을 추구하는 것은 '도덕 원칙이 인간 외부에 있다'[義外]는 것에 해당하며, 지극한 선은 마음의 본체이므로 명덕(明德)을 밝혀 지극히 정밀하고 지극히 집중된 상태에 도달한다면 그것이 바로 지극한 선이라고 양명은 주장한다. 그런데 그는 다른 한편으로 "물"(物)을 떠나 버려도 안 된다고 주장하면서,[34] 유학은 마음을 기를 때 사물을 떠나지 않지만 불교는 사물을 다 끊어 버리고 마음을 환상으로 간주한다[35]고 말한다. 이렇게 말하는 것은 얼핏 보기에 매우 이해하기 어려운 면을 가진 것 같지만, 앞에서 설명했다시피 '마음이 곧 리'라는 것이 ① '리가 마음의 표현'이라는 것을 뜻함과 아울러 ② '마음은 항상 리로 표현된다'는 의미를 포함한다는 것을 생각한다면, 그것은 반드시 이상하게 들리지는 않을 것이다. 곧, "물"은 마음을 벗어나서는 존재할 수 없다고 말하

34) 『傳習錄上』, "先生曰, 於事事物物上求至善, 卻是義外也. 至善是心之本體. 只是明明德到至精至一處, 便是. 然亦未嘗離卻事物."

35) 『傳習錄下』, "先生曰, 吾儒養心未嘗離卻事物, 只順其天則自然就是功夫. 釋氏卻要盡絶事物, 把心看做幻相, 漸入虛寂去了. 與世間若無些子交涉, 所以不可治天下."

는 것이 앞의 의미에 대응함에 비해, 마음은 "물"을 벗어나서는 추구될 수 없다고 말하는 것은 뒤의 의미에 대응하는 것이라고 할 수 있다.

그렇다면 그것은 구체적으로 어떤 의미일지 생각해 보자. 위에서 말했다시피 양명의 물(物)은 행위로서의 사(事)이기 때문에, "마음은 물을 벗어나서 추구될 수 없다"는 것은 "행위를 벗어난 마음은 없다"고 하는 의미가 아닐 수 없다. 여기서 우리는 매우 특이한 마음 개념을 발견한다. 곧, 행위는 마음에 의해 비로소 가능하지만, 그것은 마음이 먼저 있고 그 후에 행위가 생겨난다는 것이 아니라, 마음도 사실은 행위에 의해 비로소 마음이 된다고 여겨진다는 것이다.

양명은 평생토록 "선도 없고 악도 없는 것은 마음의 본체", "선도 있고 악도 있는 것은 의도의 움직임", "선을 알고 악을 아는 것은 양지(良知)", "선을 이루고 악을 제거하는 것은 격물"이라는 이른바 사구결(四句訣)로써 사람들을 이끌었는데, 양명 자신이 말하는 바에 따르면 이 사유설(四有說)은 둔근(鈍根; 지적 수준이 낮은 사람들)을 인도하기 위한 방편에 불과하고, 리근(利根; 지적 수준이 높은 사람들)을 이끌기 위한 이론으로는 사무설(四無說)이 있었다. 그것은, "마음의 본체가 선도 없고 악도 없는 것"이라고 한다면 의도, 앎, 사물에도 선과 악이 없다는 것이며, 역으로 만약 의도에 선악이 있다고 말하면 마음의 본체에도 역시 선악이 있을 것이라고 하는 가르침이다.

그는 동시에 다른 말로 그것을 설명하면서, 리근(利根)은 한 번 깨달으면 "본체가 곧 실천"이 되어 나와 타인의 구별도 사라지는 경지에 도달하는데, 둔근(鈍根)은 필연적으로 습심(習心)이 있어 본체를 가리고 있기 때문에, 잠시 의념(意念) 상에서 선을 이루고 악을 제거하는 실천을 하고, 이 실천이 무르익어 찌꺼기가 다 없어지면 본체도 충분히 밝아지게 된다고 가르치고 있다.[36)]

---

36) 上同, "先生曰, 我今將行, 正要你們來講破此意. 二君之見, 正好相資爲用, 不可各執一邊. 我這裏接人, 原有此二種. 利根之人, 直從本原上悟入, 人心本體原是明瑩無滯的, 原是箇未

이 기록은 우리의 해석을 뒷받침하기에 충분하다. 왜냐하면, 마음의 본체가 선하다는 것은 그 실천이 선하다는 것에 다름 아니지만, 실천이 선하게 된 이후에야 비로소 본체가 선하게 되는 것은 아니기 때문이다. 동시에, 실천이 선하다는 것이 그대로 본체가 선하다는 것을 의미한다는 것이 양명의 마음 개념이었다는 점을 그 기록은 보여주기 때문이다.

그렇지만 선도 악도 없는 마음의 본체라는 표현은, 그의 "선을 생각하지도 않고 악을 생각하지도 않는다"는 설을 생각하게 만들며, 그것은 맹자의 성선설에 대한 부정이라고도 여겨질 수 있기 때문에 위의 기록에 의심을 품었던 학자도 있었다. 하지만, 마음의 본체에 선악이 없다고 하는 것은 마음의 본체가 지극히 선[至善]한 것으로서 악이 없기 때문에 그런 의미에서 선도 없다고 말했던 것에 불과하다. 그래서 양명이 이런 표현을 사용하는 것도 가능한 일이기 때문에, 이런 의문은 오히려 잘못인 것으로 여겨질 수 있다.[37] 우리의 이런 설명은 아마도 올바를 터이며, 위의 기록이 의심스럽다고 하더라도 그것은 우리로 하여금 어떠한 난점도 느끼게 하지 않는다.

위의 기록을 인용했던 까닭은, 우리가 위에서 서술했던 내용이 "본체가 곧 실천이다"라는 구절로 표현된다는 것을 가장 간단하게 보여주었기 때문이다. 그런데, "본체가 곧 실천"이라고 하는 사상 그 자체는 다른 맥락이기는 하지만 다른 곳에서도 자주 발견된다. 예를 들면, 마음의 "아직 드러나지 않은"[未發] 본체는 "이미 드러난 것"[已發]의 앞에 있는가, 그 가운데 있는가, 그것의 주인이 되는가, 아니면 전후와 내외가 없이 혼연일체의 상태에 있는가, 하는 의문에 대해 그는 이렇게 답한다. 곧, "아직 드러나지 않은 것"은 "이미 드러난 것" 가운데에 있지만, "이미 드러난 것" 내에서 "아직 드러나지

發之中. 利根之人一悟本體卽是功夫, 人己内外一斉俱透了. 其次不免有習心在, 本體受蔽, 故且教在意念上実落爲善去惡, 功夫熟後, 渣滓去得盡時, 本體亦明盡了."

37) 예를 들면, 錢穆,「王守仁」, 92-104면을 보라.

않은 것"이 독립적으로 존재하는 것은 아니다, 또한 "이미 드러난 것"은 "아직 드러나지 않은 것" 속에 있지만 "아직 드러나지 않은 것" 속에 따로 "이미 드러난 것"이 독립적으로 존재하는 것은 아니다.[38] 이는 "본체가 곧 실천"이라는 말과 표리를 이룬다.

또한, 중(中)과 화(和)는 분리될 수 없다고 하면서, 그는 면전의 불을 예로 들어 말하고 있다. 불 그 자체는 중(中)이며 불이 사물을 비추는 것은 화(和)이다. 불의 빛은 저절로 외물을 비추는데 불과 비춤은 뗄 수 없는 것이며, 그것과 마찬가지로 중과 화도 하나[39]라고 말한다. 이것은 "아직 드러나지 않은 것"이 먼저 있고 난 다음에 "이미 드러난 것"이 있는 것도 아니고, 또한 "아직 드러나지 않은 것"과 "이미 드러난 것" 중 어느 것이 다른 것을 포함하는 관계에 있는 것도 아니라고 한다. 그것은, "아직 드러나지 않은 것"은 그대로 "이미 드러난 것"이고 "이미 드러난 것"은 그대로 "아직 드러나지 않은 것"이라는 점을 보여주는 것이라고 해야 한다. 곧, "본체가 곧바로 실천"라는 사상이다.

또한, "보이지도 들리지도 않는 것은 본체를 가리키며, 계신공구(戒愼恐懼; 경계하고 신중히 행동하며 두려워함)는 실천을 가리키는가?"라는 질문에 답할 때, 본체는 본래 보이지도 들리지도 않는 것이지만 또한 계신공구하는 것이기도 하다면서, 계신공구라고 말하더라도 보이지도 들리지도 않는 것 위에 무언가를 덧붙이는 것은 아니라고 한다. 그래서 올바로 이해한다면 계신공구가 본체이고 '보이지도 들리지도 않는 것'이 실천이라고 말해도 틀리지 않는다는 의미로 서술하고 있다.[40] 양명에 따르면, 보이지도 들리지도 않는 것이란 보이는 것이나 들리는 것과 이치상 동일하지만, 그것은 '보는 것',

---

38) 『傳習錄中』.

39) 『張本傳習錄』, "中和是離不得底, 如面前火之本體是中, 火之照物處便是和, 擧著火, 其光便自照物, 火與照, 如何離得, 故中和一也."

40) 『傳習錄下』, "問, 不睹不聞是說本體, 戒愼恐懼, 是說功夫否. 先生曰, 此處須信得本體原是不睹不聞的, 亦原是戒愼恐懼的, 戒愼恐懼不曾在不睹不聞上加得些子. 見得眞時, 便謂戒愼恐懼是本體, 不睹不聞是功夫亦得."

'듣는 것'이라는 작위가 없다는 것을 뜻한다.[41] 따라서 "보이지도 들리지도 않는 것"이 본체로 여겨지는 것이 자연스러우며 양명도 어떤 곳[42]에서는 그렇게 생각하고 있지만, 한편에서는 위와 같이 서술하고 있는 것이다. 이는 "본체가 곧 실천"이라는 사상에 바탕을 둔다. 요컨대, 눈은 보고 귀는 듣는데, 보는 것 과 듣는 것을 떠나서 눈이나 귀라는 것이 있을 리가 없는 것처럼, 행위를 빼고서 마음이라는 것이 있을 수 없다는 것이 양명의 마음 개념이었다.

양명은 우리가 지금 사용했던 것과 완전히 동일한 예를 사용하여, 눈에는 본체가 없고 만물의 색을 본체로 삼으며, 귀에는 본체가 없고 만물의 소리를 본체로 삼으며, 코에는 본체가 없고 만물의 냄새를 본체로 삼으며, 눈에는 본체가 없고 만물의 맛을 본체로 삼으며, 마음에는 본체가 없고 천지만물의 감응의 시비를 본체로 삼는다[43]고 말하고 있다. 이런 말은 우리의 해석이 잘못이 아니라는 것의 가장 유력한 증거가 된다. 이렇게 본다면 양명의 마음 개념은 극히 뚜렷한 특징을 갖는다. 그것을 한 마디로 표현하면 소박한 실체론이 아니라, 행위적이라는 점이다. 또한 마음이 이러한 것인 이상, 꽃나무에 대한 그의 언설을 소박한 관념론이라고 평가하는 것은 필시 타당하지 않을 것이다. 그것은 앞에서 이미 지적했던 바이다.

우리는 또한 앞에서 "타고나면서부터 알고 편안히 행동한다"[生知安行]고 여겨지는 성인조차 "배워서 아는 사람"으로 지칭되어야 한다고 양명이 주장했던 것을 살펴보았는데, 그러한 역설은 역시 위와 같은 마음 개념을 배경으로 삼는다. "타고나면서부터 알고 편안히 행동한다"는 것을 한 마디로 말하면 태어나면서부터 덕성을 갖는다는 것일 텐데, 위에서 말했다시피 마음의 본체는 곧 실천이기 때문에, 사실은 배움에 의해 비로소 덕성이 획득된다는

---

41) 『傳習錄中』.

42) 『傳習錄下』.

43) 『傳習錄下』, "又曰, 目無體, 以萬物之色爲體. 耳無體, 以萬物之声爲體. 鼻無體, 以萬物之臭爲體. 口無體, 以萬物之味爲體. 心無體, 以天地萬物感之是非爲體."

일은 이론상 있을 수 없다. 오히려 덕성을 갖는다는 것은 현재 배워 나가고 있다는 것을 의미하지 않으면 안 될 터이다. 그러므로 "타고나면서부터 알고 편안히 행동한다"는 성인도 "배워서 아는 사람"으로 여겨지는 것은 당연하다고 할 것이다.

그렇다면 덕성을 갖는 것을 떠나서 배움이라는 것이 성립할 수 있을지 생각해 보자. 그것 역시 "본체는 곧 실천"이라는 명제와 모순된다. 그래서 양명에게서는 배움의 개념조차 변화하리라는 것을 예상할 수 있으며, 배움이란 덕성을 획득하기 위한 노력이 아니라 오히려 덕성이 거기서 발휘되는 사태를 가리켜야 할 것이다. 양명이 "도문학"과 "존덕성"을 두 가지로 나누는 것은 잘못이라고 하고, 문학(問學)에 따르는 것[道]은 덕성을 존중하는 방법이라고 설명하는 것[44]은 바로 이러한 사유 방식에 밑바탕을 둔다. 또한 미리 주의를 기울여 본다면, 주자를 도문학의 입장에 세우고 육상산을 존덕성의 입장에 세웠던 오초려(吳草廬)의 시도를, 주자와 양명의 경우에도 적용시키는 것이 얼마나 위험한 일인지를 양명의 이 발언으로부터 알 수 있다. 만약 그것을 억지로 적용시키려 한다면 우리는 이들 범주를 앞서 서술했던 특수한 의미로 한정시켜야 한다. 곧, 그것들은 이론의 내용에 관계된 것이 아니라 이론의 성격과 관계된 것으로만 사용되어야 한다.

7. 지행합일설

마음 개념과 표리를 이루는 것으로 지행합일설이 있다. 이 설의 제창은 심즉리설의 제창과 때를 같이 하지는 않지만, 그것이 둘 사이에 이론적 거리가 존재함을 뜻하지는 않는다. 둘의 관계는 단지 표리의 관계가 아니라, 지

44) 上同.

행합일설의 제창은 심즉리설 속에 포함되어 있던 것이 전개된 것 이외의 그 무엇도 아니다. 마음 밖에서 리를 구하는 것은 앎과 행동이 두 가지가 되는 까닭이며, 우리 마음에서 리를 구하는 것은 성인 문하의 지행합일의 가르침이라는 말은[45] 둘의 이러한 관계를 이야기해준다.

그러나 양명은, 당시 사람들의 학문은 앎과 행동을 두 가지로 나누면서, 생각 하나의 움직임에 선하지 않은 것이 있더라도 그것을 행동으로만 옮기지 않는다면 괜찮다고 여기고 그것을 금지하려 하지 않는다고 비판한다. 그에 따르면, 생각 하나가 움직일 때 그것은 곧바로 행동을 의미하기 때문에, 그 때에 선하지 않은 것이 있다면 선하지 않은 생각이 가슴 속에서 잠복해 있지 않을 때까지 철저하게 극복해야 한다. 이런 사항을 알게끔 하는 것이 지행합일설의 종지라고 그는 말한다.[46]

또한 요즘 사람은 앎과 행동을 두 가지로 나누기 때문에, 먼저 알고 난 다음에 행동할 수 있다고 여겨 우선 앎의 공부를 하고 그것을 통해 얻은 진정한 앎으로부터 행동의 공부로 나아가고자 생각한다고 양명은 지적한다. 하지만 그렇기 때문에 평생토록 행동하지 않을 뿐더러 평생토록 알지도 못하게 되므로 이것은 작은 병통이 아니며 유래도 오래된 것이라고 한다. 자신이 지금 지행합일설을 내세우는 까닭은 그런 병통에 대한 약이라고 양명은 말한다.[47]

그런 한에서 지행합일설은 전적으로 윤리적 요구로부터 제시된 듯하지만, 그 동기는 어쨌든 간에 그것은 양명의 체계에 깊이 뿌리 내리고 있는 것이다. 위의 문장 바로 다음에서, 자신은 엉터리를 말한 것이 아니라 앎과 행

45) 『傳習錄中』, "外心以求理, 此知行之所以二也. 求理於吾心, 此聖門知行合一之教, 吾子又何疑乎."

46) 『傳習錄下』, "問知行合一. 先生曰, 此須識我立言言宗旨. 今人學問, 只因知行分作兩件, 故有一念發動, 雖是不善, 然卻未曾行, 便不去禁止. 我今說箇知行合一, 正要人曉得一念發動處, 便卽是行了. 發動處有不善, 就將這不善的念克倒了, 須要徹根徹底不使那一念不善潛伏在胸中. 此是我上上言宗旨."

47) 『傳習錄上』, "我如今且去講習討論做知的工夫. 待知得眞了, 方去做行的工夫. 故遂終身不行, 亦遂終身不知. 此不是小病痛, 其來已非一日矣. 某今說箇知行合一, 正是対病的藥."

동의 본체는 원래 그러한 것이라고 덧붙이고 있으며, 또한 다른 곳에서도 지행합일의 가르침은 폐단을 없애기 위해 제시된 매우 중요한 것이고, 앎과 행동의 본체는 원래 그러한 것이라고 말한다. 그리고 자신의 생각으로 조작하여 임시로 지행합일설을 만들어 낸 후 그로써 일시적 효과를 거두려 했던 것은 아니라고 말하는데, 그것은 단순한 변명일 수는 없는 것이다.[48]

본래 지행합일이 무엇을 뜻하는지에 대해서, 양명은 '앎은 행동의 주된 의도'이고 '행동은 앎의 공부'이며, '앎은 행동의 시작'이고 '행동은 앎의 완성'이라고 말하면서,[49] 절실하고 독실한 앎이 곧 행동이고 명료하고 정밀한 행동이 곧 앎이라고 말한다.[50] 그리고 그것이 구체적으로 어떤 것을 가리키는지 설명하면서, 원래 사람은 먹고자 욕구하는 마음이 있고 그런 이후에 먹을 줄을 아는데, 이때 먹고자 욕구하는 마음이 곧 의도[意]이며 행동의 시작이라고 한다. 또한, 음식 맛의 좋고 나쁨은 반드시 음식이 입에 들어간 다음에 아는데, 입에 들어가기 전에 먼저 맛이 좋은지 나쁜지를 아는 사람이 있느냐고 묻는다.[51] 이러한 예는 "앎이 행동의 주된 의도"라는 말과 "앎이 행동의 시작"이라는 말에 대한 예증이다. 그리고 양명은, 아름다운 외모를 보는 것은 앎에 속하고 아름다운 외모를 좋아하는 것은 행동에 속한다고 하면서, 아름다운 외모를 보기만 해도 좋아하게 되는 것이지, 보고 나서 다시 하나의 마음을 일으켜서 좋아하는 것은 아니라고 하며, 이것은 악취를 싫어하는 경우에도 동일하다고 말한다.[52] 이것은 "행동은 앎의 공부"라는 말과 "행동은

48) 『傳習錄中』, "此雖喫緊救弊而發, 然知行之體本來加是. 非以己意抑揚其間, 姑爲是說, 以苟一時之效者也."

49) 『傳習錄上』, "某嘗說知是行的主意, 行是知的功夫. 知是行之始, 行是知之成."

50) 『傳習錄中』, "知之眞切篤実處. 卽是行, 行之明覚精察處."

51) 『傳習錄中』, "夫人必有欲食之心, 然後知食, 欲食之心卽是意, 卽是行之始矣. 食味之美惡待人口而後知, 豈有不待入口而已, 先知食味之美惡者邪."

52) 『傳習錄上』, "見好色屬知, 好好色屬行. 只見那好色時, 已自好了. 不是見了後, 又立箇心去好. 聞惡臭屬知, 惡惡臭屬行. 只聞那惡臭時, 已自惡了. 不是聞了後, 別立箇心去惡."

앎의 완성"이라는 말의 예증이다.

그렇지만 양명은 "아름다운 외모를 좋아하고 나쁜 냄새를 싫어하는 것"은 "앎이 행동의 시작"이라는 말에 해당된다고 하며, "맛을 보는 것"의 비유는 "행동이 앎의 완성"에 해당된다고도 말하기 때문에, 우리의 해석과는 반대가 되고 있다. 하지만, 양명이 말하고자 한 의미에 입각해 본다면 위와 같이 생각할 수 있다. 곧, "아름다운 외모를 좋아하고 나쁜 냄새를 싫어하는 것"은 외적 행위에 대한 말이고, "맛을 보는 것"의 비유는 내적 행위에 대한 말이다. 요컨대, 내적 행위이든 외적 행위이든 그것이 동시에 앎을 의미한다고 말하는 것이 지행합일의 의미였다고 생각한다.

그렇다면 이렇게 앎과 행동이 합일하여 있는데, 당시 사람들이 아버지에 대해서 효도해야 하고 형에 대해서 공경해야 한다는 것을 알면서도 효도를 하거나 공경스럽게 하지 않는 것은 어째서 인지에 대해 말하면서, 그것은 사욕(私欲)에 의해 격절되어 앎과 행동의 본체가 없어진 것이라고 대답하고,[53] 효도를 알고 공경을 안다고 말하는 것은 그 사람이 효도와 공경을 행한 이후에야 비로소 성립할 수 있는 것이지, 효도와 공경에 대한 얘기를 알고 있는 것만으로는 효도와 공경을 안다고 말할 수 없다고 말한다.[54] 곧, 행동이 앎을 의미한다는 주장 이면에서, 지행합일설은 '앎이 행동 밖에서는 성립할 수 없다'는 주장을 포함하고 있는 것이다. 이렇게 보아야 비로소 지행합일설이 마음 개념과 표리를 이룬다고 여겨지는 이유를 이해할 수 있다.

그렇지만 여기에는 전제가 하나 있어야 한다. 곧, 앎과 마음이 결국 동일하다는 것이다. 그런데 양명 스스로가 바로 그런 사유방식을 갖고 있었다. 앎은 마음의 본체이고 마음은 자연스럽게 아는 것이 가능하여, 아버지를

---

53) 上同, "知行如何分得開. 此便是知行的本體不曾有, 私意隔断的."

54) 上同, "就如稱某人知孝, 某人知弟. 必是其人已曾行孝行弟, 方可稱他知孝知弟. 不成只是曉得說些孝弟的話, 便可稱爲知孝弟."

보면 자연스럽게 효도할 줄을 알고 형을 보면 자연스럽게 공경할 줄을 알며, 어린아이가 우물로 들어가는 것을 보면 자연스럽게 측은히 여길 줄을 안다[55]고 말하는 것은 "앎과 마음이 결국 동일하다"는 것에 대한 증거이다. 몸의 주재자는 마음이고, 마음이 발한 것이 의도이며, 의도의 본체는 앎이라고 하는 것[56]도 설명방식은 조금 다르지만 요컨대 동일한 주장이다. 앎과 마음의 관계가 이런 것인 이상, 지행합일설이 심즉리설로부터 도출되었다는 것은 당연한 일일 것이다. 더욱이 지행합일설을 거쳐 치양지설(致良知說)로 발전했던 것도, 위와 같은 앎을 '양지'로 이름 붙였던 것[57]에서 기인하므로 결코 예상 못할 이행은 아니다.

8. 양명의 리 개념과 이기(理氣)동일설의 문제점

이제까지 위로부터 이루어진 이론구성이 초래한 귀결을 물(物)·마음[心]·앎[知] 개념을 중심으로 서술했다. 그런데 이들 개념의 변화에 대응하여 리(理) 개념 그 자체에도 변화가 생기리라는 것은 당연히 예상할 수 있다. 그렇다면 그것은 어떤 점에서 그러한지 말해 보면, 양명은 리와 기(氣)를 대립하여 설명하는 것을 그쳤다. 주지하다시피 주자의 경우 리와 기라는 두 가지 근원에 의해 자연과 인간사 일체의 현상을 설명하고자 했다. 그런데 양명은 리와 기 사이의 대립을 해소하고 리와 기를 동일한 것의 두 가지 측면으로 이해한다. 리는 기의 조리(條理)이고 기는 리의 운용이며, 조리가 없다면

55) 上同, "知是心之本體. 心自然會知. 見父自然知孝, 見兄自然知弟, 見孺子入井, 自然知惻隱."

56) 上同, "身之主宰便是心. 心之所發便是意. 意之本體便是知."

57) 上同, "知是心之本體. 心自然會知. 見父自然知孝, 見兄自然知弟, 見孺子入井, 自然知惻隱. 此便是良知." 이 조목을 서애(徐愛)가 기록한 것과 연관짓는데, 서애는 무종(武宗)의 정덕(正德) 12년에 죽었다. 그리고 양명이 치양지설을 제시했던 것은 정덕 16년이었다.

운용할 수 없고 운용이 없다면 조리를 볼 수 없다[58]고 말하는 것은 그런 의미이다. 또한 주자의 경우처럼 본성이 기와 대립하지 않아서, 만약 본성을 명백하게 볼 수 있다면 기는 곧 본성이고 본성은 곧 기가 되어 그 두 가지는 원래 구별할 수 없다[59]고 설명하는 것도 그것과 표리를 이루는 말이라는 것은, 리와 본성이 동일시되는 사실을 생각해 보면 저절로 긍정될 수 있을 것이다.

더욱이 리는 우주론의 원리로 여겨지며 천지 사이에는 원래 본성이 있을 뿐이고 리가 있을 뿐이며 양지가 있을 뿐[60]이라고 말하거나, 양지는 조화의 정령(精靈)인데 이 정령이 하늘을 낳고 땅을 낳으며 귀신이 되고 상제가 되어 모든 것이 그것으로부터 나온다[61]고 말하고 있다. 이러한 일원론의 우주관도 리와 기의 동일시에 기반한다. 사람의 양지는 천지만물의 양지이며 천지만물은 사람의 양지가 없다면 천지만물일 수 없다고 말하고, 이어서 천지만물과 사람은 원래 한 몸으로 가장 정밀한 작용은 인심의 영명(靈明)이라고 한다.

그리고 바람 · 비 · 이슬 · 우레, 해 · 달 · 별, 금수 · 초목, 산천과 토석(土石)과 사람은 원래 한 몸이므로, 오곡과 금수가 모두 사람을 길러줄 수 있고 약석(藥石)은 모든 병을 고쳐줄 수 있으니, 이것은 모두 일기(一氣)를 공유하여 상통할 수 있기 때문이라고 논한다.[62] 또한 천지 · 귀신 · 만물은 나의 영명(靈明)을 떠나서 존재할 수 없고, 나의 영명은 천지 · 귀신 · 만물을 떠나서는 존재할 수 없는데 이런 것이야말로 일기의 유통(流通)을 보여주는

---

58) 『傳習錄中』, "理者, 氣之條理, 氣者, 理之運用. 無條理則不能運用, 無運用則亦無以見其所謂條理者矣."

59) 『傳習錄中』, "若見得自性明白時, 氣卽是性, 性卽是氣, 原無性氣之可分也."

60) 上同.

61) 『傳習錄下』.

62) 上同, "蓋天地萬物與人原是一體, 其發竅之最精扈, 是人心一点靈明, 風雨露雷日月星辰禽獸草木山川土石, 與人原只一體. 故五穀禽獸之類皆可以責人, 藥石之類皆可以療疾, 只爲同此一氣, 故能相通耳."

현상[63]이라고 말한다. 이들은 우주론적 원리인 리가 기와 동일시된다는 점을 보여주는 것에 다름 아니다.

그렇다면 이러한 동일시가 그의 방향 전환에 의해 생겨났다고 말하는 것은 어찌해서 그럴까? 이에 대한 설명은 심즉리설로부터 형식적으로 도출될 수는 없다. 우리는 주자가 어째서 이기이원론을 세웠는가하는 문제로 거슬러 올라가서 생각해야 한다. 우리가 다른 기회[64]에 서술했다시피, 주자에서는 모든 존재의 생성이 일단 기의 원리만으로 다 설명될 수 있다. 그런데도 기와 나란히 리의 원리를 제시하지 않을 수 없었던 것은 요컨대 도덕론상의 필요 때문이다. 본래 리는 존재론의 원리이기도 했다. 하지만 그것이 존재론에서 어떤 역할을 담당하는지 그다지 분명하지 않고 마치 첨가물과 같은 느낌을 주었던 것에 비해서, 도덕론에서는 극히 명료하면서 중요한 역할을 담당하고 있다는 것은 그 원리의 계보를 매우 잘 이야기 해준다.

생각건대 도덕의 세계는 어쨌든 이상의 세계이며 항상 현실과의 괴리를 전제한다. 때문에 현실이 어떻게 이루어져 있는지 설명하는 것 말고, 이상이 어떻게 실현가능한지에 대한 설명이 도덕론에서는 불가피하다. 그래서 기 이외에 리가, 그것도 존재론의 원리로서 채택되지 않으면 안 되는 것이다.

하지만 도덕론의 요구만을 충족하려 한다면, 현실을 비존재로 여기고 이상이야말로 진정한 존재로 여기기만 하면 충분할 것이다. 곧, 기(氣)를 리의 원리로 치환하여 이론을 구성하는 것도 가능할 것이다. 그러나 현실에 눈을 감는 것은 불가능하며 현실로부터 출발하는 주자로서는 현실 그 자체의 설명도 역시 쉽게 단념할 수 있는 것이 아니었다. 그래서 기를 리로 치환하는 손쉬운 길을 취하지 않고, 기와 나란히 리를 원리로 삼는 이원론을 구성하였

63) 上同, "天地鬼神萬物, 離却我的靈明, 便沒有天地鬼神萬物了. 我的靈明, 離却天地鬼神萬物, 亦沒有我的靈明. 如此便是一氣流通的."

64) 이 책 제1장 「주자의 '기'에 대하여」 참조.

다. 그런데 이것은, 앞에서 주자의 이론이 아래로부터의 이론이라고 말했던 것과 바로 일치한다.

원래 마음과 리가 하나라는 것은 주자의 입장에서 단순한 이상만은 아니었다. 그것은 생생한 체험의 사실이었다. 그래서 그런 상태를 인간 본래의 모습으로 생각하는 사유가 미약하나마 주자의 사상에서 드러나고 있다. 그렇지만 주자는 이런 사유를 전면으로 내세우지 않았다. 바꿔 말하자면, 주자는 체험의 사실 그 자체로부터 출발하지 않았고 오히려 그곳으로 도달하기까지의 과정에 입각하여 이론을 구성했다. 그것은 마음과 리의 합일 상태가 단순한 이상만은 아닐지라도, 실현되어야 할 것인 한에서 아직 현실은 아니라는 이유에 바탕을 두는 것이다.

현실의 마음과 리를 둘로 여기는 주자의 태도는 그의 이기이원론의 구성에서 나타나는 것과 완전히 동일하다. 이기이원론 역시 '아래로부터의 이론'으로 파악될 수 있다. 이기이원론의 성격이 이러한 것이라면, 양명의 이기동일설(理氣同一說)이 '위로부터의 이론'이라는 점은 쉽게 깨달을 수 있을 것이다. 그리고 그 점은 이기동일설이 현실의 설명에 파탄을 초래하고 있다는 것에 의해 입증될 수 있다.

악의 문제가 바로 그것이다. 양명에 따르면, 선악이라는 개념은 엄밀하게 말하면 인간의 행위에만 적용될 수 있다. 어떤 제자가 꽃 사이의 풀을 뽑으면서, 선을 배양하는 것도 어렵고 악을 제거하는 것도 어렵다고 탄식하자, 양명은 그가 아직 배양하거나 제거하려고 시도해 보지 않았기 때문이라고 가르쳤고, 잠시 후 그것들을 선이나 악으로 보는 것은 외형으로부터 생각을 일으켰던 것이니 잘못이라고 훈계했다. 제자가 깨닫지 못했기 때문에 다시 묻자, 꽃이나 풀은 모두 천지의 생의(生意)를 갖고 있기 때문에 거기에 선악의 구별은 없는데, 제자가 꽃을 감상하려고 하니 꽃을 선한 것으로 여기고 풀을 악한 것으로 여기게 된 것에 불과하다고 한다. 만약 풀을 이용하고자 한다면 다시 풀을 선한 것으로 여기게 될 터이니 선악은 제자의 마음의 호오(好惡)로부터 생기는 것이며 그렇기 때문에 잘못임을 알 수 있다고 답한다.[65] 요컨대 선악을 외부 사물에 적용하는 것을 비판했던 것이다.

그렇다면 인간의 행위 중 어떤 것이 악인가 하는 의문에 대해, 양명은 선악이 하나라는 명제를 세우고 있다. 하지만 선악은 마치 얼음과 숯처럼 상반되는 것일 터이다. 어째서 선악은 하나라고 말했던 것일까? 양명은 이 당연한 의문에 답하면서, 지극한 선[至善]이 마음의 본체인데 이 본체 상에서 조금이라도 합당함에서 벗어난다면 그것이 악이므로, 하나의 선이 있고 다른 한편 그것과 대립하는 악이 있는 것은 아니기 때문에 선악은 하나에 다름 아니라고 답했다. 그리고 질문자는 이 대답을 듣고서, "선은 본래 본성인데 악도 본성이라고 하지 않을 수 없다"라든가 "선악은 모두 천리이며 악이라고 여겨지는 것은 본래 악이 아니라 본성상에서의 과불급(過不及)에 지나지 않는다"라고 말한 정명도(程明道)의 설이 모두 옳다는 것을 알았다고 한다.[66] 이에 따르면, 선악이 하나라고 말하더라도 따로 깊은 의미가 있었던 것은 아니다. 선악은 이질적인 것이 아니라 동질적인 것의 양적 차이라고 말하는 것에 불과하다. 알기 쉽게 말하면, 사랑은 일단 선한 것이지만 그것이 당시에 적당하게 발휘되지 않고 혹은 과도하거나 혹은 부족하게 된다면 곧 악한 것이 된다는 말이다. 소진(蘇秦)과 장의(張儀)가 양지의 묘용(妙用)을 알았으면서도 그것을 선하지 않은 데 사용했다[67]고 말하는 것도 그런 의미이다.

그렇다면 이러한 악은 어떻게 해서 생겨날까? 이에 대해서 양명은 이렇게 답한다. 선도 없고 악도 없는 것은 고요한 리이고, 선도 있고 악도 있는

---

65) 『傳習錄上』, "侃去花問草. 因曰, 天地間何善難培, 惡難去. 先生曰, 未培未去耳. 少間曰, 此等看善惡, 皆從軀殼躯起念, 便會錯. 侃未達. 曰, 天地生意, 花草一般. 何曾有善惡之分. 子欲觀花, 則以花爲善, 以草爲惡. 如欲用草時, 復以草爲善矣. 此等善惡, 皆由汝心好惡所生, 故知是錯."

66) 『傳習錄下』.

67) 『傳習錄下』, "儀秦亦是窺見得良知妙用處, 但用之於不善爾."

것은 움직이는 기[68]인데, 리에 따르면 선이 되고 기에 의해 움직이면 악이 된다[69]고 한다. 이런 설명은 리와 기가 동일하다는 설과 분명히 모순이다. 그것은 주자의 이기이원론으로 되돌아가는 것에 다름 아니다. 이미 악의 개념부터 양명과 주자는 조금도 다른 점이 없었는데, 악의 가능 근거에 대해서도 두 사람은 완전히 일치한다고 말하지 않을 수 없다. 이렇듯 이기동일설은 현실의 설명에서 파탄을 초래한다. 이것은 이기동일설이 위로부터의 이론이지 아래로부터의 이론이 아니었던 결과라고 생각한다.

앞에서 설명했다시피, 양명이 출발점으로 삼았던 것은 모든 행위가 무의식 속에서 객관적 올바름을 실현하는 경지이다. 그곳에서 악은 존재할 수 없다. 현실성에서는 물론 가능성에서도 존재할 수 없다. 악의 존재를 설명할 수 없는 이기동일설이 존재할 수 있었던 까닭이 여기에 있다. 또한 역으로, 바로 여기에 이기동일설이 악의 존재를 설명할 수 없었던 까닭이 있다.

또 이 점과 관련하여 떠오르는 것은, 앞에서도 언급했던 사구결(四句訣)과 관련한 말이다. 곧, 우리들은 양명이 리근(利根)을 지도할 때는 사무설(四無說)을 사용했고, 둔근(鈍根)을 지도할 때는 사유설(四有說)을 사용했다는 것을 보았는데, 전자는 본체에 선악이 없다면 의도에도 선악이 없으며 역으로 의도에 선악이 있다면 본체에도 선악이 있다고 여기는 것이기 때문에, 이기합일설의 입장에 서 있음에 반하여, 후자는 본체에 선악이 없지만 의도에는 선악이 있다고 여기기 때문에 리에는 선악이 없지만 기에는 선악이 있다는 입장에 서 있는 것이다. 그런데, 앞에서는 다루지 않았지만 양명은 리근(利根)을 가진 사람을 세상에서 만나기 어려워서 안자(顔子)나 명도(明道)조차 감히 리근으로 불릴 수 없다고 말했다. 따라서 실제로는 사무설보다 오히려 사유설이야말로 유용하다고 생각하여, 후자를 '본체와 현상을 꿰뚫는'

---

68) 『傳習錄上』, "曰無善無惡者, 理之静, 有善有惡者, 氣之動."

69) 上同, "曰, 然則善惡全不在物. 曰, 只在汝心. 循理便是善, 動氣便是惡."

[徹上徹下] 공부라고 말하거나 자신의 종지라고 칭한다. 그리고 그것이, 사유설이 사구결 또는 사구교(四句教), 사구교법(四句教法)이라고 이름 붙여지면서 양명의 중요 사상 중 하나로 여겨지는 까닭이다. 양명이 사무설과 사유설 각각에 대해서 가치를 인정했던 것은 사실 그의 진의가 아니고, 양명으로서는 후자를 편들고 싶었던 것인데 잠시 이끌어주기 위해 전자를 허용했던 것에 불과하다고 말하는 학자도 있다.[70)]

사무설, 곧 "본체가 공부"라는 설이 양명의 체계에 뿌리 내리고 있다는 것은 앞에서 보았던 대로이지만 사무설은 분명히 과도한 것이었다. 그래서 사유설에 부가된 중요성을 생각해 본다면 사유설이 생겨났던 것도 결코 우연은 아닐 것이다. 다만 사유설은 "본체가 곧 실천"이라는 설에서 벗어나고 이기합일설을 포기했던 것이기 때문에, 양명의 사상에 비추어 보면 그것은 일보 후퇴라고 평가하지 않을 수 없다는 것도 확실하다. 그럼에도 불구하고 사유설이 중시되었던 까닭은, 현실의 인간에 대해서는 양명의 본래 이론이 적용될 수 없었기 때문이다. 현실의 인간은 양명의 말을 사용한다면 둔근(鈍根)으로서 필연적으로 습심(習心)이 있어 본체를 가리고 있다. 때문에 일보 후퇴했다는 것은 자기의 이론이 현실의 처리에서는 무력하다는 고백이다. 그것은 위로부터의 이론이 갖는 불가피한 운명이었다. 위로부터의 이론은 그것이 위로부터의 것이라는 바로 그 이유로 인해 아래에 있는 현실을 조망할 수 없다. 앞에서 설명했듯이, 사구교(四句教)에 관한 그의 기록에 의문을 품는 학자도 없지는 않지만, 그런 의심에 근거가 없다고 하는 통설이 올바르다고 한다면, 그것은 양명의 이론이 갖는 성격을 단적으로 노정했던 것으로서 주목할 가치가 있을 것이다.

1943년 4월

---

70) 사토 잇사이(佐藤一齋), 『傳習錄欄外書』.

덧붙이는 말

양명학에 대해서는 나의 벗 야스다 기요시(保田淸, 1913-1999)의 『왕양명』(弘文堂, 1942)이라는 훌륭한 저서가 있다. 솔직하게 말하면 그의 해석과 나의 해석 사이에는 상당한 거리가 있지만, 종래 내가 막연하게 생각했던 것을 분명한 형태로 정리할 수 있었던 것은 오로지 그의 해석을 앞에 두고 반성을 거듭한 결과이다. 이 점을 기록하여 그에 대한 감사의 뜻을 표하고자 하는 것은 벗의 의무라고 믿는다.

야스다의 유저에 붙여

다케우치 요시노리(武內義範)

야스다와 처음 만났던 날의 일을 잊을 수 없다. 1933년 4월 하순 토요일이었다. 교토의 철학과에 입학했던 나는 이 날 처음으로 다나베 하지메(田邊元, 1885-1962) 선생 댁을 방문했다. 집에는 이미 많은 손님들이 있어서 활발한 의론이 선생을 중심으로 이루어지고 있었다. 얘기를 들어보니 역시 그 사람들은 당시 유명한 신진기예의 철학자들이라는 것을 알 수 있었다. 철학에 뜻을 두었던 내게는 그토록 수준 높은 담론은 거의 경이적이었다. 저녁 무렵 모두들 인사를 하고 돌아가려고 할 때, 선생은 특히 우리들 몇 명의 신입생을 남게 한 다음 "오늘은 선배들이 많이 왔기 때문에 여러분들은 이야기하기도 어려웠겠지요. 무엇이든지 사양하지 말고 물어보세요"라고 온화하게 이야기했다. 우리들은 용기를 얻어 각자 철학을 배우고 싶다는 것, 어떤 책을 읽어야 하는지 등에 대해 선생의 가르침을 받았다. 희망에 부풀어 우리들이 선생님 댁 문을 떠날 때, 저녁 해는 요시다(吉田)대로에 최후의 화려한 빛을 뿌리고 있었다. 현재 가나자와(金澤)의 제4고등학교 교수로 있는 안도 다카쓰라(安藤孝行)와 야스다, 그리고 나는 우연히 돌아가는 길에 함께 했다. 우리는 주황색으로 빛나는 흙벽에 그림자를 드리우면서 서로 자기소개를 했다. 야스다는 나보다 1년 선배였고 안도는 동기생이었다.

이 날은 내게 영원히 기념할 만한 날이 되었다. 나는 좋은 스승과 만날 수 있었을 뿐 아니라 좋은 친구 두 사람을 알 수 있었다. 착실한 연구와 명석한 논리분석은 이 두 사람의 친구에게 공통된 학풍이었다. 조잡하게 독서의 감상과 인상만을 두서없이 생각하고 있었던 나로서는 그들의 견실한 학문적 태도는 좋은 타산지석이었다. 야스다의 최초 인상은 먼저 '근엄'하다는 것이었다. 마르고 몸집이 작은 그에게는 상당히 신경질적이라고 할 만한 모습도 보였다. 그 후 친하게 사귀게 되자 그의 그런 면모는 둔감한 내게 그다지 고통스러운 것이 아니었고, 오히려 그런 섬세한 신체를 지닌 그가 놀랄 만한 정력을 축적하고 있다는 것에 대해 존경하지 않을 수 없었다.

언젠가 그는 내게 "나는 다섯 시간 이상 자면 머리 상태가 나빠진다"라고 말했던 적이 있다. 야스다의 경우 나머지 열아홉 시간 대부분은 공부에 쏟았기 때문에 그의 정진은 놀랄만한 것이었다. 그가 영어, 독어, 불어의 근대 유럽어는 물론, 희랍어와 라틴어의 전문가에게 뒤지지 않는 독서력을 갖고 있었던 것도 물론 천재적 소질도 있었을 테지만 한편으로는 그러한 노력에 빚졌던 것도 클 것이다. 야스다의 근엄함은 최초의 인상과 달리 그의 특성이었다. 그가 뒤에 중국철학에 전념하고 주자학을 연구했던 것도 그의 개성으로부터 나온 요구와 합치하였기 때문일 것이다.

야스다는 그 경우에도 철저하게 한문의 독해력을 배양하여 그의 실력은 전문가의 그것이었다고 한다. 유학자의 집안에서 태어난 나는 동양의 여러 사상에 관심을 갖고 있었던 관계도 있어, 차차 깊이 전문화해 가는 그의 학문에도 알 수 없는 약간의 흥미를 품고 있었다. 야스다의 학풍은 근엄하고 주도면밀하여 한 마디 한 구절도 소홀히 하지 않았다. 때문에 사상의 경향도 자연스럽게 실증적인 것이 되어 갔다. 그러나 그는 넓고 깊게 동서의 사조를 항상 원전에 의거해서 읽으며 이해하고 있었다. 따라서 그의 지식은 끝을 모르는 것이었다. 언젠가 나는 어설픈 지식으로 그에게 말브랑슈(Malebranche)에게 중국사상에 관한 저술이 있는 듯하다고 얘기했던 적이 있다. 야스다는 알고 있는 것을 따로 말하지는 않았다. 그러나 내가 그 내용을 알고 싶어 한다는 것이 판명되자 그는 서가에서 그 책을 꺼내서 "실은 최근에 아주 조금 읽기는 했습니다만"이라고 하며 대략 그 내용을 알려주었다.

학생시대부터 극히 최근까지 우리들은 그를 중심으로 여러 번 윤독회를 열어 공부했다. 헤겔의 논리학, 칸트의 실천이성비판, 아리스토텔레스의 니코마코스 윤리학, 데카르트의 방법론서설 등을 우리들은 야스다와 함께 읽었다. 그 때 그의 정확한 어학적 지식과 면밀한 사상적 분석은 항상 우리들 가운데에서 한층 두각을 나타냈다. 때문에 그의 넓은 지식과 착실한 공부가 일단 완성되었을 때에는 매우 훌륭한 것이 가능할 터였다. 중국학의 영역에서 그와 같은 유형의 학자는 아직 존재하지 않았을 것이다. 그러나 실제로 그것은 쉽게 이루어질 수 없기 때문에 무엇보다도 시일을 갖고 기다리지 않으면 안 되었다. 운명은 잔혹하게도 그의 노력을 좌절시켰다.

전공이 아닌 나로서는 잘 알 수 없다. 그러나 여기에 실린 모든 논문은 그가 장래에 기약했던 것에 비하면 습작에 지나지 않는다는 점은 두 말할 나위도 없다. 그는 과작(寡作)이기도 했고, 그 가운데 한 둘은 그의 방대한 지식의 일단(一端)만을 보여주는 것으로 그의 힘의 전모를 엿볼 수 있는 것은 아니다. 지금에 이르러 이들 논문이 아쉽기는 하지만(그것은 물론 노작으로서 학계에서 호평을 받았던 것이다) 그의 위대함을 그리워하게 만드는 안타까운 유작이 되었다.

야스다는 나보다 세 살 정도 위이지만 결혼은 내가 2년 선배였다. 그가 결혼하게 되었을 무렵, 함께 산보할 때 그는 내게 그 사실을 털어 놓으며 "만약 내게 특히 주의할 만한 것이 있다면 이야기해 주게"라고 말했다. 나는 "그대는 좀 지나치게 엄격하다. 너무 이성적이다. 조금 더 부드러운 점이 있으면 좋겠다"라고 난폭한 충고를 했다. 야스다는 놀라서 내 얼굴을 쳐다보다가 "정말 고맙습니다"라고 정중하게 예를 차렸다. 그것이 아무래도 그다운 방식이었다.

야스다의 가정은 우리 집으로부터 그리 멀지 않았다. 우리의 교류는 점차 친밀해졌다. 가을에 우리는 그가 근무하고 있는 동방문화연구소 옆의 집을 찾았다. 그리고 나서 모두들 그에게 연구소를 안내해 달라고 부탁했던 적이 있다. 일요일이었기 때문에 큰 연구소는 차분히 가라 앉아 있었다. 우리들은 남향인 그의 연구실로 안내되었다. 그곳은 내 선망의 대상이었다. 더욱이 그는 연구소의 도서실로 안내해 주었다. 그리고 나서 우리는 높은 망루에 올라, 가을 햇빛을 받아 눈에 스며드는 듯한 교토의 거리거리를 조망했다. 망루를 내려 올 때, 나와 야스다는 자연스럽게 뒤쳐지게 되었다. 몸을 돌려 그를 바라보니 그의 눈은 흘러넘치는 행복감을 숨김없이 보여주고 있었다. 그의 솔직한 행복감은 나를 감동시켰다. 나는 그가, 나와 마찬가지로 전의 그 말을 생각해 내고 있었던 것은 아닐까 생각했다.

그의 집에서는 곧이어 딸이 태어났다. 그는 또 선발되어 중국에 유학가게 되었다. 당시 그의 밝은 표정이 희망으로 빛나고 있었던 모습을 나는 지금도 눈앞에 보는 듯하다. 그러나 행복은 오래 이어지지 못했다. 그는 병에 걸려 귀국해야 했고 결국 쾌유하지 못했다. 그의 간병에 전심을 기울였던 그의 아내도 그보다 앞서 세상을 하직했다. 그가 형제들의 보살핌 아래 쓸쓸히 교토를 떠나는 날, 나는 일부러 그를 전송하지 않았다. 학교 강의가 있는 날이기도 했고, 곧바로 그의 고향을 방문할 예정이기도 했으나, 사실은 외롭고 쓸쓸한 그의 귀향을 일부러 슬픔으로 가득 찬 것으로 만들고 싶지 않았기 때문이다. 그 전날 대학병원으로 문병 가서 얼마 있다가 이별 인사를 했을 때 그는 내가 전송하러 나오지 않는다는 것을 매우 쓸쓸하게 생각했던 것 같다. 아예 학교를 하루 쉬어 버릴까 망설이기도 했다. 지금 생각하면 너무 한스럽다. 나는 다시는 그와 만날 수가 없었다.

그가 교토를 떠나자마자 곧바로 공습이 심해졌고 도회지 생활은 실로 뒤

숭숭하게 되었다. 나는 그가 고향에서 조용하게 병을 요양하고 있는 것을 기뻐하여, 그의 아버지로부터 이미 타계했다는 소식을 받기까지는 그가 곧바로 원기를 회복하여 불요불굴의 정신력으로 불행으로부터 헤쳐 나올 것이라고 확신하고 있었다.

"운명은 거스르는 것도 따르는 것도 함께 흘려보내는 조류(潮流)이다." 「상선(商船) 테나시티(Tenacity)」는 일찍이 학생 시대에 그와 함께 보았던 영화이다. 10년도 더 오래 전의 일이었다. 어쨌든 그 구절이 스토아 철학자의 말이라는 것을 가르쳐 주었던 사람이 바로 야스다였다. 그의 박식함, 그의 근면함, 그의 재능과 노력은 대체 무엇을 위한 것이었던가, 모든 것이 헛된 노력이 되었다는 말인가? 가을 날 바람에 날리는 거리의 낙엽을 밟으며 걸을 때, 나는 그의 행복 가득한 눈빛을 생각해 낸다. 이렇게 추위가 스며드는 듯한 마음의 쓸쓸함과 공허함 속으로부터, 그의 이름을 부른 누군가를 향해 "무엇 때문에!"라고 항변하고 싶다.

해설

시마다 겐지(島田虔次)[1]

고(故) 야스다 지로 씨가 짧은 생애(1908년~1945년, 향년 37세)에 발표한 학문적 업적은 총 8편이며, 집필 연대순으로 배열하면 다음과 같다.

「주자의 존재론에서 '리(理)'의 성질에 대하여」(朱子の存在論に於ける「理」の性質について) 1939년 9월

「주자의 '기(氣)'에 대하여」(朱子の氣について) 1939년 10월

「주자해석에 대한 쓰다 박사의 고견을 구하며」(朱子解釋について津田博士の高教を仰ぐ) 1940년 4월 초고, 7월 개고(改稿)

「주자에서 습관의 문제」(朱子に於ける習慣の問題) 1940년 11월 강연, 41년 1월 개고(改稿)

○「맹자자의소증의 입장」(孟子字義疏證の立場) 1941년 10월

○「맹자자의소증 번역」(孟子字義疏證飜譯) 1941년 12월 서문

1) 시마다 겐지(1917~2000)는 일본의 동양사학자이자 교토대학 명예교수였다. 1940년대부터 중국 근세 · 근대사상사의 연구를 지속했고, 이후 일본의 중국 근세 · 근대사상사 연구를 이끌었다. 주저인『중국에서 근대 사유의 좌절』(国における近代思惟の挫折, 1949년)은 명대 양명학의 사상과 의의를 규명했던 것이다. 당시 학계는 이 책에 대해 거의 관심이 없었지만 이후 중국 근세 · 근대사상사의 선구적 연구로 간주되었다. 한편, 근대 유럽의 영향을 받은 중국 사상계에 대해서도 연구를 하여,『중국 혁명의 선구자들』(中国革命の先駆者たち, 1965년)과『신유가철학에 대해서: 웅십력의 철학』(新儒家哲学について: 熊十力の哲学, 1987년)을 저술했다. 또한 양명학의 전제로서 주자학을 파악하여, 그 연구성과로서『대학 · 중용』(1967년. 번역)과『주자학과 양명학』(朱子学と陽明学, 1967년)을 저술했다(역자 주).

「진백사의 학문」(陳白沙の學問)　　1943년 3월

「양명학의 성격」(陽明學の性格)　　1943년 4월

이 외 미발표된 것으로 1935년 3월, 교토대학 철학과 졸업 때의 졸업논문 「중용에 대하여」(中庸に就いて)와 『주자어류』(朱子語類) 번역 원고가 있다고 한다.

위 논문들 중 ○를 친 두 편은 사후 3년인 1948년 1월, 대진(戴震) 저 · 야스다 지로 역 『맹자자의소증』으로서, 요시카와 고지로(吉川幸次郎)의 「야스다지로전」(安田二郎君傳), 이리야 요시타카(入矢義高)의 「편집후기」를 갖추어 양덕사(養德社)에서 간행되었고, 나머지 여섯 편은 곧 이 책에 수록된 것으로 『중국근세사상연구』라는 제목으로 그 다음 달인 1948년 2월 홍문당(弘文堂)에서 간행되었다. 어느 덧 거의 4반세기 이후인 1971년, 『맹자자의소증』이 곤도 미쓰오(近藤光男)의 교정을 거쳐 우선 야스다 지로 · 곤도 미쓰오, 『대진집』(戴震集, 朝日新聞社 「中國文明選」)으로 간행되었고, 이어서 이 책이 재간행되려 하고 있다.

생애 그 자체가 짧았기 때문에 논문의 수도 결코 많지는 않다. 그러나 1939년에 발표를 시작한 이래, 중국유학-발병-죽음의 최후 2년을 제외하면 매년 거의 2편씩이기 때문에 실질로 따지면 평균적이거나 혹은 평균 이상의 다작(多作)이었다고 말할 수 있다. 만약 요절하지 않았다면 대체 얼마만한 양의 업적을 남겼을까 생각해 보면 그 점이 우선 안타깝다.

여하튼 남겨진 논문 수는 결코 많지 않다. 그러나 이 얼마 안 되는 몇 편의 논문 각각이 중국사상사 연구, 특히 근세, 결국 송대 이후의 사상사 연구에서 극히 독특한 작품이라는 점은 누구라도 인정하지 않을 수 없을 것이다. 특히 주자의 '리', '기'를 논한 두 논문, 곧 이 책에 수록된 최초의 두 편과 같은 경우, 주자 연구의 역사에서 획기적이며 거의 기념비적이라고 칭해도 결코 과언이 아니라고 생각한다. 이제 해설을 이 책의 배열순서에 따라 요약하면서 시작하고자 한다.

「주자의 '기'에 대하여」

주자 존재론의 기초개념은 주지하다시피 '기(氣, 一氣) · 음양(陰陽, 二氣) · 오행 · 만물'의 네 가지인데, 종래에는 일기(一氣)에 어떤 한정이 가해져서 이기(二氣)가 생겨나고 이기에 더욱 한정이 가해져서 오행이 생겨난다고 말하여, 그 사이에 생성론이나 형이상학적 차원의 단계적 차이를 상정하는 것이 지배적 해석이었다. 과연 그러할까? 기와 음양, 음양과 오행, 오행과 만물의 관계에 대해, 주자가 말한 바를 면밀하게 음미한다면 그런 해석은 도대체 지지될 수 없다. 일기와 음양이기의 사이에는 어떠한 차원의 차이도 인정되지 않는다. 기의 움직임(인식의 입장에서 상대적인 움직임)인 경우(부분)가 양(陽), 고요함인 경우(부분)가 음(陰)이다. 오행은 특히 '질'(質)이라고 불려서 기와 구별되고 있는데, 그것도 결코 음양이기와 다른 차원의 존재가 아니라 단지 기가 다양한 정도로 응고한 것에 불과하기 때문에, 음양에 배당하여 여겨진 경우가 많다(火와 木은 陽, 金과 水는 陰이라고 한다). 그리고 이러한 기와 오행이 결합된 것이 곧 만물이다. 요컨대 주자의 존재론에서는 모든 존재는 음양이라는 두 가지 근원[二元]에 의해 파악되었다. 그리고 그것은 모든 존재가 요컨대 하나의 기에 다름 아니라고 하는 연속관(連續觀)과 표리를 이룬다. 이원론은 동시에 일원론인 것이다.

이렇게 말하면 주자의 사고는 단순한 추상적 · 개념적 사변에 머물고 마는 것 아닌가 하고 받아들여질 수도 있겠지만, 사실은 오히려 직관적 · 구체적이라는 데에 그 특징이 있다. 기는 구체적으로 어떤 것인가? 그것을 원자적 미립자라고 여기는 설은 성립할 수 없다. 어떤 존재가 공허나 장소를 항상 채우고 있다고 생각하는 원자론은 기(氣)의 설과 관련이 없다. 기는 가스 상태의 공기와 같은 물질이어야 한다. 형체가 있는 존재의 생성과 소멸은 이러한 기의 농후화와 희박화에 다름 아니다. "존재 전체는 연속된 하나이며, 비연속된 것으로 보이는 유형(有形)의 존재는 이러한 연속체 위에서 생성·응결되는 존재이다"(이 책 54면), "전 우주는 무형(無形)의 존재와 유형의 존재가 조금의 틈도 없이 밀접하게 연결된 완전한 연속적 일자이다."(이 책 123면) 주자의 연속관은 이러한 표상에 의해 지지되었던 것이다.

존재론에서 기에 대한 이러한 사고방식은 계보를 따져 보면 장횡거로부터 계승되었던 것이지만, 장자(張子)가 '하나이자 둘이며 둘이자 하나'[一神兩化]라는 신비적 성격의 원인을 기 자체에서 찾았던 것에 비해, 주자는 기에 내재하는 '리'에서 찾아야 했다고 한다. 이 점은 정자(程子)로부터 전수받은 것이었다.

「주자의 존재론에서 '리'의 성질에 대해」

종래 여러 학자들의 리(理)에 대한 해석은 의식적이든 무의식적이든 간에 그리스 철학의 영향 아래에 있었다고 생각한다. 그 중, (가) 리를 에이도스(이데아) 개념에 가까운 것으로 해석하고자 하는 것, (나) 로고스 개념에 가깝게 해석하고자 하는 것의 두 가지 경향을 구별할 수 있다. 그러나 (가)의 해석에 대해 말하자면, 오직 사유에 의해서만 파악된다는 점에서 리는 분명 이데아와 유사하지만, 첫째, 리와 짝을 이루는 감각적인 것은 결코 일시적 '현상'에 불과한 것은 아니며, 둘째, 리에는 '형상'의 성격이 전혀 없다. 이데아는 초감각적이기는 하지만 여하튼 시각적 형상이며, 동시에 짝 개념으로 '질료'를 요구한다. 그러나 리는 '형태'라는 관념과 전혀 관계가 없고, 그 짝 개념인 기(氣)는 질료라는 의미를 전혀 갖지 않는다. 이런 점에서 리와 이데아는 근본적으로 다르다.

그렇다면 (나)의 해석은 어떨까? 우주에 편재하고 우주에 질서를 부여하며, 만물의 근저와 인간의 법도라는 점에서 리는 이데아보다 오히려 로고스와 한층 유사하지만, 다른 면에서, 첫째, 로고스가 물질적 · 정신적인 두 가지 면을 가짐에 비해 리는 이러한 의미에서도 물질성을 갖지 않는다. 우주에 질서를 초래하는 원리라고는 하지만 '힘'의 관념과 전혀 관계가 없다. 둘째, 로고스는 '말하는' 것(그것은 표상성을 함축한다)과 결부되어 있지만 리는 그렇지 않다. 리는 말해지는 것이 아니라 단지 사유되는 것, 곧 '의미'이외에 다름 아니다. 그러므로 리와 로고스를 손쉽게 동일시하는 것은 가능하지 않다.

리는 존재의 최고원리로서 기보다 차원 높은 존재이기는 하지만, 기와 결합되어야만 진정한 존재성을 획득하는 것, 곧 '의미'이다. "주자의 존재론은 의미에 중점이 두어질 때 리일원론(理一元論)이며, 존재에 중점이 두어질 때 리기이원론(二氣二元論)이 된다"(본서 84면). 리를 최고원리로 삼는 주자의 존재론은 요컨대 도덕적 존재론이었다.

극히 조잡한 위의 요약에 의하더라도 이 두 논문이 획기적 업적이라는 점을 쉽게 살필 수 있을 것이다. 주자의 철학은 어떤 의미에서는 유교철학, 혹은 유럽사상에 접하기 이전 중국 고유사상의 결정, 체계화라고도 할 만한 면을 갖고 있다는 것은, 물론 수많은 제한을 수반하기는 하지만 그렇게 말할 수 있다고 나는 믿는다. 야스다의 연구, 특히 리와 기에 대한 연구는 이러한 주자학에 대한 뛰어난 길잡이이며 독창적 해명이다. 중국의 독특한 '기'의 사상은, 최근 죠지프 니담이 현창하기도 했고, 중국의학에서 기운(氣運) 등을 재검토함에 의해 점차 관심을 받고 있는 듯이 보이는데, 이에 대해 견고한 이해를 도모하기 위해서도 야스다의 논문을 읽어 보는 것이 극히 요망된다. 오늘날 학계에서는 이미 콜럼버스의 달걀처럼 느껴질지도 모르겠지만, 중국사상의 기초에 있는 연속관(連續觀)을 이토록 훌륭하게 밝혀냈던 것은 참으로 위업이라고 칭할 만하다. '리'에 대해 말하더라도, 중국철학 전문가

이든 그렇지 않은 사람들이든 리와 기의 관계를 '형상-질료'의 관계로 정식화하는 것이 일반적이었는데 그것을 타파한 공적만으로도 특필할 만하며, 리가 '의미'라고 지적한 것은 말 그대로 전인미발(前人未發)의 제언으로 학계에게 거대한 문제를 제기했다고 말할 수 있을 것이다.

물론 그 하나하나의 논점이 완벽하다고 말하는 것은 아니다. 야스다 사후의 연구 진전에 의해 이론(異論)은 얼마든지 나올 수 있다. 실제로 내가 하는 한에서도, 도모에다 류타로(友枝龍太郞)는 리를 "생각되어질 수 있는 것의 근거", 곧 '의미'라고 여기는 야스다의 설에 의문을 제기하여, 리는 이법(理法)·조리(條理)의 뜻으로 해석해야 한다고 주장하였고(『朱子の思想形成』 1969년, 319면), 또한 주자의 기가 가스 상태의 공기와 같은 물질이라는 것을 증명하기 위해 야스다가 행했던 '태허'의 해석(본서 52면)에 대해서도, 야마시타 류지(山下龍二)는 주자는 분명히 태허를 리로 본 경우가 있다며 반론을 제기하였다(『陽明學の硏究』·『展開篇』 1971년, 71면). 그러나 야스다는 두 사람의 비판에 대해 필시 납득할 수 없었을 것이다. 예를 들면, 도모에다의 비판에 대해 말하자면, 야스다는 다른 곳에서 주자의 리가 개별성, 나아가서는 법칙성, 가장 포괄적으로는 의미라고 하는 세 가지 성격을 갖는 것이라고 이미 언급하고 있었으며(본서 125면 이하), 또한 야마시타의 비판에 대해 말하면 약간 복잡한 문제이기는 하지만 일단 그가 반론 근거로 들었던 A·B·C의 세 개 조목(실질적으로는 B·C의 두 개 조목)의 주자의 말 중 B 한 조목을 조금 충분하게 인용한다면 "'허와 기를 합하여 본성이라는 명칭이 있다'는 말에 나타난 장횡거의 의도는 역시 허(虛)를 리로 생각하고 있었다는 것이다. 그러나 허는 곧 리라고 말할 수 없고 역으로 리야말로 허한 것이다"라는 맥락이어서, 그의 반론 취지는 정반대로 결국 야스다에게 유리한 것이 되어 버린다. 또한 C에 대해서는, 야마시타처럼 해석해야 만 할 이유가 반드시 존재하는 것은 아니라는 점만을 지적하고자 한다.

이처럼 두 사람의 반론은 결국 성립하지 않는다고 생각하지만, 두 사람의 의도는 충분히 평가할 수 있다. 그것은 주자학의 근본문제, 아니 생각하기에 따라서는 중국전통사상의 근본문제와 관련이 있다. 적극적 논의가 활발히 일어나는 것이 절실히 요망된다. 리가 '의미'라고 말한 중대한 지적과 같은 것에 대해 그다지 논의되지 않는 것은 바람직하지 않을 것이다. 뒤에서도 서술하다시피 야스다의 글은 좁은 의미의 중국철학연구자가 아니라면 접근하기 어렵다고 말하는 것이 결코 아니다. 이 책이 서양철학 및 그 외의 연구자들 눈에도 뜨이고 음미될 것을 마음으로부터 기대한다.

이 테마가 매우 근본적인 것이기 때문에 위의 두 편을 특별히 뽑아서 요약했지만, 다른 여러 편의 논문들이라고 하여 독창성이 떨어지는 것은 결코 아니다. 「리」·「기」의 두 편과 밀접하게 관련 있는 것은 「주자해석에 대한 쓰다 박사의 고견을 구하며」이다. 쓰다 박사는 곧 쓰다 소오키치 박사이며 그에 대해 새삼스레 주석할 필요도 없을 테지만, 박사는 중국사상사의 분야에서도 거대한 업적을 쌓은 대학자이며, 그의 중국사상에 대한 가차 없는 구명과 논단은 전전(戰前) 국체론(國體論)과 습합한 호교적(護教的) 유교연구의 범람 가운데에서 뚜렷한 이채를 발하여, 무료한 도학주의에 반발하는 지식인들의 심정적 지지를 얻고 있었다. 그것은 '객관적' 연구의 전형으로서 상당한 권위를 지녔다. 그런데 박사는 당시 자신의 일본고대사연구의 명저들이 발매금지처분을 당하였고 그 자신은 법정에 기소되어 있는(1940년 2월) 유명한 수난 가운데에 있었기 때문에 의식 있는 사람들의 우려를 사고 있었다. 이 논문의 서두에 "그러나 바로 지금 새삼스럽게 문제를 제기하려는 것은"이라고 말한 것은 이 사건을 가리킨다. 야스다가 솔직하게 고백하고 있듯이, 설사 순 학문상의 일이기는 하더라도 이 시기에 박사를 비판하는 것은, 착실한 지식인이라면 누구나 "좀 떳떳하지 못한 감이 있다"고 느꼈을 것은 당연한 일이었다. 그렇지만 야스다는 감히 그 일에 나섰다. 전후(戰

後)의 사람들은 이해하지 못할 수도 있겠지만, 야스다의 마음속은 정말로 고충이라고 부를 만한 것이었다고 생각한다. 그러나 결과를 말하자면 그의 결단은 학계로서는 결국 경사였다고 하지 않을 수 없다. 그러지 않았다면 그런 뛰어난 비판 작업은 결국 빛을 보지 못했을 것이기 때문이다. 야스다는 패전일을 보지 못하고 미치야마(道山; 兵庫縣 加西市)에서 세상을 떠났으니, 결국 그는 어떠한 "떳떳하지 못한 감"도 갖지 않고서 서슴없이 행동했던 것이다! 왜냐하면 그는 대권위에 대한 도전을 행할 수 없었던 패전 이후의 시절을 결국 만나지 않았기 때문이다.

야스다가 문제 삼았던 것은 쓰다 박사의 「주회암의 이기설에 대하여」(朱晦庵の理氣說について)라는 과연 쓰다 박사다운 당당 백 페이지의 웅편(雄篇)이다. 야스다는 먼저 주자에 대한, 아니 중국사상 전반에 대한 쓰다 박사의 연구 근저에 있는 것으로서 두 가지 지점을 지적한다. 첫째, 사상 혹은 사상가에 대한 매우 부정적 · 회의적인 태도를 갖고 있으며 과거의 사상에 대해 애정을 결여(애정이라는 말을 단순하게 해석해서는 안 된다)하고 있다는 점, 둘째, 역사주의에 수반하는 위험한 편향(역사주의란, 개념과 언어의 역사적 유래를 정밀하게 탐구하는 것으로, 예컨대 주자라면 주자의 사상을 개념 · 언어의 역사적 유래로만 규정해 버리려고 하는 방식이다)이다. 이 두 가지의 고압적 태도가 초래하는 바, 예컨대 "주자의 사상은 서로 관계없거나 모순되는 과거의 다종다양한 사상을 그대로 결합한 것에 의해 성립했던 것"(본서 116면)이라는 말이나, 때로는 "전혀 무책임하다"(본서 128면)라고 꾸짖는 박사의 논단을 하나하나 구체적으로 음미해 가면서, 그 논단이 반드시 객관적인 것일 수 없다는 점을 논증한다. "사상은 단순한 지성의 일인 것만이 아니라, 동시에 감성 또는 감정에 따르는 이면을 갖는다. 이런 이면을 발견하는 것이 사상의 논리적 내실을 발견하는 데에 불가결하다"(본서 117면)는 인식이 잊혀지고, 과거의 사상에 대해서 긍정적이든 부정적이든 상관없

이 일단 그 입장에 서서 생각하고자 하는 '비판적인 학문의 정신'(본서 117면)이 결여되어 있다면, 진정한 객관적 성과는 기대하기 어렵다. 이 논문은 장르를 말하자면 서평 또는 논문평이라고 할 만한 것이지만 내용은 극히 풍부하여 이런 종류의 글들 중 걸작으로 헤아려질 수 있을 것이다.

「주자에서 습관의 문제」, 「진백사의 학문」의 두 편은 내용이 하나로 연결되는 것으로 간주될 수 있다. 곧, 주자와 진백사의 사상을 습관이라는 관점으로부터 보고자 한 것인데, 이 습관이라는 관점의 도입은 당시 교토의 철학계에서 F. 라베송의 『습관론』(1938년 野田又夫 譯, 岩波文庫)이 빈번하게 화제가 되었던 것이 작용했을 것이다. 실제로 나도 학생시대인 1938년에 기무라 모도오리(木村素衛) 교수의 교육철학 강의에서 기무라 교수가 입에 침이 마르도록 칭찬하는 것을 들었고, 니시다 기타로(西田幾多郞) 박사의 철학논문집과 서간에서도 특별히 공감을 하면서 그것을 인용하고 말하는 것을 읽은 기억이 있다. 야스다는 「주자에서 습관의 문제」에서 『논어』 권두의 "배워서 때때로 그것을 익힌다"는 구절에 대한 주자의 주석을 음미하면서, 주자의 윤리학에서 습관이 갖는 중요한 의미를 논한다. 학습(결국 '격물'(格物)의 과정)이란 습관의 획득을 뜻한다. 습관에서 마음과 리가 하나가 된다. 본래의 마음(道心)은 능동적이며 그 마음에서는 마음과 리가 하나이다. 현실의 마음(人心)은 '감정'적인 것이자 수동적인 것이며, 마음과 리는 여기서 하나가 되어야 한다. 마음의 성격은 능동적 수동성이자 수동적 능동성이다. 현실에서 마음이란 습관에 의해 획득된 것이다. 마음의 이중성은 습관의 사실에 의해서만 이해될 수 있다. 이상이 주자 인간학의 골격인데, 실은 리에 대해서도 같은 이야기를 할 수 있을 것이다. 리는 "그러한 까닭"과 "마땅히 그러해야 할 원칙"의 두 가지 면, 곧 존재이자 동시에 관념이라는 이중성을 갖는데, 이 점을 설명하는 원리는 필시 습관이라는 사실에서 찾아야 할 것이기 때문이다. 리도 습관에 의해서만 비로소 그 자신이 될 수 있을 것이다.

주자 사상의 인간학적 측면을 해명했던 것으로서 이 논문이 시사하는 바는 극히 깊고 참신하다. 그러나 같은 관점을 적용시켰던 진백사론은 반드시 성공적이라고 말할 수는 없을 것이다. 야스다는 이 논문에서 주자 · 진백사 · 왕양명 세 사람이 공통으로 습관이라는 사실을 사유의 원동력으로 삼았다는 것을 지적했는데, 이 지적은 그다지 설득력을 갖지 못하는 듯이 느껴진다.

매우 분주했던 그의 학문적 생애 최후의 노작이 왕양명에 관한 논의였다는 것은 필연이라고도 말할 수 있을까? 주자로부터 출발하여 명나라의 진백사를 거쳤으며, 이 책에 수록되어 있지는 않은 청나라의 대진(戴震)으로 나아갔으니, 결국 근세사상의 여러 고봉(高峰)에 대한 도전은 왕양명에 대한 논문으로 완결하게 되었기 때문이다. 「양명학의 성격」은, 양명의 유명한 성인정금론(聖人精金論)을 실마리로 삼으면서 성인이란 천리에 순수한 존재이고, 천리에 순수하다는 것은 "모든 행위가 무의식 속에서 객관적 올바름을 실현하는 것"(본서 168면)을 뜻한다는 것, 그리고 이 점은 주자와 완전히 일치한다는 것을 먼저 지적한다.

그렇다면 양명이 그토록 격렬하게 주자를 반대했던 까닭은 왜일까? 그것은 주자 · 양명 두 사람은 근저에서는 동일하였지만 이론구성에서는 방법의 역전이 있었기 때문이다. 두 사람은 마음과 리의 일치라는 동일한 체험을 겪었으면서, 주자가 그런 경지로 도달하는 과정에 입각하여 이론을 구성했던 것에 비해, 양명은 체험 그 자체로부터 출발하여 이론을 구성했기 때문이다. 주자학은 "아래로부터의 이론"이며 양명학은 "위로부터의 이론"이었다. 그리하여 그 귀결로서 양명에게서는 물(物) · 심(心) · 지(知) · 리(理) 개념 각각에 중대한 변화가 일어났다. 특히 리가 기와 대립하여 설명되는 것을 중단하고, 우주론적 원리로서 리와 기가 동일시되었다. 그러나 양명은 다른 한편에서 "선도 없고 악도 없는 것은 리의 고요함, 선이 있고 악이 있는 것은 기의 움직임"(본서 192면)이라고도 말하고 있는데 이 말에는 분명히 모순이 있다. 결국 그는 악의 기원의 설명에서, 곧 현실의 설명에서 파탄을 초래했던 것이다. 이것은 위로부터의 이론이 피할 수 없는 운명이라고도 할 수 있을 것이다.

주자학과 양명학을 아래로부터의 이론, 위로부터의 이론으로 파악하는 것은 훌륭한 규정이라고 말하지 않을 수 없다. 또한 양명학이 악의 기원에 대해 설명을 해낼 수 없었다고 말하는 것도 분명 타당한 견해일 것이다. 하지만 그렇다고 해서 "현실의 처리에 무력"(본서 194면)했는지 여부는 의문이라고 생각한다. 왜냐하면 인간은 모두 선한 존재이며, 악은 다만 밖으로부터 사회로부터만 들어온다고 여기는 사유방식도 있을 수 있기 때문이다. 그리고 양명학이라는 것을 양명 바로 그 사람에서만이 아니라 양명학파의 전체 전개라는 관점으로부터 본다면, 양명학의 가장 첨예한 부분은 사실 그 방향으로 나아갔다고 볼 수 있기 때문이다. 본디 주자에게서야말로 리와 기의 존재론은 근본적 의미를 갖고 있을 테지만, 양명처럼 '지'(知, 格物致知의 知)를 '양지'(良知)로 분명하고 배타적으로 파악했던 사상가에게서, 존재론이라는 것은, 적어도 주자와 같은 의미의 존재론이라고 하는 것은 거의 의미를 갖지 못했을 터이다.

이미 다른 곳에서 썼던 적도 있지만, 30여 년 전의 어느 시기, 나는 야스다와 같은 연구실에 속해 있었던 적이 있다. 끊임없이 그와 토론하여 그로부터 계발 받는 경우를 가질 수 있었음에도 불구하고, 그 무렵 나는 그런 절호의 기회를 거의 이용하지 못했다. 그것은 야스다의 논문이 매우 철학적이어서 원래 사학과 출신의 나는 당시 그것을 충분히 이해할 수 없었기 때문이기도 하고, 그 이상으로 오히려 당시의 내가 오직 자신의 사유방식에만 사로잡혀 있어서 다른 사람의 설을 담담하게 이해하려는 마음의 여유를 잃어 버렸기 때문이기도 했다. 게다가 야스다의 뚜렷한 성격으로서, 근엄하고 겸손하여 자기의 설을 개진하고 주장하며 설복하려고 하는 태도가 거의 없었다는 것, 적어도 내게 대해서는 없었다는 사정도 있다. 한두 번 논쟁을 벌였던 적도 있었지만 결국 그다지 전개하지 못했던 것 같다. 어쩌면 그는 나를 포기했는지도 모른다. 내가 정말로 야스다 업적의 획기적 의미를 평가했던 것은 그의 사후(死後) 3년 이 책이 출판된 이후의 일이었다. 이러한 개인사를 구구하게 쓰는 것은 해설이라는 문장의 체제로부터 일탈한 것일 수도 있겠으나, 나로서는 이러한 통한을 거듭 피력하지 않을 수 없기 때문이다. 그것은 세월과 함께 점차 깊어져 가는 나의 진정(眞情)이다.

해설의 붓을 놓는 이때에 다시금 이 점을 지적하고자 한다. 그것은 이 책이 고도의 전문적 학술서로서 거의 틈이 없는 엄밀성(철학적 사변에서만 아니라 그의 한목독해력의 탁월함은 요시카와 고지로 박사가 오늘날까지 누차 화제로 삼는 것이었다)을 갖춘 것이기는 하지만, 결코 중국철학 전문가들만을 위한 책이 아니라, 널리 우리나라의 지적 대중, 적어도 철학 일반 혹은 사상 일반에 관심이 있는 정도의 소양을 갖춘 사람들이라면 누구라도 쉽게 접근할 수 있다는 희유의 성격을 갖춘 책이라는 점이다. 종래 일본의 중국철학 연구서, 그 가운데에서도 유교 관련, 특히 주자학 · 양명학 관계의 연구서는, 도학선생(道學先生)적이거나 충군애국적인 통속 강화(講話)의 부류를 별도로 한다면, 주자학의 여러 가지 개념을 유럽철학의 개념과 하나하나 짝지어 가는 형태를 취하는 것이 주류를 이루고 있었다. 그러나 전문분야 밖에서는 통하지 않는 술어와 어조를 사용하고 있었을 뿐 아니라 이해하기 쉽지 않은 한문 원전을 그대로 인용하거나 가능한 한 훈독체 그대로 인용하는 데서 그치고, 그것을 전문가의 작업이라고 과장하는 스타일이 지배적이었다. 이렇게 말해도 그다지 심한 말은 아니리라고 생각한다. 물론 이러한 풍조는 오늘 날 대체로 고쳐지고 있기는 하지만, 의도와 능력이 혼연일체가 된 뛰어난 작품은 여전히 찾기 쉽지 않다. 이리하여 이른바 '철학' 연구의 세계(여기서는 유럽풍의 철학이 지배적이다)와 '중국철학' 연구의 세계는 오늘날 거의 교섭이 없다. 그 책임이 어느 쪽에 있는지는 묻지 않더라도, 사상 · 철학 혹은 사상사 · 철학사를 진정 보편적으로 파악하려면 이 상태 그대로 언제까지나 지속되어서는 안 될 것이다. 나는 이 책이 좁은 의미의 중국철학 전문가뿐만 아니라, 더욱 광범위한 전문가들에 의해 읽히고 논해지는 것을 거듭 간절히 바란다. 이 책의 내용은 그러한 노력에 충분히 보답할 것이다. 뿐만 아니라, 그렇게 할 때 이 뛰어난 재능을 가진 사람이 그렇게 일찍 요절한 것에 대한 안타까움의 감정을 사람들이 공통으로 느낄 것이 틀림없다. 한 줄기 인연이 있는 한, 애석하게 여겨야할 사람을 함께 애석해 하고, 추도해야 할 사람을 함께 추도하고자 바라는 마음은, 결코 단순한 사적 감정이 아니라고 믿는다.

1975년 9월

또한 이 책에서 제시된 야스다의 주장을 비판했던 것으로, 이미 언급한 도모에다 · 야마시타 두 사람의 것 이외에, 무라카미 요시미(村上嘉實)의 『동양사 연구』(10권 5호, 1949년)지에 실린 서평 및 이와마 가즈오(岩間一雄)의 『중국 정치사상사 연구』(1968년, 未來社)의 「서장 · 문제제기」가 있다. 전자는, 야스다가 진백사의 '정좌'가 목적으로 삼았던 것을 '대상의 망각'(본서 181면)으로 보았던 것에 대한 비판으로서, 오히려 자기의 멸각이 정좌의 목표였다는 흥미로운 지적을 한다. 후자는 야스다의 주자학 · 양명학 이해, 특히 그의 양명학 이해를 사회과학자의 입장에서 12페이지에 걸쳐 분석했던 것으로, 야스다가 '리'의 역사적 내용을 사상하고 존재와 당위라는 측면에만 시각을 한정했던 것이 그의 양명학 연구에 한계를 부여했다는 점과, '위로부터의 이론' '아래로부터의 이론'의 설이 당치 않다는 점 등을 논하고 있다.

후기

이리야 요시타카(入矢義高)[1)]

내가 야스다 지로와 처음 만났던 것은 1939년 4월 초순, 지금의 교토대학 인문과학연구소 동방부의 전신인 동방문화연구소에서였다. 이 때 야스다와 나는 이 연구소의 경학문학(經學文學)연구실에 함께 촉탁원의 신분으로 들어가서 연구실 생활의 첫걸음을 내딛었다. 야스다는 이 연구실에서 이미 몇 년 전부터 시작했던 『상서정의』(尙書正義)의 공동연구에 새롭게 참가하기 위해서였고, 나는 이 해부터 새롭게 발족한 「원곡」(元曲)의 공동연구에 참가하기 위해서였다.

야스다의 첫 인상은 강렬했다. 작은 키, 마른 몸, 흰 피부, 예리한 눈빛, 도수 높은 안경. 몸가짐을 삼가는 굳건함과 장중함, 그러나 사람에 대해서는 예절을 잃지 않는 돈후함. 말수도 많은 편이 아니어서 쓸데없는 말은 거의 들을 수 없었다. 맹렬한 노력가라는 것은 한 눈에 봐도 알아차릴 수 있었다. 나는 몸이 긴장되는 느낌이 들었다. 며칠 후, 나는 구라이시 다케시로(倉石武四郎)[2)] 선생 댁에 인사드리러 방문했다. 이 때 선생은 "노력도 중요한 일

1) 이리야 요시타카(入矢義高, 1910~1998)는 중국문학 연구자로서 중국의 선(禪)을 주로 연구한 불교학자이다. 교토대학을 졸업한 후 동방연구소에 들어가서 중국문학의 구어(口語) 연구를 진행하였고, 특히 선불교 전적에 나타난 중세기의 중국 구어를 연구하였다(역자 주).

2) 구라이시 다케시로(倉石武四郎, 1897~1975)는 중국어학자이자 중국문학자였다. 동경제국대학 문학부 중국문학과를 졸업하고 경도제국대학 대학원에서 가노 나오키(狩野直喜)에게 배

이지만, 몸도 생각해서 가능한 한 적극적으로 몸을 챙기라"고 충고해 주었다. 이 말을 야스다에게 전해주었더니 그는 다만 회심의 웃음만을 약간 지을 뿐이었다.

과연 그 후 야스다의 노력은 실로 대단했다. 위에서 말한 공동연구 두 가지 이외에, 한퇴지(韓退之)의 시와 『주자어류』의 강독에서도 우리들은 항상 책상을 나란히 하여 참가했는데, 내가 감탄했던 점은 야스다의 언어감각과 문학적 센스가 예민하면서도 풍부하다는 것이었다. 그는 유럽 고전어와 근대어에 정통하였고, 거기에 근대 유럽 문학의 애독자이기도 했다는 숨겨진 일면이 있었다. 삼년 정도 뒤의 일이었는데, 그가 언젠가 『주자어류』를 읽을 때 간결한 옛 백화문을 실로 정확하게 해독해 갔던 것은 정말로 뛰어났다.

그런데 학문적 내용의 대화나 담론을 나눌 때면 야스다의 말은 단언적 어조를 띠는 것이 보통이었다. 특히 논의가 격해져 가는 경우에, 그러한 그의 말에 대해 다가가기 어려운 답답함을 느끼는 때가 많았다. 그러나 그의 학문적 집적이 워낙 방대하여, 그러한 단적인 언사도 독특한 무게를 갖고 있어서 그에 대해 쉽게 정면으로 반박할 수가 없었다. 야스다가 죽은 후, 그의 연구실에 남겨진 유품 가운데에 이십 몇 권의 독서 카드가 있었다. 칸트의 3비판서를 필두로 하여 유럽 근세 철학의 주요한 저술의 원서를 하나씩 통독할 때마다 작성한 카드였다. 또한 애독서 중 하나였던 『주문공문집』(四部叢刊本, 50책)은 필시 몇 회에 걸쳐 정독한 듯이 보였고, 어떤 페이지에도 붉은 펜으로 면밀한 메모가 적혀 있었고 권점(圈點)이 찍혀 있었으니, 이는 그의 연구가 예사가 아니었다는 것을 얘기한다.

웠다. 청조의 음운학, 현대 중국문학, 중국어학 등 다방면에서 활약했다. NHK의 중국어강좌에 기여하기도 했으며, 그의 『중국어사전』은 일본 최초의 현대중국어 사전이다(역자 주).

1944년 1월부터 2월에 걸쳐, 야스다와 다나카 겐지(田中謙二), 그리고 나는 연구 자료의 수집과 조사를 위해 함께 북경에 갔다. 추위가 한창인 때여서, 때로는 영하 20도까지 내려가는 혹한과 강풍 속을 걸어갔지만 야스다는 한 번도 '춥다'고 말하지 않았다. 이렇게 침착하면서 철저하며 스토익한 야스다의 태도는 당시 시끄러웠던 북경에 체재 중인 우리들에게는 강력한 마음의 지지대가 되 주었다. 그것만이 아니다. 야스다와 연구실 생활을 함께 할 수 있었던 6년간 서로 전공하는 분야는 달랐지만, 야스다는 항상 학문하는 것의 엄격함을 몸으로 내게 보여주었다. 그 무언의 격려가 내게는 아플 정도로 몸에 스며들었다.

애석하게도 나는 벗을 너무 일찍 잃어 버렸다. 그 통한은 지금까지도 줄어들지 않고 있다.

이번에 이 책을 재간행하면서 초판의 글자를 새로운 자체와 표기법으로 고친 것 외에, 본문 및 주석에서 원문 그대로 인용된 한문을 [ ] 속에서 현대어 역으로 보충하였다. 여기에는 가케히 후미오(筧文生)[3]의 도움을 받았고 그것을 내가 수정하였다. 또한 색인도 가케히의 노고에 의해 작성되었다.

더욱이 시마다 겐지에게 해설을 써달라고 부탁하였다. 시마다는 야스다가 건재했을 무렵 주로 양명학에 대해 그와 격론을 벌였다. 정리(情理)를 겸비한 역작을 보내주신 것에 대해 독자와 함께 기뻐하고자 한다.

1975년 11월

---

3) 가케히 후미오(1934~)는 중국문학 연구자로 리츠메이칸대학 명예교수이다. 당 · 송 문학을 전문으로 하고, 또한 노신(魯迅)을 중심으로 한 근대문학도 연구한다(역자 주).

역자 후기

이 번역서는, 1976년 일본의 치쿠마서방(築摩書房)에서 출판한 『中國近世思想硏究』(중국근세사상연구)를 완역한 것이다. 본래 『중국근세사상연구』는 1948년 2월 홍문당(弘文堂) 출판사에서 간행되었는데, 사후 30여년이 지난 1976년에 초판의 글자체와 표기법을 고치고, 인용된 원문에 현대어역을 보충하며 아울러 색인을 작성하여 치쿠마서방에서 새롭게 출간되었다. 1976년 판본의 내용은 1948년 판본의 내용과 동일한데다가, 현대어역과 색인이 달려 있고, 더욱 중요하게는 중국 사상 연구의 권위자인 시마다 겐지의 해설과 저자 동료들의 후기가 달려 있었기 때문에, 나는 1976년 판본을 번역의 대본으로 삼았다.

이 책의 저자 야스다 지로(安田二郞)는 1908년에 태어나서 1945년 서른일곱 살의 나이로 요절한 중국철학 연구자이다. 그는 1935년 교토대학 철학과를 졸업하고 이후 그 대학의 동방문화연구소의 경학문학(經學文學)연구실 연구원으로 재직하면서 근세 중국철학 연구에 몰두했다. 젊은 나이에 세상을 떠난 탓도 있어 우리나라의 연구자들에게는 그의 이름이 다소 생소하겠지만, 『주자학과 양명학』(朱子學と陽明學)의 저자인 시마다 겐지(島田虔次), 『주자의 사상 형성』(朱子の思想形成)의 도모에다 류타로(友枝龍太郞), 『주자의 자연학』(朱子の自然學)의 야마다 게이지(山田慶兒) 등 20세기 후반 일본의 중국철학·사상 학계를 대표하는 이들에게 다대한 영향을 끼쳤던 인물이 바로 야스다 지로이다.

내가 이 책을 번역하기로 마음먹었던 것도 대학원 시절 읽던 야마다 게이지의 『주자의 자연학』 때문이었다. 나는, 야마다 게이지가 주희의 "리"(理)를 패턴(pattern)으로 해석하는 것은 이해할 수 있었지만, 그것이 인간에게서 "의미"로 나타나게 된다고 하는 그의 말은 받아들이기 힘들었다. 마침 그 부분에 달려 있는 각주를 보니, 리가 "의미"라는 점을 처음으로 지적한 사람이 야스다 지로라는 것을 알게 되었고, 서울대학교 중앙도서관에서 야스다 지로의 책을 대출해서 관련 부분을 읽어 나갔다.

하지만 관련 부분을 읽어도 이해하기 힘들기는 여전했다. 대신 그 책에 실려 있던 다른 글들을 들춰보다가 「주자에서 습관의 문제-서설」 편을 읽고 크게 계발되었다. 당시 나는 대학원 수업에서 남명 조식의 문집을 공부하고 있었는데, 남명 및 그가 사승했다고 여기는 김굉필, 그리고 원대의 주자학자로서 남명의 주자학적 회심에 역할을 했던 허형 등은 모두 『소학』을 중시하고 있었다. 『소학』은 일상생활의 전범이 될 만한 경전의 구절들을 모아 놓은 책으로, 주희도 만년에는 소학적 실천을 강조했다고 한다. 『소학』을 중시하는 이들의 생각에 따르면, 『소학』에 소개된 모범이 될 만한 행위들을 반복하여 행하고 숙달해 나간다면 자신에게 내재된 도덕적 본성을 깨닫는다고 한다. 그렇지만 모범적 행위의 반복 숙달이 어떻게 하여 도덕적 본성의 자각을 초래할 수 있을까? 나는 이런 질문을 던질 줄을 모른 채 막연하게 그들의 주장을 수용하고 있었다.

「주자에서 습관의 문제-서설」은 도덕적 행위, 곧 예행(禮行)의 반복 숙달이 어떻게 해서 도덕적 본성의 자각을 초래할 수 있는지를, 이른바 습관론에 입각해 설명하고 있었다. 습관론을 간단히 요약하자면 이렇다. 어떤 사람이 전혀 낯설고 생소한 행동을 처음으로 해야 할 때에는 수동적 처지에서 그 행동을 의지적으로 한다. 그러나 그 행동을 계속해서 반복해 나가다 보면, 자기도 모르게 자신의 내부에서 그 행동을 향한 경향성이 생겨나게 된다. 심지어 그 행동을 가로막는 장애물이 나타나서 그것을 하지 못할 경우 욕구불만과 불쾌감이 생기기까지 한다. 이제 그 사람은 일부러 의지를 세우지 않더라도 내부에서 형성된 능동적 경향성으로 인해 그 행동을 자연스럽게 해 나가며, 그 경향성이 자신의 본성인 것으로 생각하게 된다. 왜냐하면 자기 내부에서 그런 경향성이 형성된 한 자신에게는 원래부터 그런 경향성이 있었다고 여길 수 있기 때문이다.

예행을 반복 숙달하는 사람 역시 마찬가지이다. 처음에는 예행이 번거롭게 여겨지지만 계속해 나가다 보면 예행을 향한 욕구, 혹은 경향성이 생겨난다는 것을 자각하고 나중에는 그것이 자신의 진정한 본성임을 인정하게 된다. 왜냐하면, 자기 내부에서 예(禮)를 향한 경향성이 형성된 한, 자신에게는 원래부터 도덕적 본성이 있었다고 여길 수 있기 때문이다. 이렇게 해서 나는 습관론을 통해, 『소학』 공부를 통한 도덕적 본성의 자각이라는 것이 어떤 것인지 대략 이해할 수 있었다.(물론 위의 논문을 처음 읽을 때부터 이렇듯 명확한 인식을 갖고 있었던 것은 아니며, 지금의 이런 서술에는 그 논문에 대한 현재 시점의 이해가 반영되어 있다.)

이어서 「진백사의 학문」, 「양명학의 성격」을 읽었는데, 습관론에 바탕을 두면서 주자학과 양명학의 핵심적 성격을 하나의 틀 내에서 설명하는 것이 무척 흥미로웠다. 그러나 부족한 일본어 지식을 갖고 있던 나로서는 일단 이 책의 고풍스러운 문장을 해석하는 것조차 만만하지 않았고, 더구나 저자가 워낙 치밀하게 논리를 전개하고 있어 논증의 진행을 따라 잡기가 여간 어렵지 않았기 때문에, 눈으로만 훑어보면서 대강의 줄거리를 파악하는 방식으로 이 책을 읽어서는 안 되며 한 문장 한 문장 정확하게 번역해 나가면서 읽자고 다짐하게 되었다. 그것이 벌써 7년 전의 일이고, 그간의 우여곡절 끝에 이제야 완성을 보게 되었다.

서문, 해설, 그리고 후기에서 야스다 지로의 스승과 동료들이 이미 이 책의 특장점을 밝혀 놓았기 때문에 여기서 다시 그 점을 논한다는 것은 지면의 낭비에 그칠 수 있지만, 21세기의 현 시점에서 그것도 한국의 연구자가 파악한 점을 말하는 것이 전혀 의미 없지는 않을 것이다.

내가 생각하는 이 책의 장점 중 첫 번째로 꼽을 수 있는 것은 무엇보다도 그 학적(學的) 엄밀성이다. 그것은 아마도 서양 근대 학문의 학풍에서 유래했을 터인데, 이 책은 특히 개념을 엄밀하게 정의하는 것과 논증을 타당하고 건전하게 구사하는 데에서 학적 엄밀성을 여실히 보여주고 있다. 리(理), 기(氣) 개념의 규정과 관련된 첫 번째와 두 번째 논문은 엄밀한 개념 정의의 여실한 사례이다. 특히 자신의 입론에 가할 수 있는 비판을 정당하게 설정한 후, 그에 대해 합당한 논거와 합리적 논변으로 대응하는 이 책 전반의 태도는 타당하고 건전한 논증 구사의 모범이라 할 수 있을 것이다.

오늘 날에 이르러, 미국과 일본을 중심으로 동아시아 철학에 더 이상 '철학'의 지위를 부여하지 않고 '사상'의 지위를 부여하는 흐름이 주류가 되고 있다. 물론 동아시아의 학문 전통 자체 내에 '철학'이라는 분과가 없었고, 대부분의 문헌은 철학, 문학, 사학이 혼재되어 있어 이제는 학제 간 연구가 필요하다고 자각되었기 때문에 그런 지도 모른다. 하지만 그 동안 동양철학 분야가 하나의 근대적 학문으로 자립할 만한 모습을 보여주지 못한 데에도 그 원인은 있을 것이다. 우리는 향후의 동양철학이 지향해야 할 모범적 태도를 야스다 지로의 이 책에서 발견할 수 있으리라 믿는다.

둘째, 확고하고 대담하게 자기 주장을 제시했다는 것 역시 이 책의 덕목이다. 실로 그는 리(理)를 '의미'로 규정하는 한편, 기(氣)를 원자 또는 질료로 해석하는 견해를 과감히 비판하면서 이른바 '연속관'(連續觀)을 제기하고 있으며, 마지막으로 주자학과 양명학을 이해할 키워드로 '습관' 개념을 내놓는

데에 주자하지 않는다. 야스다 지로가 분명하게 자기 견해를 내놓을 수 있었던 데에는, 과묵하며 확고한 그의 개성, 시대적 권위에 저항하고자 했던 당시 일본 소장학자들의 공통적 마인드, 연구원이라는 안정적 신분 등 여러 가지 요소가 작용했겠지만, 세밀하고 치밀한 논증이 있었기 때문에 대담한 주장을 할 수 있었다고 나는 생각한다. 글이라는 것이 자기 생각을 논리정연하게 담아 상대방을 감동하고 설득하는 것이라는 점을 생각해 볼 때, 이상과 같은 야스다 지로의 자세는 많은 시사점을 남긴다.

『중국근세사상연구』는 이상과 같이, 중국철학 연구자를 위한 연구서로서는 물론, 이 시대의 교양인을 위한 입문서로서 독특한 특징과 뛰어난 장점을 갖고 있지만, 아쉬운 점도 갖고 있음을 인정하지 않을 수 없다.

우선, 리(理)에 대한 그의 존재론적 설명에 애매한 표현이 있다. 그는 주자학의 리를 설명하면서, "리가 한편으로는 존재의 최고원리로서, 사실적 존재 일반을 뜻하는 기보다 고차적 존재로 여겨지면서도, 다른 한편으로는 기와 결합해야만 진정한 존재성을 획득한다"(84면)고 본다. 야스다 지로의 의도는 이해할 만하다. 그러나 내 생각은 이렇다. 만일 리가 참으로 있는 것이라면 그것은 시간과 공간을 초월하여 영원히 있고 어디에나 있을 것이다. 따라서 그것은 현실의 기(氣) 어디에나 있기 마련이다. 그렇다면 리는 기와 결합해야만 진정한 존재성을 획득한다기보다, '리는 진정한 존재성을 갖고 있기 때문에 그 결과 기에 편재한다'고 표현하는 것이 더 자연스럽지 않을까 한다. 야스다 지로처럼, "기와 결합해야만 리가 진정한 존재성을 획득한다"고 표현하면, 마치 기(氣)가 리의 존재성을 위한 전제조건이 되어, 기가 리보다 더 근원적인 원리인 것으로 여겨질 우려가 있다.

하지만 단순히 표현상의 문제가 아닐 수 있다는 데에 문제의 심각성이 있다. 그는 리(理)와 '의미'의 존재론적 위상이 동일하다는 것에서 리를 '의미'로 풀이하는 것의 타당성을 발견하고 있는데, 리가 기(氣)에 앞서 존재하지만 기와 결합해야 진정한 존재성을 획득하듯이, 의미도 사실적 존재에 선행하지만 실은 사실적 존재를 전제해야만 하는 것이라고 여긴다. 마지막 구절을 부연설명하자면, 어떤 사물의 의미는 그 사물에 앞서 존재하지만, 사실 상 의미라는 것은 언제나 '~의 의미'일 수밖에 없으므로 의미는 항상 사물을 전제해야 한다는 말이다. 그렇다면 의미는 사물에 앞서 존재하는 초월적인 것이면서도 동시에 현실 사물에 의해 제약을 당한다는 모순이 발생한다.

그 다음, 연속관(連續觀)에 대한 야스다 지로의 설명에도 불분명한 점이 있다. 그는 인식자의 입장에 따라 기(氣) 혹은 질(質)에 대한 음양의 규정이 달라진다고 말하는 한편, 그럴 경우 음양이 단지 사고의 범주로만 이해될 것을 우려하여 음양은 사고 범주가 아니라 어디까지나 기(氣)라고 말한다. 그런데 음양이 '인식자의 입장'에 따라 어딘가에 부여되는 규정이라고 한다면 그것은 분명히 사고 범주의 성격을 갖는 것이라고 이해되어야 하지 않을까? 그래서인지 「해설」을 쓴 시마다 겐지도 음양에 대해 '인식자의 입장에 따라 달라지는 규정'이라고 오해하고 있다(204면). 이런 오해가 일어난 까닭은 야스다 지로의 표현에 불분명한 점이 있기 때문이다. 그렇다면 '인식자의 처지에 따라 음양 규정이 달라진다'고 표현할 것이 아니라, '어떤 사물이 주변 사물과 더불어 어떤 관계를 맺고 있느냐에 따라 그것은 음이 되기도 하고 양이 되기도 하며, 동시에 음일 수도 있고 양일 수도 있다'고만 표현하는 편이 더 정확하리라고 생각한다. 예를 들어, 한 가정의 가장은 아내에 대해서는 양(陽)이지만 자신의 아버지에 대해서는 음(陰)일 수 있는데, 이 때 음양은 단순한 규정이 아니라 가장은 실제로 음과 양의 '속성'을 띠고 그에 따르는 역할을 한다. 이렇게 표현을 수정한다고 하더라도 그의 연속관과 모순을 일으키지는 않을 것이다.

마지막으로 '습관'과 관련한 의문점이 있다. 야스다 지로는 주자학 및 양명학의 수양을 '습관'으로서 파악하고 있으며, 그로 인해 종전에 알려지지 않았던 수양의 면모를 생물학 혹은 심리학의 견지에서 밝혀냈던 것이 사실이다. 주자학의 경우 '독서'(讀書) 곧 유교 경전에 대한 이해는 수양론에서 매우 비중이 큰 부분이다. 그런데 이 '독서'를, 행위의 반복 숙달 과정을 내포하는 습관으로서 이해하는 것이 타당할지 의문이다. 물론 예행(禮行)과 정좌(靜坐)는 습관론으로 잘 설명될 수 있을 테지만 말이다.

그럼에도 불구하고 이상과 같은 지적은 사실 사소한 것이기 때문에 저자의 전체 논지에 큰 영향을 미치지는 않으며, 결코 이 책이 지닌 뛰어난 덕목을 가려 버리지는 못할 것이다.

이 책에 실린 글들은 이미 70여 년 전에 쓴 것들이기 때문에 요즘 글에서 볼 수 있는 것처럼 편장의 구분, 단락의 구분이 되어 있지 않았다. 한 단락이 무척 길기도 하고 논문 전체에 걸쳐 소제목이 하나도 없는 것마저 있었다. 야스다 지로가 제시한 논변을 따라 가기도 벅찬 마당에 문장과 단락마저 길어 번역자로서는 여간 고역스럽지 않았다. 게다가 저자는 20세기 초반의 서양 철학, 특히 프랑스 철학에 대해 상당한 조예를 갖고 논문을 썼는데, 나는 그 분야에 대한 이해가 천박하여 오역(誤譯)의 가능성을 항상 염두에 두면서 번역할 수밖에 없었다. 마지막으로 저자의 고풍스러운 표현을 어떻게 하면 아름다운 현대 한국어로 알기 쉽게 번역할지 고민했으나, 지금 되돌아보면 별 성과는 없었던 것 같다. 때문에 이 번역서가 저자의 원저에 누가 되지 않을까 걱정을 금할 길 없다. 모쪼록, 동서양 철학 연구자와 일본어 및 한국어 표현에 능통한 여러 연구자들께서 본 번역에 드러난 오류를 지적해 주시면 감사하겠다.

이 책의 번역본 출간을 허락해 주심과 아울러 언제나 이 미천한 번역자의 사기와 의지를 북돋아주신 논형 출판사 소재두 사장님께 먼저 감사드린다. 이 천학비재를 동양철학 연구의 길로 이끌어 주셨으며 당신의 제자인 것을 자부심으로 느끼게 해 주신 이남영 교수님, 엄격한 학문 연마의 자세를 습득하게 하는 동시에 뜻 깊은 배려를 해 주시는 정원재 지도교수님께 삼가 감사를 드린다. 마지막으로 언제나 격려를 아끼지 않으시는 부모님, 장인, 장모님 내외와 독자의 입장에서 이 원고를 읽어준 아내 변지영, 그리고 항상 즐거움을 안겨 주는 세 아들에게 고마움의 뜻을 표하고자 한다.

색인